制御と社会

欲望と権力のテクノロジー

北野圭介

人文書院

制御と社会　目次

制御と社会——欲望と権力のテクノロジー

序章　「管理社会」と「制御社会」――ログ・オン

「制御」という怪物

本書は、制御という観点から現代社会の諸特性に関する考察をおこなおうとする試みである。なぜ制御か。一言でいえば、「制御」という言葉の立ち現れ方に目を凝らすことで、同時代の自己意識の一角を照らしだすことができるのではないかという直覚からである。「制御」という言葉は、その振る舞いを少しみやるだけでも、たちまちその怪物的な相貌を露わにしないだろうか。その言葉は、二一世紀を十数年過ぎた今日の世界、わたしたちが生を営むこの世界を特徴づけ、人を揺さぶるものとして辺りをたゆたっている。

制御工学などでの古い用法もあるものの、今日的な相貌においては「制御」という言葉は、情報科学に端を発した用語であり、今日のデジタル処理システムには不可欠の概念のひとつである。が、誰の目にもあきらかなように、デジタル技術の急速な発展と拡大にともない、この語はいつしか、社会の隅々に行き渡りさまざまな場面で用いられる言葉にもなってきている。その繁茂は、経済学や経営学の領域、行政学やガバナンス論の領域、政治学や国際関係論、政治哲学あるいは倫理学、医療や生物学の領域にいたるまでみてとることができる。夥しい数の場面に「制御」という言葉が現前しているのが、今日わたしたちが目にしている光景なのだ。あるひとつの言葉がかくも多岐にわたる分野で爆発的なまでに用いられているのであれば、それを「怪物的」と形容して何の不都合があろう。

一方で、わたしたちは、この「制御」という概念の怪物性を視界から消し去ることを己に許してしまっている、そんな気配も感受されないだろうか。そのことは一種の不気味ささえ醸し出す。情報文化論といった領域でも、「制御」という語がクローズアップされ問題化されることはいまだきわめて少ないのだ。また、二一世紀の世界が対峙する新しいタイプの問題群に対して、経済学では「新自由主義」批判、政治学では「新保守主義」批判、国際関係論では「帝国論」批判などが精力的に取り組まれ、大きな成果をあげていることはよく知られているとおりだが、それらの批判における経済理念、政治権力、資本運動といった抽象度の高いファクターが中心となった先鋭的な議論展開のなかでも、「制御」という言葉は頻繁に書き込まれてはいる。しかしそれは、なかば無意識になされているかのようで、それを問題として浮かびあがらせることはなぜか企まれることがない。

今日の社会においてかくも膨れあがりかくも深く浸透しているにもかかわらず、われわれが視界から不用意に消し去ってきた怪物的概念に対してなんとか接近していくこと、それが本論で賭けられたものである。制御という問いを真正面から発することで、幾多の現代社会論が素通りし見落としてきてしまった事態――ある哲学者の言葉を借り先ほど漏らした言葉を用いれば、同時代の「自己意識」の一角――を照らし直したい、それがわたしたちの企みである。

この制御という語に強く自覚的であろうとする本論は、この言葉が多種多様な領域で振る舞うさまを渉猟し、見通しのよいマッピングをおこなうことを第一の目的とする。そのために、怪物的であると同時に多面的な相貌をもつこの語を、ときに系譜学的に跡づけ、ときに批判的に概念分析し、その振る舞いの軌道を計測しようとするだろう。渉猟される分野は、情報理論からコミュニケーション論、哲学、倫理学、政治学、医療、生物学にいたるが、なにしろ、かりそめにも怪物的と形容したものを相手にするのだ、己自身がキマイラ化することを厭う理由などどこにもない。

いわば、「制御」という概念の動態学を目指すわたしたちは、動き回る怪物に応接して機敏に、臨機応変に舵取りの変更をおこなう必要がある。そうすることでこそ、二一世紀を生きるわたしたちの生にとって本質的な重要性をもつかもしれない課題を炙り出すことにつながると確信するからである。最初に書きつけた一文の照準は、そうした射程を核にもっている。

「制御革命」は実現したのか

いきなり気負いすぎたかもしれない。せいぜいが、工学系という一つの分野において用いられている専門用語のひとつではないか、そのような言葉に「怪物的」という形容を与え、相貌の異形さをいいあてようとするのは、さすがに行き過ぎではないか。そう疑義が呈されるかもしれない。だけれども、「怪物的」という形容は大げさかもしれないにせよ、じつのところ、三〇年ほど前に、「革命」という語が「制御」という語と組み合わされていたこと、そしてその組み合わせの波及効果はいまも続いていることを確認しておくことはできる。

一九八六年にアメリカ合衆国のハーバード大学出版局から、『制御革命（Control Revolution）』というタイトルをもつ書物が出版されているからである[1]。その要旨はつぎのようなものだ。一九世紀末にはじまった、世界に対する「制御」への意志をエンジンとした知の地殻変動こそが、情報革命やコンピュータ革命を準備したのであり、また、それをいま完遂しつつある。そうした「制御」への意志による知の地殻変動は、自然科学、社会科学、人文学の全域にわたって生じ、そしていまもなお続いているのだという。

この『制御革命』という書物の流れを汲むかたちで、一九九九年、フランスはパリにおいて社会学者ピエール・ブルデューの弟子筋にあたるリュック・ボルタンスキーとエヴ・シャペロが大きな反響をよぶ大著『資本主義の新たな精神』を刊行する。一九七〇〜八〇年代に準備されそして実施されていったマネージメントおよび賃労働の現場を中心として、今日の資本主義の実際に対して新しいタイプの心の動かし方が生まれ繁茂していることを膨大な資料調査と綿密な分析において説いたこの仕事は、いうまでもなくマックス・ウェーバーの高名な書物のタイトルに倣ったものであるが、『制御革命』を重要な典拠として掲げているのである——この仕事によって、『制御革命』への参照や引用が再燃されたところさえある。(2) あたかも、「制御革命」が達成され、その流れのなかで資本主義のかたちさえもが変貌し、それに対する新たな精神のあり方が誕生するにいたったという具合に読むことさえできるのだ。

ボルタンスキーとシャペロの仕事にはいずれ立ち返ることになるが、現在、集合意識の新しいメカニズムが出現しつつあるという見解に、本書はなかば共鳴する。けれども、彼らの主張よりも事態はさらに進展しており、「制御」という語が指し示すものは社会体を刷新するという意味合いで一種の革命を履行しつつあり、二〇世紀の諸革命がそうであったように、その実現形態において異形の相貌をたたえるほどになっている。「怪物」という形容を用い、問題の所在を定めようとしたのは、そのような観測からである。

じっさいのところ、行政における法整備の場面をとりあげてみよう。この分野では、ローレンス・レッシグの仕事がかねてより注目を集め、また実社会でも影響を及ぼしてきた。そのレッシグが著作『REMIX――ハイブリッド経済で栄える文化と商業のあり方』において述べている論立てが関心を引く。[3]レッシグは、その名を高めた以前の仕事『CODE――インターネットの合法・違法・プライバシー』においては、デジタル情報環境では、それ以前の物理的条件が御しがたく作用する環境とは異なって、人為によってどこまでも完全な規制が可能となってしまう特性があるため、人間的なものをがんじがらめにしてしまうリスクがある。それがゆえに、一種の自由度、一種の民主主義的エレメントを維持できるよう仕組みを組み込んだ規制のあり方を工夫するべきではないか、そう論じていた。[4]

だが、新しい仕事ではさらに踏み込み、レッシグは、「未来には「コピー」の頒布に対する完全なコントロールが絶対にあり得ないとしたら、どうしたらいいだろう」というなかば諦念のような問いかけから論をおこしている。「コントロール」を日本語に移すとすれば、「制御」となるべきなのはいうまでもない。デジタル技術が主導し、それに範を得るような活動領域では、法レヴェルでの制御に根本的に歯

(1) James R. Beniger, *The Control Revolution: Techomological and Economic Origins of the Information Society*, Harvard Univeristy Press, 1986.

(2) リュック・ボルタンスキー/エヴ・シャペロ『資本主義の新たな精神(下)』、ナカニシヤ出版、二〇一三年、三五六頁。著者たちは「日本語版への序文(二〇一〇)」でも『制御革命』についてその重要性について言及している。

(3) ローレンス・レッシグ『REMIX――ハイブリッド経済で栄える文化と商業のあり方』山形浩夫訳、翔泳社、二〇一〇年。

(4) 『CODE――インターネットの合法・違法・プライバシー』山形浩生、柏木亮二訳、翔泳社、二〇〇一年。

止めがかけられない、そう主張しているといっていい。ここでも制御という語は、裏腹にも、怪物的な制御不可能性をこそ示すために用いられている。

安全保障の場面もみておこう。湾岸戦争の頃から軍事オペレーションに、各種関連データの前線への送受信とそれらデータをもとにした作戦行動がリストアップされたマニュアルが整備され、履行されたことはよく知られている。これについて情報哲学論的な立場からマニュエル・デ・ランダがみごとな分析をおこなっている。(5) 戦場においてオペレーションに従事する兵士はもはや、目の前にある状況を自らの目と耳で判断し、行動の針路を己の判断力において決定するというのではない。作戦本部からだけでなく、上空で地上を飛行する監察機から(ちなみにパイロットレスであるかもしれない)リアルタイムで送られてきた戦場に関連するデータも、常時携帯しているマイクロ無線装置で受信し、それらデータがアドバイスする行為選択肢のチャートにしたがって兵士はミッションを遂行する。データだけでなく、データの解析、その結果からのアドバイスと選択肢の提示まで、制御系プログラムがおこなうのだ。

制御が怪物性を孕みつつあるというのは、これらの諸事例を念頭においてのことでもある。日常のコミュニケーションから新しい軍事オペレーションまで、わたしたちは、制御なるものに自らの周りを取り囲まれている。そして、そこに質的な変化があらわれ、生の輪郭が次第に変容しつつあるのだ。

「監視社会」から「制御社会」へ

制御への問いへとわたしたちを導いたのは、量的な使用版図の拡大、生世界の質的な変容への自覚だけではない。そうした現象面での興味深さに加えて、一種の哲学史的な動機もまたそこには伴走している。

というのも、一九九五年に没したフランスの哲学者ジル・ドゥルーズが、一九九〇年あたりに書き記したフレーズが、いまだ一点の曇りもないまま、わたしたちにさし迫っているからである。「les sociétés de contrôle」(6)である。

このフレーズは、通常「管理社会」と翻訳され、それがほぼ定訳となっている。そのことは十分に承知している。だが、これを、「制御社会」とあえて別様に訳すことで、その意味するところを読み拡げ、読み拓き、読み深めてみたいというアクロバティックな企みがわたしたちにとりついて離れないのだ。フランス哲学を専門としない者が陥りがちな野蛮な解釈へと堕してしまう危うさも重々承知している。それでもなのだ。門外漢がゆえに遊び溺れることのできるだろう冒険、たとえば、関連すると思しき論考や著作を手当たり次第に漁りこのフレーズに衝突させるという冒険に、自らを連れ出してみたいという誘惑に抗することができないのだ。別言すれば、ここでは、ドゥルーズの哲学について吟味し、検討し、なんらかの学術的寄与を狙うといった構えはいささかも企まれていないし、もっといえば主たる関心が寄せられている先でもない。狙い定められているのは、現代社会の自己意識の一端になんとか迫り、その輪郭を描き出すというプロジェクトなのだ。そのプロジェクトにおいては、なんらかの哲学に依拠し、その吟味において獲得した理論を、あたかも方程式のように社会分析に適用し、何ほどかのことをもの申すという構えは採択されない。急いで言い添えておけば、じつのところ、そうした構えはのちに

(5) Manuel De Landa, *War in the Age of Intelligent Machines*, MIT Press, 1991.

(6) Gilles Deleuze, "Post-Scriptum Sur les sociétés de contrôle," *Pourparlers 1972-1990*, Les Édition de Minuit, 1990/2003, p241.（邦訳、ジル・ドゥルーズ「追伸——管理社会について」、『記号と事件』宮本寛訳、河出文庫、二〇〇七年）あるいは、同書に収められた"Contrôle et Devenir"（「管理と生成変化」）も参照のこと。

みていくように、制御社会においてすでに回収され、それが当たり障りのない、ひとつの凡庸なエネルギー源となってしまっているという危惧さえある。

そうではなく、ドゥルーズがものした言葉が日本語において訳語が揺れうるという判断を梃子にし、そこからなんとか思考を切り拓いてみたいということこそが、ここで目論まれているものだ。とはいえ、「制御」という言葉の選択は、身勝手な振る舞いというわけでもないだろう。それはどこかしら、主観的な恣意的判断を超えたベクトルを内包しているのではないか。というのも、だ。ここで仏語の contrôle（英語の control をとりあえず思い浮かべて大きな問題はない）にあてようとしている「制御」という言葉は、科学的言明や陳述、とりわけ情報科学の仕事においてふつう用いられる訳語である。こうした自然科学における「制御」という定着した語の振る舞いを視野に収め、他方で、社会を論じる言説空間の系譜における「管理社会」という訳語の馴染んだ振る舞いを眺め直すとき、同一の原語が探求領域の種類に応じて異なる訳語で置き換えられているという知の布置の成立条件自体が興味深いものとして競り上がってくる。このような布置に、十分に敏感となり自覚的になってみること、それはやたらに無闇な企てではあるまい。

たとえば、「管理社会」という語が往々にして連想させるような、「監視社会」という名のもとの、トップダウン型の一元管理的な権力図式を念頭においておこなわれる社会批判というものがある。批判的実践には、その意義も効力もなお一定程度存在する。そのことは認めつつも、だが、社会体の新たな組成が現出しつつあるのではないかという予感もまた濃厚なのだ。個別の欲望を集約する自己調整と、社会工学的システムの整備による管理が加速度的にすすんでいるのは日々実感できるものだろう。政治的思考のシーンにおいても、前世紀末に席巻した文化左翼的な身振りへの反動のようにして、左翼的には国家水準に照準を合わせた対抗運動の回帰、保守的には国民性の仕切り直しへの期待値の高まりがせり出してきており、それらが嘱望しているのも欲望集約型の管理システムといえる向きがある。だが、こうした動向は日本のみならず多くの先進国で同時多発しているグローバルな傾向として、わたしたちが対峙すべき理論的課題なのだ。

いずれにせよ、こう括っておいてもよいだろう。理論化作業の航行図において、「監視社会」から「制御社会」へと戦略的に舵取り転換をおこなうこと、それが本書を駆動させるエンジンである。

概念の揺らぎへの賭金

そうした舵取りからこそ、日本という東アジアの地政学的力学のなかに定位する島嶼において、揺らぐ言葉となっている「control」の運動を批判的に計測する戦略が選び取られているといってもいいだろう。

いうまでもなく、「管理」と「制御」のあいだの差異は、翻訳文化のなかで生じた紛らわしくも小さな混乱であるといった解釈もできなくはない。だが、少しばかり穿った言い方をすれば、そうした解釈は、欧米文化を先進／非西洋国の文化を後進とするような価値判断、西洋の科学的用語が中心＝真理／非西洋諸国のそれは翻訳＝模倣といった価値判断にとらわれすぎではあるまいか。あるいはまた、「制御」という自然科学の訳語の方が厳密であり、「管理」という訳語は、知の状況を俯瞰的に見渡す労を文系の翻訳者がとらなかったにすぎない偶発事だという見方もありうるだろうが、それもまた性急なように思える。自然科学は学的用語の鋳造に厳格である一方、社会論は往々にして曖昧な用語に自堕落に身を任せてしまうものだという発想もまた、科学的用語もまた日常生活のなかでの言語との連動、交渉のなかで生まれると主張する科学哲学の社会構築論を参照する必要もないほどに、日常感覚からいってもどこまで有効かは疑わしいからである。

むしろ、「管理」という訳語とともに「制御」という訳語が何食わぬ顔で流通している今日の日本語の知の布置の繊細さに着目し、それをラディカルな思考の可能性のブレイク・ポイントとして捉え返すこと、それこそがありうべき戦略のひとつではないだろうか。

先のフレーズをドゥルーズが書き記した一九九〇年という時代の相に注目しよう。一九九〇年とは、情報科学論が情報文化論といったより広い視野のなかで全面開花する前夜であったといってもいい。インターネットはもちろんのこと、パーソナル・コンピュータの日常への普及さえ部分的な段階であったし、コンピュータ・グラフィックスの精度など研究者や専門家の間の話題でしかなかっただろう（『ジュラシック・パーク』（スティーヴン・スピルバーグ）が公開され「このようなレヴェルが可能となったのか」と驚きの言葉を人々が口々に発したのが同じく一九九〇年である）。デジタル処理の計算空間は、特別な領域において特別な人々がたずさわる世界だったのであり、「制御」という言葉は、まだ一部の人たちの頭の裡にしかない。これを踏まえるとき、わたしたちが今日住まう世界に現在進行形で浮かび上りつつある、デジタル技術が関与し、切り拓き、急速に繁茂する諸現象をとり扱う際に採るべき方法論の重要性が明確になってくる。

というのも、「管理」という訳語が選び取られたことにはそれなりのコンテクストが控えていたのであり、そのあとに現出した事象群が「制御」という語を「control」という原語に引き寄せようとしているにすぎないのかもしれないからだ。である以上、たとえば、実証主義的な社会研究を気取って、「管理」という訳語ではなく、「制御」を採用し直すという判断は妥当ではない。そうした判断を採用し考察を展開するとして、それなりの成果も期待されるとはいえ、そこには事柄の核をとり逃してしまう懸念もあるからだ。実証的社会研究は、観測されたと判断された事象を「社会的事実」としてとり扱ってしまう傾向がある。そうした傾向は、考察作業において記述概念が記した事象を過度に実体的に把捉してしまう危うさがある。わたしたちが立てようとする関心に引き戻していえば、「制御」以前の社会はあれほど無垢だったのにという安易な疎外論、あるいは逆に、「制御」以後かくも便宜と安全が確保されるようになったのだという安易なユートピア論へと横滑りしていく危うさにつながっていくかもしれないのである。

したがって、批判的思考においては、実証的社会研究ではなく、むしろ、世界をわたしたちが認識する際のレンズそのもの、すなわち、言葉あるいは概念の交通整理を丁寧におこなう作業の有効性こそが前景に浮かび上がってくるように思われる。そもそもが、先に触れたドゥルーズによる les sociétés de contrôle の考察は、概念の系譜学のなかで練り上げられたものである。ドゥルーズはこのフレーズを、同時代を席巻したもうひとりの哲学者ミシェル・フーコーが彫琢した概念「規律社会（les sociétés disciplinaires）」と対比させる仕方で案出しているのだ。こうした概念形成の系譜には、安易な実証主義的検証を寄せ付けない厚みのある思考の折り込みがある。

たとえば、ここですぐさま引き出しうる素朴な等式「規律社会」から「コントロール社会」へという概念の連なりは、「制御」と「管理」という日本語における二つの可能なる訳語を手元に配するわたしたちに、複層化した視点を拓く。おそらくは原語においては、「規律社会」から「制御社会」への変化を直線的に扱う発想しか生じえないのだが、二つの訳語を重ね合わせもつ日本語の場においては、「管理社会」と「制御社会」という二重の分析回路が成立し、いわば、現代世界に対し二重化された懐疑精神から批判的にアプローチする視点を確保しうるのである。それを梃子に、現在の世界を構成するおそらくは相当程度に縺れ絡み合った力線を、実証主義的な方法よりもより丁寧に解きほぐしていくことが可能となるかもしれない。ドゥルーズの「コントロール」とフーコーの「ディシプリン（規律訓練）」が交差する場所から、その場所に流れ込む、あるいは流れ出る、あるいはまたその周囲を旋回するさまざまな概念の力線を捉え、それらの軌跡を計測すること。そうした分析方法こそがわたしたちの基軸となる戦術として採択される。

「安全装置」と「制御」

漕ぎ出していく針路をさらに明確にするために、もう少し羅針盤を整えておきたい。ドゥルーズの哲学について吟味する作業がまったくもって目指されていないのと同じように、フーコー論を展開しようとする意図もここには毫もないのだが、少しばかりフーコーの言葉を引いておくことは、これからなされる論の道筋を照らすのに役立ってくれるだろう。

じつのところ、フーコー自身が、自らの概念「規律社会」のあとに到来しつつある社会体のあり方について多くの言葉を残しており、それらが本論の考察に対し大きな指針となる。書物としてまとめられることはなかったことが悔やまれる、コレージュ・ド・フランスにおける晩年の講義のいくつか——とりわけ、「安全・領土・人口」と題された一九七七〜七八年度のそれ——で聴衆に向かって語られたものである。

フーコーは時代を追って支配的な様態となる権力の作動布置、すなわち彼が「権力エコノミー」と名付けているものに三つの区別を与えている。すなわち、「法典システム」「規律システム」「安全システテム」である。時代ごとにまるごと交代したというよりは、どの時代にあっても混在しつつひとつものが覇権的な様態となるとして定位されていることに留意する必要があるが、彼はこのような説明を与えている。

非常に包括的な言い方をすれば、この安全装置は第一に、当該の現象（つまり盗み）を、一連の蓋然的な出来事の内部に挿入するようになる。第二に、この現象に対する権力の対応が何らかの計算のなかに挿入されるようになる。つまり、コストの計算です。そして、最後に第三に、許可と禁止という二項対立を設定する代わりに、最適とみなされる平均値が定められ、これを超えてはならないという許容の限界が定められるようになる。(7)

あえていえば、フーコーが書き付けたこの「安全装置」という語をめぐって、今日の世界におけるその有効性を探求することが、本論の狙うところであるといってもいいだろう。とはいえ、ここでもまた、次のような留保をつけておくべきだろう。フーコーの哲学ないし思想の吟味がここで目論まれるものではない。フーコーは、デジタル技術の思想によって刷新された「制御」という怪物的言葉が跳梁跋扈する情景を目にしていない。わたしたちは、そうした情景を目の前にしつつ、「安全装置」という語の練り上げをたとえ手探りであってもすすめることこそが課題と考えるのである。そこで戦術として選びとら

（7）ミシェル・フーコー『ミシェル・フーコー講義集成　一九七七―一九七八　安全・領土・人口』高桑和己訳、筑摩書房、二〇〇七年、九頁。

れているのが「制御」という語なのである。

同じ講義でフーコーは、ドゥルーズが精神科医のフェリックス・ガタリと共にものし大反響を呼んだ『アンチ・オイディプス』(一九七二年)の効力について早くも疑念を挟んでいる。その書物が先導したゲリラ的な闘争はもはや闘争の戦法として有効ではない、なんとなれば、それらを回収するようなシステムが社会の全域を覆うかたちで準備されつつあるからだ。それこそがいま相対して考察せねばならぬものだ、と論じているのである。「安全装置」を彼が論じるのは、そうした問題意識からである。わたしたちが、「制御」を論じるのもそのラインでの批判意識からである。

この点は次の戦術にも連結する。すなわち「制御」は、その複数性において考察されるだろう。フーコーが「安全装置」を論じるにあたって個別具体的な事例を渉猟しボトムアップの方向で考察をすすめたように、そしてフーコーのその論との差別化を丁寧にすすめるためにも、わたしたちは、「制御」という語の振る舞いを幅広く観察し、腑分けし、考察をすすめていくだろう。哲学的概念として単数系において「コントロールの社会」と記したドゥルーズとは異なり、その多面性、多様性、つまりは、その複数性においてこそ、新たな社会体の描像を探っていきたいのである。

こういうことだ。実証主義的アプローチは避けられている。むしろ、わたしたちが採るのは、いわば、ボトムアップ型の諸概念の分析と交通整理である。

じっさい、今日、「制御」という語は、ありとあらゆる分野に頻出する。情報理論や通信理論は当然のこととして、政治学、経済学、社会学といった社会科学系の諸分野、脳科学、心理学、生物学といった自然科学系分野、さらには、哲学、倫理学といった人文学系のハードコアにいたるまで、その作動域は拡がっている。わたしたちは、そうした各分野でのこの語の振る舞い、また、類似した概念や発想の振る舞いにまなざしを送り、そこで生成されている思考様態を考察していきたいのだ。むろん、このような多岐にわたる分野を跨がって作動している概念を考察する航行は、逡巡と迂回、蛇行と滞留を避けることはできないだろう。航路を見失ってしまうかもしれない。けれども、少なくとも、上述のような諸分野において、「制御」という語が圧倒的な物量で現前し、活発に用いられていることには驚いてしかるべきである。そのことを呈示することができれば、本書の企ては半分以上叶えられたに等しい。それを超える論点や解釈に関わる評価は、読者の判断に委ねるしかない。

「社会」についてわたしが知っている二、三の事柄、あるいは「新しい唯物論」にまつわる模索

序論の最後に、ここまで何の断りもなく用いてきた「社会」という語についても少し付言をしておこう。まぎれもなく「社会」とは概念であり、学術の分野に限っても、歴史的にも理論的にもその出自や内容について、さまざまな見解が競われている。

すでに触れたように、そして本論において詳述するように、新自由主義の言説群と相性がよいのか、デジタル技術に関するトピックがその言葉の中に差し挟まれることは少なくない。国際金融システムはコンピュータ管理が大前提となった新種のボーダーレスな資本取引であるだとか、情報通信による意思伝達が国を跨いだ分業体制やアウトソーシングを可能にしただとか、インターネット上の課金システムがニューエコノミーを登場させただとか、といった論立てである。こうした夥しい数の見解は、新自由主義思想と共振しつつ、賛否両方の側で渾然一体となって発信され受信され享受されることがきわめて多い。

新自由主義思想が解説される際に、この思想を奉ずる側にも批判する側にも便利な参照点として必ず

といっていいほど引用されるのが、一九七〇年代に連合王国の財政再建と景気回復を主導したマーガレット・サッチャーが言い放った「社会などというものは存在しない。あるのは、個人と家族だけだ」という言表である。

これをもって、ケインズ主義的福祉政策を許容する大きな政府の終焉のはじまりと位置づけられ、市場を最高の価値判断主体として定位する時代が開始されたと少なからぬ論者が主張もしたのだ。こうした論議が考慮に入れるよう促すのは、ある角度からすれば制御なる概念ときわめて相性のよい新自由主義の時代にあっては、「社会」概念は十分な注意をもってとり扱わねばならないという指針である。本論でも「社会」概念に対しては慎重さをもってのぞむこととしたい。本書に「制御社会」というタイトルを冠せず、むしろ「制御と社会」として「と」を間に挟み、二つの概念の距離、交渉、相互作用を鑑みたいという含みをもたせた所以でもある。

「社会」なるものへの一枚岩的な理解を前提としないという意味合いにおいて、本書の試みが、昨今欧米で高まっている「新しい唯物論」に似た論述の方途を身にまとうことを隠すものではない[8]。今日の自然科学や社会科学、あるいは人文学の諸成果をみるとき、デカルト的な心身二元論が前提とするような、長さと幅と奥行きを備え延長性や慣性をもつ物質なるものがつくりあげる物的世界と、そうした世界を計測し分類し支配しうる唯一のアクターとして関与する人間主体との対立図式を基底にした理論装置はいま、知の実践において有効な分析装置といえるのだろうか。「利己的な遺伝子」とまではいわなくとも、脳神経科学がいうニューロンの発火、分子生物学がいうタンパク質や酵素の働き、あるいは行動経済学がいう購買に関わる生体上の傾向性、あるいはゲーム理論が探求する集団力学などなど、世界の成り行きを担うアクターは多様であり、それは人間なるものと物質的なるものを横断し拡散している。

そもそもが、思考がなぜ世界と関係しうるのかという単純な問いについてさえ、デカルト的な近代主義では対処できなかったともいえる。であるので、わたしたちの論述ではアクターは多様である。思考であり、事態であり、現象であり、物体であり、場であり、感覚像であり、そして言葉である。そうした多様なアクターの動きを測定し、データ処理し、解析すること、そうした着想に寄り添いつつ、同時にそうした着想自体も批判的に相対化しうるように考察をすすめること、それがわたしたちの考察のスタイルとなる。

より正確にいえば、わたしたちの立場は、「制御」という概念の振る舞いが、一種の物質性をもつかのように推移していく軌道を測定することにこそある。その点では、なかば「新しい唯物論」に相乗りしつつも、概念の分析というフーコー的企みの方がより重みをもった考察となる。

論述において軌道修正が適宜なされていくことはおそらく必至であるとも思われるが、以下に続く本

(8)「新しい唯物論」ないし「思弁的実在論（speculative realism）」については、さしあたり以下の論集などが手軽な手引書となる。*New Materialism: Interviews & Cartographies* (Rick Dolphijin and Iris van der Tuin, Open University Press, 2012); *New Materialisms: Ontology,m Agency, and Politics* (edited by Diana Coole and Samantha Frost, Duke Univeristy Press, 2010). 前者のインタビュイーのひとりでもある、フランスの哲学者クァンタン・メイヤスー（Quentin Meillassoux）については、日本でも千葉雅也による積極的な紹介がなされはじめているが、英語圏ではたとえば次の仕事が知られている。*After Finitude: An Essay on the Necessity of Contingency* (Translated by Ray Brassier , Continuum, 2008). また、篠原雅武は、「新しい唯物論」の観点から環境学を捉え直しをおこなっているティモシー・モートン（Timothy Morton）の紹介をおこなっている。

論の論展開の見取り図を示しておこう。序章に続いて、第Ⅰ部では、「制御」と「社会」をめぐる理論的問題をできるだけ形式的に分析、整理することが試みられる。情報論、コミュニケーション論、メディア論でなされている重要な論考を読みこみながら、「制御」に関連する諸概念を精査し直すことになるだろう。

続く第Ⅱ部では、政治経済《ポリティカル・エコノミー》を対象に、「制御」という観点から、現代社会の諸問題を照らすことが目指されるだろう。具体的には、ポスト福祉国家あるいは新自由主義といったテーマのもと展開される経済思想、そして、冷戦以後あるいは帝国・帝国主義といったサブジェクト設定で論じられている政治思想を中心に考察をすすめる。

さらに第Ⅲ部では、今日の人間存在をめぐる諸問題を、「制御」という観点から枠付け直すことが試みられるだろう。ときに「例外状態」というタームを駆動させながら問題化されようとしている人間存在に関わる事態に、「制御」という観点から光をあて直す。

軌道修正どころか、下手をすれば、辿る経路さえ見失いかねない船出かもしれないが、すでに航行制御装置にわたしたちはログ・オンしてしまった。ともかくも、走り出すしかない。

第Ⅰ部　制御の形態分析——スタートアップ・メニュー

第1章　制御の三つの形態

第一節　情報理論史と「制御」概念（1）――自己の制御、他者の制御

情報、コンピュータ、そして制御

制御とは何か。この問いに対して、何よりもまず、デジタル技術がそもそもその出自をもつ情報理論――ここでは、できるだけ広い意味にとっておくこととしよう――に即して、ある程度「制御」概念の基本動作を計測しておくことが重要であろう。そのことからはじめたい。

制御とは何かという問いは、本質を目指して探究するという恰好では近づくことができない。制御という概念の力能は、それがひとつの概念の運動である以上、未規定であり、その規定のかたちは同時代状況の裡でつねに揺れ動いているからである。

したがって、探し求めようとすると手元から滑り落ちていくかもしれない問いになんとか接近していくために、ここでは、次のような方策をとっておきたい。すなわち、制御概念が実際に行使されているさまを場面ごとにできるだけ丁寧に測定するという方策である。その概念を、権利上の力能とその実際

上の行使とに分け、後者から接近するといっておいてもよい。それを踏まえ、考察をすすめよう。

すでに序章でも触れたが、「制御」という言葉は、情報文化と形容される社会のあり様の中心に坐しているといっていい。すなわち、この言葉は今日至るところで湧出している。

なかでも、とりわけ、情報理論やデジタル技術論の近辺では圧倒的なまでのプレゼンスをもって流通している。制御システム論や計算機論の書を紐解けば、アクチュエータの活用による制御から、通信の制御まで多様な制御の方式が並んでいるし、制御工学や数値計算論を覗けば、ラプラス変換から状態方程式までさまざまな数式が溢れかえっているだろう。とはいえ、こうした制御に関わる、個別専門領域での進展を学術的に、ないし網羅的にチェックすることは本論の採るところではない。

ひとつには、これらの論述に首を突っ込めば、専門家以外には手のつけられそうにない数式やら概念図が圧倒的な分量でおし寄せてくるということがある。それらの数式や方程式が並ぶ頁のそこここに原理論的ないし基礎論的な把捉への可能性が漂っている感もあるのだが、専門外にはそれらをすべて鳥瞰的に透視し、いちばんの公理になるであろうものを探しだすことはきわめて難しい。たとえそうした公理のようなもの、原理論のようなものが見つかったとしても、情報理論以外の分野での「制御」という語の振る舞いまでをも包括する演繹体系をつくることはおよそのぞめないとも思われる。もっといえば、情報理論自体が、そもそも一種の応用科学として分岐し発展してきたような向きも濃厚で、原理論的な探求と相性がよいのかどうかさえ定かではない。

わたしたちの企みは、「制御」という言葉が狭い意味での情報科学を越え出て、遍く社会の活動領域に繁茂しつつある事態の可能性の条件を探ろうといったところにあるのだ。照準が定められるべき先は、異なる分野での隠喩的な使用も含めての、この語のより日常的な現象での、そして社会現象レヴェルでの振る舞いの軌跡の同定と計測である。だとすれば、ごく直感的に「制御」という隠喩が作動する際の参照先として了解されるであろう、今日の情報文化の中心、つまり、デジタル技術が関わる現象群の中心であるコンピュータに注目し、考察をすすめることが妥当であろう。コンピュータとはいったいどのような機械なのか、そして、コンピュータという物体において、概念上制御とはいかなる位置を占める用語なのか、それを問うことからわたしたちは着手したい。

コンピュータという複合体

だが、いったい、コンピュータとは何なのか。この問い自体、千差万別な答えが予想されるし、十人の研究者がいれば十通りの説明がありうるだろう。それは承知しているものの、コンピュータの形成の経緯は、歴史的検証において少なくとも一定程度はあきらかからであり、一定程度の共通了解があることも事実である。

アラン・チューリングがコンセプト化した自動計算機械の理念モデルがまず歴史に登場する。ついで、それを展開するかたちでジョン・フォン・ノイマンらが具体的設計モデルを生みだし、またその範型を数値計算機型から論理演算機械へと発展させた。これに加えて、クロード・シャノンやワレン・ウィーバーらの数学モデル化した通信理論やノバート・ウィーナーのサイバネティックス理論が連結し、今日わたしたちが日々手で触れ操作するコンピュータと呼ばれる代物の基本メカニズムが出来上がった、そういう歴史である。細部はともあれ、それをまるごと否定する研究者は少ない。むろん、お望みであれば、第二次世界大戦から冷戦期に至る軍事的緊張のなかでの発明・開発競争、それと連動した巨額の資金援助という強力な支援体制という背景を付け加えておいてもよい。あるいはまた、二一世紀の今日の状況を踏まえれば、ハイパー・テクストやＷＷＷの開発物語を接ぎ木してもよいだろう。

こうしたいささかコンパクトにすぎるまとめ方においてでさえただちに浮かび上がるのは、コンピュータとは、複数の科学技術の達成が結合するなかで出来したものであるという事実である。コンピュータとは、単一の何か、単一のコンセプトより出来上がった一枚岩の構成をもつ何かというよりも、複数のエレメントがなかば試行錯誤のように順次結合し次第に形成されてきたもの、といった方がより適切な理解の仕方にみえるということだ。別言すれば、そうした歴史的に形成された複合体としてのコンピュータの有り様をしっかりと認めた上で、その基本となる作動形態を確認しておくことが必要であろうということだ。

それをできるだけ見通しよく整理しつつ、いったいどのような意味合いでコンピュータと制御は関わっているのかをあぶり出してみること、それが肝要であろう。（なお、あらかじめ断っておけば、わたしたちにとっては概念上の分析的マッピングこそが重要であるので、以下の考察はコンピュータ成立史のいささか乱暴な単純化のうえですすめられるだろう。コンピュータ創世の物語は、上であげたような気鋭の科学者をはじめとする多くの知性が寄り集い議論を重ねるなかで出来上がっており、どの業績が誰に帰すのかさえ複雑な問題であり、以下で素描される整理も個別の研究者の名も、便宜的な都合以上のものではない。）

チューリング・マシン、あるいは理念のなかの制御

起源の掘り起こしこそが理念定立の要諦であるという考え方は必ずしも真ではないし、コンピュータも例外ではない。すでに触れたように、コンピュータは複合的な機械と捉えておいた方が的確である。であるので、わたしたちの考察においても、コンピュータの成立史をめぐって語られることの多いアラ

ン・チューリングの思想も今日のコンピュータの形成の唯一の起源というわけではなく、複数の起源のひとつとして定位するものである。しかし、チューリングの提起した理念モデルが、コンピュータを実現した諸思想のひとつの勘所であることは間違いでなく、知の系譜からいってもきわめて重要である。(1) 論及しなくてすむものではない。

つとに知られたアラン・チューリングの論文「計算可能な数（computable numbers）について――決定問題の応用」から、まずは、チューリング・マシンという着想につながった箇所のひとつを引用しておこう（この着想はもともと、計算可能な問題はアルゴリズムにおいて判別しうるかという問題を扱った論文であるが、この論文により、自動計算機械の着想はその種子を知の歴史に植えつけたといってよい）。

実数を計算している人間と、q_1、q_2、q_3、といった有限個の条件をとりあつかうことができる機械とを比べて考えることができるかもしれない。後者の条件を「m配置（m-configuration）」と呼ぶことにする。この機械にはそのなかを走る「テープ」（紙の類似物）が備え付けられており、いくつかのセクションに区分けされていて（「区画」と呼ぼう）、それぞれになんらかのひとつの「記号」が記入されている。任意の時点において、機械のなかにはちょうどひとつの、たとえばr番目の区画があり、

(1) もちろん、チューリング以前というものがコンピュータ成立史になかったわけではない。バイロン卿の娘ラブレイス夫人の支援も受けていたチャールズ・バネッジが構想した「解析機関」も極めて興味深いものである。あるいはまた、ヴァネヴァー・ブッシュの「メメックス」構想なども今日にいたるまで多くの研究者に刺激的な示唆を与えつづけているものではある。そうではあるのだが、「制御」概念の形成史を扱うこの論考ではそうした「前史」についてはさしあたり省略したい。

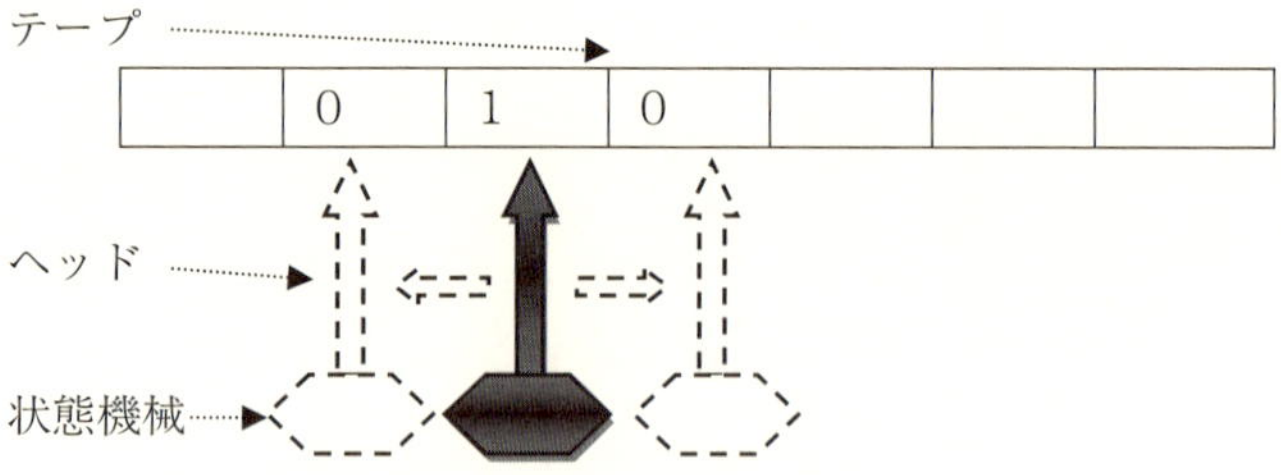

図1　チューリング・マシンの理論モデル

そこにはS（r）という記号が書き込まれている。わたしたちは、この区画を「走査されたシンボル」と呼ぶ。この走査された区画のなかの記号を「走査された記号」と呼ぶ。走査された記号が、この機械がいわば「直接、意識している」唯一のものである。しかし、m配置を変えることによって、この機械は、以前にそれが「見た」（走査した）記号群のいくつかを有効なかたちで思い出すことができるだろう。任意の時点においてこの機械がなす可能な行動は、その時点でのm配置qnと走査された記号S（r）によって決定される。この一対、すなわち、qnS（r）の一対は、その時点での「配置」と呼ばれる。つまり、特定の時点でなされている配置がその機械の可能な行動を決定するのである。走査された区画が空白である（いかなる記号も書き込まれていない）いくつかの配置においては、機械は、走査された区画にひとつの新しい記号を書き込むことになるだろう。あるいは、機械が走査された記号を消去する配置もあるだろう。機械はまた、走査している区画を移動することもあるだろう。ただし、そうした移動は、ある場所からひとつ右へあるいは左へと移ることを通してのみなされるだろう。これらの操作に加え、m配置は、変更されるかもしれない。書き込まれた記号のいくつかは、計算されている実数に対する十進法表記となる数字の系列を形づくる。

これらの操作が数の計算に関わるすべての操作を包含しているというの

がわたしの論点である。(2)

この計算機モデルこそチューリング・マシンと呼ばれるもので、この自動機械としての計算機が後に続く研究者によってさらに練り上げられることになっていくのだ。(3)比較的わかりやすいかたちで図解しておこう。便宜的に、「配置」を「状態」、「走査」するものを「ヘッド」とする（図1）。

理論的にはこの機械は、状態と記号をもってして、機械じかけの正確さで計算処理をおこなう。その理論モデルが存在することをチューリングはともかくも証明するわけだ。つまり、有限個の操作規則を与え、データが記号で入力されると正確無比にその計算処理をおこなう機械の理念モデルの設計に成功するのである。付け加えておけば、チューリングの天才は、こうした自動計算機械の理念モデルを構想したという点ばかりではない。より大切なことなのだが、チューリングは、どのような任意のチューリング・マシンの操作規則もまた、テープ上に記載しておくことが可能なことも証明し、いわゆる「万能チューリング・マシン」の存在可能性を示唆したのである。ほかでもない、この万能チューリング・マ

(2)　Alan Turing, "On Computable Numbers, with an Application to the Entscheidungsproblem (1936)", in *The Essential Turing*, edited by Jack Copeland, Oxford University Press, pp59-60.（『コンピュータ理論の起源　第1巻　チューリング』伊藤和行編、佐野勝彦、杉本舞訳、近代科学社、二〇一四年、一七-一八頁）

(3)　ここでは、チューリング・マシンの理念モデルが単純化されている。チューリング・マシンは、(1) 状態の集合、(2) 左端の終端記号および空白記号、(3) 初期状態、(4) 停止状態の集合、(5) 状態nから状態n+1への関数、の五個組から成る。また、これとは別にチューリング・マシンの計算は定義されなければならず、そこでは、状態の履歴を組み込んだ「様相」（あるいは「計算状況」ともいわれる）を設定しておく必要がある。

シンこそが、計算プログラムを書き換え可能な設計としてもつ自動計算機械の核となるアイデアとなっていくのである。

先へすすもう。この理念モデルは、のちにチューリングが発表した論文「コンピュータと知能」にもつながるところがあるので、そこに記された文章にも触れておこう。そこでは「デジタル・コンピュータ」をめぐる考察もなされている。チューリングは「デジタル・コンピュータ」は「三つの部分から構成される」と解説している。すなわち「(1) 記憶装置 (2) 演算装置 (3) 制御装置」から成り立つという。[4]

強引に単純化すれば、個々の装置についてのチューリングの説明は次のようなものである。記憶装置とは、「情報の蓄積場所で、ヒトにとっては紙にあたる」ものだ。いわば「規則集を印刷した紙」であり、そうした規則集を活用し、「計算に要する個々の動作をおこなう部分」が演算装置である。そうした上で、チューリングは「制御装置」の説明を次のようにする。「規則集」に並んでいる「命令テーブル」に働きかけ、「命令が正しい順序できちんと実行されるようにするの」が「制御装置の役割である」のだと。[5]

注視しておくべき点がここにある。チューリングによってなされたコンピュータとされるその構想の理念モデルにおいて、「制御」はかなりの程度、中心の位置を占めているということだ。先の図解に即していえば、走査するヘッドの動作が「正しい順序で実行される」ようにする働きが制御であるわけだが、それはこの理念モデルのなかで欠くべからざる装置として位置づけられているのである。

ノイマン型コンピュータと自己の制御

歴史に登場したチューリング・マシンは、だが、極論すれば、知的想像力のなかでの思考実験、思考ゲームの一種であり、具体化するにはなんらかの実装モデルが必要だった。チューリング・マシンの観念性を一気に実現可能な次元にまで発展させたのは、ジョン・フォン・ノイマンら――この「ら」には、彼とその周辺の研究者チーム、あるいは同時代に同じ類いの研究プロジェクトに携わっていた人々が含まれる――であったと物語化しておくことができるだろう。正確を期していえば、フォン・ノイマンらが案出したのは、実は、理念モデルを実現可能なものへとつなぐことができる理論の精緻化の道筋であったといっておくべきかもしれない。今日多くの歴史家や研究者が、ノイマン型コンピュータが今日のコンピュータのプロトタイプであると語るのもそれがゆえの話であろう。

フォン・ノイマンらがさらに精緻化し、実施可能なレヴェルにまで再設計した努力のなかには、次のような諸点が含まれる。(6) 第一には、二進法を採用し、データも演算規則も同じ方法でとり扱えるようにしたという点。この第一の点に関連もしているのだが、第二には、データのみならず、指示群から成るプログラムもメモリのなかに内蔵しうるようにしたという点、である。

---

(4) アラン・M・チューリング「コンピュータと知能」、『思想としてのパソコン』西垣通編訳、NTT出版、一九九七年、九六頁。

(5) 同書、九七頁。

(6) 以下の箇所については、一九四八年にカリフォルニア工科大学(California Institute of Technology)でフォン・ノイマンによって読まれたペーパーである、John von Neumann, "General and Logical Theory of Automata," in *The Neumann Compendium* (edited by F. Brody & T. Vamos, World Scientific, 1995)を参照のこと。とりわけ、二進法については、p532、チューリング・マシンの批判的展開については、pp551-557を参考にしている。

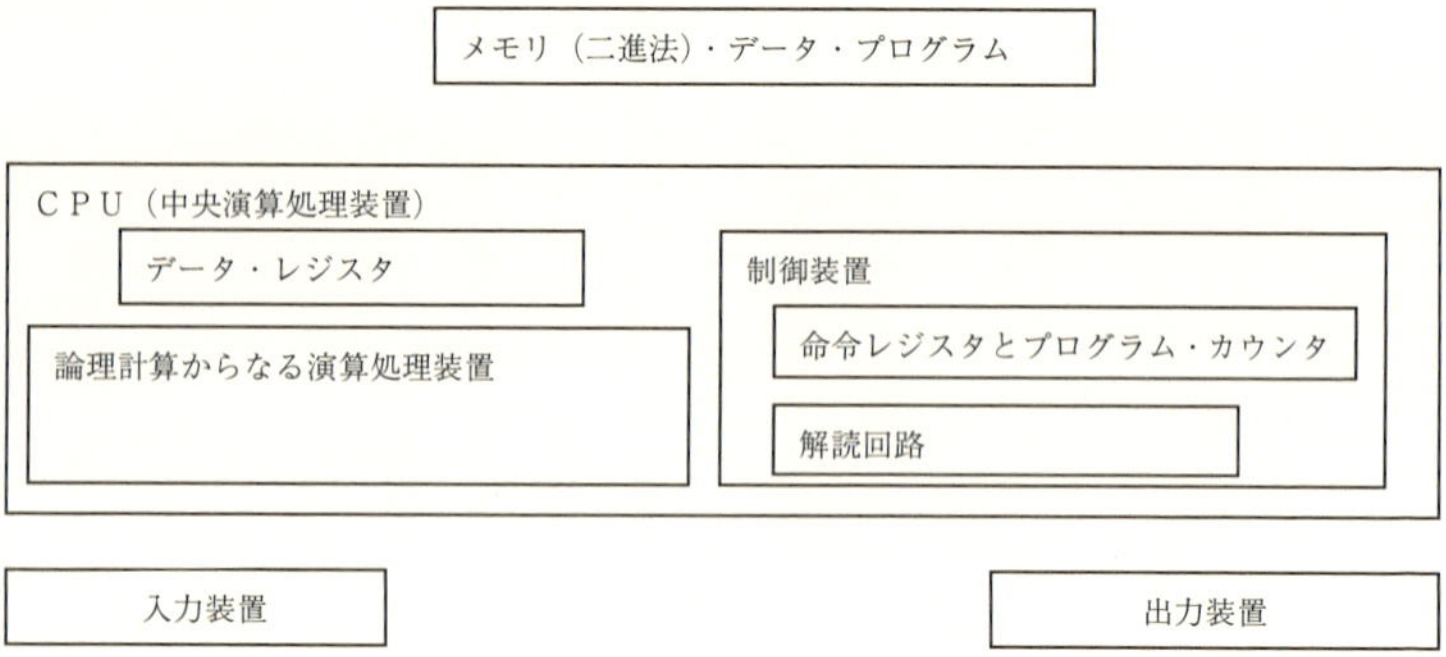

図2　ノイマン型コンピュータの理論モデル

これらにより、二進法で一括して内蔵されるようになったプログラムとデータは、より効率的に演算処理されるようになるものとして構想されえたのである。こうした物理的アーキテクチャを土台に据える仕方において、プログラムの指示の呼び出しやデータの入出力がひとつひとつの手続きに関してしかるべき系列に則って扱われるようになったということだ。わたしたちの関心に沿っていえば、それらの演算処理が「正しい順序できちんと実行される」ように、制御なるものもまた、その具体的なかたちを整えていくことになったといっておくことができる（装置設計の観点でいえば、制御された指示とデータの呼び出しを可能にするために格納情報を識別整理する「レジスタ」がここで組み込まれることになっていくともいえるだろう）(7)。テープとヘッドでモデル化されていたチューリング・マシンが、図2のような実動モデルとして精緻化されたのである(8)。

この概念図からも推察できるように、ノイマン型コンピュータは、今日の中央演算処理装置（CPU）の基本モデル——演算装置と制御装置から成る——を構想したといえるが、ノイマン型コンピュータが実際に機械として組み立てられた当初は、演算規則とデータの取り扱いを工学上は別個にしなければならないという技術上の制約があったようだ。データは、チューリング・マシンの理念モデルをほぼそのままのかたちで具現化し、パンチカードを活用して、そこに記入するという方策をとりえたわけだが、演算規則の方は、機械の配線（差し込み盤）において具現化せざるをえず、結果、計算処理される問題ごとに配線を配列し直すという格好にならざるをえなかったのだ。むろん、そうした面があったとはいえ、その計算処理の分量とスピードは、それ以前のものとは比較にならぬほどのものとなった。

　ともあれ、チューリング・マシンを土台にして発展したノイマン型コンピュータにおいては、制御は、コンピュータのなかの制御として、そのひとつの形態を具体的に与えられたといえる。巷に溢れるコンピュータの解説本には上級者向けのものであってさえ、コンピュータを、データの入力、そのデータの計算（演算）処理、結果データの出力、という三部構成として扱っていることが多い。それはそれで一概に間違いとはいえない。キーボードによる入力、アプリケーション・ソフトによる演算、モニターやプリンタでの出力といった具合に、直接手に触れるディバイスから連想し易いこともあって、直感的にわかりやすい説明でもあるからだ。けれども、コンピュータとは実のところ、自らの計算処理に関わる手順に対して逐次制御をおこなうことが枢要であり、そうでなければコンピュータではないとさえいえるのだ。チューリングの理念モデルからシャノンらのその精緻化にいたる流れを振り返るとき、わたしたちが確認するのはそのことにほかならない。データと演算指示群を正確に順序どおりに処理するチェックをおこなう機構として、かならず制御装置が必要なのである。

（7）John von Neumann, *The Computer and the Brain*, second edition, Yale University Press, 1986, pp 11-37.

（8）この概念図は、J・ディヴィッド・ボルター『チューリング・マン』（土屋俊、山口人生訳、みすず書房、一九九五年、七七頁）を参考に適宜修正を加えたものである。とはいえ、コンピュータ成立史の概念的整理についてはここでは踏襲しない。詳細は次章以降にゆずる。

第二節　情報理論史と「制御」概念（2）——自己と他者の関係の制御

シャノン＝ウィーバーの通信理論と他の制御

だが、機械式継電器から電子式継電器への移行はまだ歴史に登場していない。その移行についてもまた丁寧にみておく必要がある。

ノイマン型コンピュータ自体がさらなる展開を遂げる。その梃子になったのが、いわゆるクロード・シャノンとワレン・ウィーバーの通信理論である。ポイントをやや先取りしていえば、彼らの通信理論——慣例にしたがって、シャノン＝ウィーバーの通信理論と呼ぶことにしよう——によって、コンピュータは、内部に向かい作動する制御だけではなく、外部機械・外部装置に対して作動する制御が組み込まれたマシンとして変貌していく。対比的にレトリックを利かせば、コンピュータによる制御といっていいし、より分かりやすくいえば、他の機械との接続という側面において働く制御である。

ある角度からみれば、計算処理以外何もしない機械、機械の概念からすれば何を作り出すわけでも何を加工するわけでもない不可思議な機械であるコンピュータが、いわばだからこそ必然的にもたざるをえない特質としてその身に備えつけているものだといってもいいだろう。こういう言い方もできる。現代のロケットや飛行機は、およそコンピュータによる計算処理を抜きにして考えうるものではない。だが、コンピュータはそれ自体としては飛行機器や燃料機関を物理的に動かすわけではない。コンピュータは、その計算処理の出力をもって、翼の操作やエンジンの作動を担う他の部位機械に指示を与え、それらの動作を制御するにすぎないのだ。他の諸機械の動作をあらかじめ与えられた手順にしたがって制

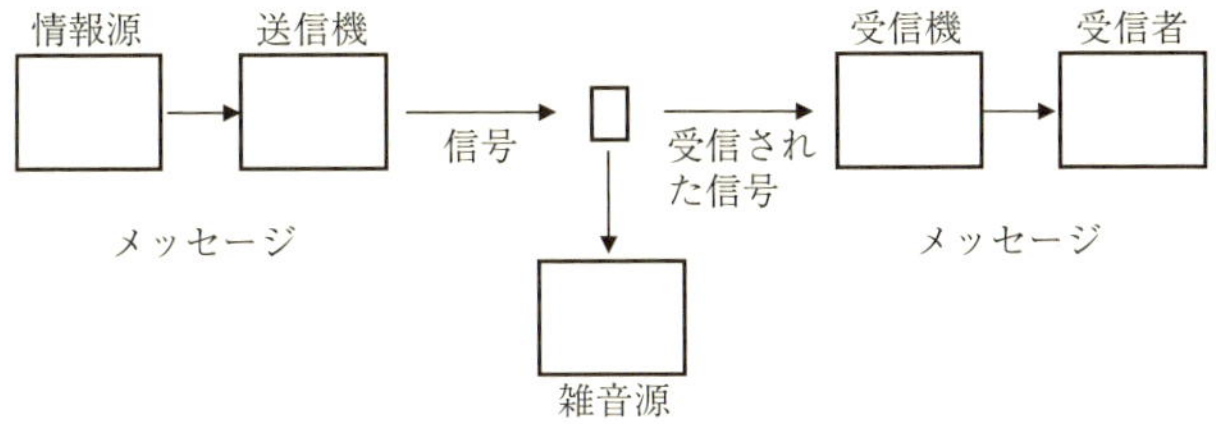

図３　シャノン＝ウィーバーの通信理論モデル

御すること、それがこの二番目として同定できる制御のあり方なのである。

細部にわたる網羅的な考察の能力も紙幅もないので、以下では本論の問題関心に沿うかぎりで大切なポイントを整理し、この外部に向かい作動する制御について、その動作形態を摑んでおくことにしよう。

シャノンは、自らの通信理論の概要を説明する補助とするため、次のような図を提示している(9)（図３）。

この図を提示しつつ、通信は「本質的に五つの部分から成る」形式をもつ「システム」であるとシャノンはいう。そして、それぞれに次のような説明を与えている。第一に、「情報源」がとりあげられるが、これは、「受信端末に送信されるメッセージまたはメッセージの系列を生成する」ものだ。メッセージには「各種のタイプ」があり、「電信やテレタイプシステムにあるような文字の系列」、「ラジオや電話にあるような時刻ｔの単一の関数ｆ（ｔ）」、「白黒テレビにあるような時刻と他の変数の関数」などがある。次は、「送信機」であり、これは「メッセージになんらかの形で作用して、通信路を通して送るのに適した信号を生み出す」部分である。たとえば、「電話におけるこの操作は、音圧をそれに比例する電流に単純に変換することに当たる」

（9）クロード・シャノン「通信の数学的理論」、クロード・シャノン、ワレン・ウィーバー『通信の数学的理論』植松友彦訳、ちくま学芸文庫、二〇〇九年、六四頁。

し、「電信では、メッセージに対応する、通信路上の短点、長点、空白の列に変換する符号化操作が存在する」だろう。第三は、「通信路」であるが、これは、「送信機から受信機に信号を伝送するために用いられる媒体のことであ」り、具体的には「一対の電線、同軸ケーブル、無線周波数の帯域、あるいは一条の光線などがある」という。第四は「受信機」で、これに関しては、「通常、送信機によって行われた操作とは逆の操作を行い、信号からメッセージを復元する」ものであるといわれている。そして、最後が「受信者」となる。これについてはやや直感的な説明がなされていて、「メッセージの対象となっている人（や物）である」とされている。[10]

通信形式システムを構成するこれら五つの部分ひとつひとつに関して、シャノンは、数的な処理、数的なとり扱いが可能なように数学化した捉え返しを与えていく。それぞれを個別に詳しくみていく余裕はないが、わたしたちの考察にもっとも重要な論述箇所を引いておこう。論のポイントは、確率論的な情報理解であるといっていいだろう。

> 通信の根本的な課題は、ある地点において選ばれたメッセージを、別の地点で正確にあるいは近似的に復元することである。しばしば、メッセージは意味を持っており、意味は、物理的または概念的な実体をともなう何らかのシステムに従って、メッセージが参照したり関係したりするものである。このような、意味論的な観点から見た通信は、工学的な通信の問題とは無関係である。重要な観点は、実際のメッセージが可能なメッセージの集合の中から選ばれたものであるということである。システムは、可能性のある選択の各々に対して動作するものでなければならず、実際に選ばれたひとつだけに対して動作するものであってはならない。なぜなら、設計を行う時点では、どれが実際に選ばれる

かは分からないからである。[11]（強調は引用者）

先のような工学技術論的な機構上の腑分けにおいて通信システムを整理し直し、その上で、こうした具合で「メッセージの集合の中から」選ぶ作業プロセスとして通信を把捉することで、数学的な定式化が可能になるとシャノンは論じているわけだ。さらには、情報に対する確率論的な理解は、より具体的には「我々は基本的に対数的な尺度を用い」洗練されていくことになっていく。[12]これを前提として、先にあげた五つの部分からなる通信システムの要所要所に対応する、「情報源」「情報源符号器」「通信路」が、数的に扱えるように（つまりは、二進法、ひいては、電子回路で扱えるように）数式化されていくのである。

通信メッセージに関するこのような確率論的な数式化は、以後、伝達される情報一般の範型として多くの事象に一気に適用されていくものとなる。なかでも、ここで大切なのは、先にも触れたように、往時、シャノンにかぎらずその周辺にいた気鋭の研究者たちにおいて共有された知識や作業があって、こうした情報の確率論的な理解を土台にコンピュータ史は目覚しい発展を遂げていくことになるという点だ。情報通信の数式化モデルによって、コンピュータと他の機械・装置の間の——もちろん、他のコンピュータとの間も含め——応答、つまりは、通信（communication）は完全に電子回路を通じて遂行可能

(10) 同書、六四 - 六五頁。
(11) 同書、六一 - 六二頁。
(12) 同書、六一 - 六二頁。

なものとなる、ということをシャノンらは証明してみせたのだといっていい。

シャノンの理論によって、コンピュータは、単なる洗練された〈計算機械〉から、多様な装置や機械との接続、つまりは幅広い情報系列を扱うことが可能となった〈情報処理機械〉へと変貌する。これはさらに内部システムにも反響していくだろう。すなわち、データとプログラムの一括した内蔵についても機械式継電器構成から電子式継電話へと移行を促すような、包括的な数的扱いが可能になっていくのである。コンピュータ・システムにおける内部における交通においても外部向けの交通においても、電子による数的システム化が（制御の作動も含め）全面化していくことになるのである。

チューリング・マシンの理念モデルが、フォン・ノイマンの設計図においてひとつの形態で現働化され、さらにシャノンの通信理論と接合することで、コンピュータは、今日わたしたちが手にとって考えるところのものの祖型となった、そうまとめておいてもいいだろう。わたしたちの関心に引きつけていえば、シャノンらの功績によって、制御なるものは、その動作形態において、内部的な作動系列に加えて、外部と接続する際に働くという作動系列も与えられていったということだ。さらには、そうした形態が鋳造されていくなかで内部的な機構もまた、機械体というよりも電子的・数的システムの処理マシンへとより焦点化され変容していくことになるのである。

ウィーナーのサイバネティックス――関係を制御する

シャノンらの通信理論が構築され世に問われ、さらにはコンピュータ設計の現場へと組み込まれていく時期に、〈情報処理機械〉に関するいまひとつの重要な面が前景化し発展していくことになる。シャノンらの「ら」のメンバーであったともいえるノバート・ウィーナーが提起した、いわゆるサイバネテイックス理論である。

ここでもまた、制御が中心的な概念であると捉えたい。いや、サイバネティックス論においてこそ際立って、制御は中心概念であるということができる。その要となる考え方でもあるフィードバックが現在、エアコンから、燃料機関、はては弾道ミサイルまで応用されていることを鑑みれば、日常感覚においても、サイバネティックス論における制御の形態が最重要なポイントであることは容易にみてとれるはずだ。

理論的に把握するためにまずは、戦後、一般向けにものした書物においてウィーナー自身が、サイバネティックスについての自らの取組みを振り返った文章をみておこう。

第二次大戦の終り以来、私はメッセージの理論の多数の面を研究してきた。メッセージの伝送の電気工学的理論のほかにも、あるいっそう大きな領域があり、そこには、言語の研究ばかりでなく、機械および社会を制御する手段としてのメッセージの研究や、計算機その他のオートマタの開発や、心理学や神経系についてのある種の考察や、科学の方法についてのある試論的な新理論が含まれている。

（中略）

最近までは、この複合的な思想を指す既成の言葉がなかった。そこで私は、この全分野を一つの言葉で包括するために、一つの新しい言葉をつくらねばならなかった。こうして「サイバネティックス（cybernetics）」という語が生まれた。私はそれをギリシア語の「舵手《だしゅ》」を意味する「キュベルネテス（kubernetes）」という言葉――今日われわれのいうガバナー（governor 調速器）の語源になったギリシア語――からつくりだした。(13)

このあと、ウィーナーは、自身がかつて著した『サイバネティックス』(一九四八年)に言及し、「初版でサイバネティックスというものを定義するさい、私は、通信と制御とを一体のものとして扱った」のだという。そして、「人間にも動物にも機械にも通用する工学的制御の理論がメッセージの理論の一要素をなす」のだと述べる。そしてウィーナーは「サイバネティックスの目的は、制御と通信の問題一般の解明を可能にしてくれる技術を開発することだけでなく、さらにまた、それらの問題の個々の具体的な場合をある種の概念のもとに分類できる適当な思想と技術を見いだすことにもある」とつづける。[14]

「制御」という言葉は、これらの文章の断片だけをみても、あちこちに顔をのぞかせているわけだが、とはいえ、制御なるものはその『サイバネティックス』におけるいかなる議論と連動させて論じられているのか、もう少し踏み込んでみておこう。実は、この理論の要諦ともいわれる「フィードバック」を最初に紹介するところで、ウィーナーは次のような、わたしたちの興味を駆り立てる記述をしている。先の引用で示した文章のなかの、ギリシア語の「舵手」を意味する「キュベルネテス(kubernetes)」という言葉からこの造語(cybernetics)をつくったという彼の弁を念頭において読むと一層示唆的な文章である。

外界に対して有効な動作を行うには、健全な効果器(effector)を持つばかりでなく、次のことが重要である。すなわちこれらの効果器の動作を適当に監視して中枢神経系に送りかえし、これらの監視器の読みを感覚器官からはいってきた他の情報と適当に結合してから、適当に調節された出力として効果器に送るということである。まったく同じようなことが機械系にもある。鉄道における信号司令塔のことを考えてみよう。信号手はいくつかのレバーを制御することによって信号機を切ったり入れたりし、また転轍器（ポイント）の切替を調整する。しかし信号や転轍器が彼の命令に従ったと頭からきめてかかるわけにはゆかない。転轍器が結氷するかもしれないし、雪の重みで信号機の腕木が曲がってしまったかもしれない。また彼の効果器すなわち転轍器や信号が、彼の与えた命令どおりになっていないかもしれない。こういう事故にともなう危険をさけるために、すべて効果器すなわち転轍器や信号は、信号司令塔の自動表示器につながれ、信号手にその実際の状態と動作とを伝えることになっている。(15)

具体例が施してあり分かりやすい喩えであるともいえるが、けれども、ここでとりあげられている「制御」は、内部システムのなかで作動する制御ではないし、また、外部へと働きかける際に作動する制御でもない。そうではなく、内部でおこなった計算処理の結果を出力し、外部機械・装置に指示を与えた際に（あるいは指示を与えられた機械・装置が周囲に対して想定された動作をおこした際に）生起する状況に関して、その効果の程度や範囲かつ／あるいは深度や進行を計測し、その測定値を改めてデータとしてコンピュータが内部に入力し、外部への働きかけの作動の決め細やかな調整のために活用する、という（循環が強調された）回路のなかで機能する制御である。フィードバックに関わる制御とは、その計算処理をより効率的にすすめようと、自らの出力結果がもたらす周辺状況に対する効果をチェックし、

(13) ノバート・ウィーナー『人間機械論（第二版新装版）』鎮目恭夫、池原止夫戈訳、みすず書房、二〇〇七年、八頁（原著は一九五〇年）。
(14) 同書、一〇頁。
(15) ノバート・ウィーナー『サイバネティックス』池原止戈夫ほか訳、岩波文庫、二〇一一年、一九一 - 一九二頁。

適宜必要であれば、その測定値をデータとして入力もするシステムの要所としてある。

いい換えれば、ある時点での出力への操作を、その直前の出力がもたらした効果をなんらかの尺度で測定し感知し、適宜調整をおこない、適切な「指示」を随時「正しい順序できちんと実行」できるように送り出す働きとしての制御である。そのことをさらにパラフレーズしたと思える『人間機械論』の一節を引用しておけば、「フィードバックとはあるシステムがすでに遂行した仕事の結果をそのシステムに再挿入することによって一つのシステムを制御する方法である」ということになる(16)。

自己が外部、あるいは他と関係するその仕方そのものに関わる「制御」、それこそがウィーナーのサイバネティックス論、さらにはフィードバック・システムが適用された多くの今日のディバイス群にみとめることができるものである。自らがおこなった計算処理をもとに作動する外部機械・装置の行為の効果も射程に収め、コンピュータ自らが己の関与の仕方をより効果的に調整するために自らと外部世界の関係を随時チェックするという制御、すなわち、コンピュータがつくる関係の制御という形態がここで構想された、といえるだろう。

ここまでの要点を整理しておこう。

制御とは何か。

この問いに対して、コンピュータ組成とその成立史を辿るとき、チューリングの論述でみたように、「命令を正しい順序できちんと実行されるようにする」機能であるという答えがさしあたり最初にくるものだ。注意しておこう。命令あるいは指示のメタ・レヴェルからのチェックであって、命令あるいは指示、そのものではない。命令や指示の精度の高い操縦こそが制御の役目なのだ。コンピュータの時代というのは、この命令・指示の精度の高い操縦が拡大し浸透していく時代ということなのかもしれない。そして、こうした命令あるいは指示の操縦は、内部メカニズムにおいてまずその具体的形態を成立させるのだが、たちまち、他の外部（機械・装置あるいはコンピュータ）に働きかける作動に関わる制御の形態としても、さらには、自らがそれら他の機械・装置と結ぶ再帰的な関係を制御する形態としても、実現していくことになる。

要するに、制御は、その概念上の祖型としてのコンピュータ成立史のなかで、すでに、縦横無尽に己の力能を発揮していく三つの、理論的かつ実践的形態を纏《まと》ったのだといえるのだ。

ここまでの考察を踏まえ、ドゥルーズの次の言葉を引いてこの章をまとめておくことにしたい。ドゥルーズはいう。制御社会を「機械のタイプ」で「対応」させることは可能で、それは「情報処理機やコンピュータ」を「駆使」させる社会である。「制御社会で重要となるのは、もはや署名でも数でもなく、数字である」。かつての社会、すなわち、フーコーが「規律社会」と呼んだ社会の言語は「指令の言語」であったが、今日の「制御社会」は、「数字」、しかも「パスワード」としての「数字」である。というのも「制御社会の計数的言語は数字でできており、その数字があらわしているのは情報へのアクセスか、アクセスの拒絶」だからだ。[17]

(16) ウィーナー『人間機械論』、六一頁。
(17) Gilles Deleuze, "Post-Scriptum Sur les sociétés de contrôle," *Pourparlers 1972-1990*, Les Édition de Minuit, 1990/2003, p242-244.（邦訳、ジル・ドゥルーズ「追伸——管理社会について」、『記号と事件』宮本寛訳、河出文庫、二〇〇七年、三五九 - 三六三頁。）

第2章　制御の動性分析

第一節　動性をめぐるパラドックス

三つの制御の運動、その動性

前章でみた、制御の三つの形態——自己の制御、他者の制御、関係の制御——は、運動のなかにある。つまり、それは作動している。さらにいえば、その作動範囲を常に拡大している。デジタル技術が適用されるところ、それら三つ組の作動はあたかも人間のすべての活動領域に浸透していくかのようだ。それは、専門家ならずとも実感として肌身に覚えるものだろう。己のみならず、他者、さらには己と他者の関係までもを、随時そして適宜制御が作動する対象領域としていく、そうした運動がデジタル情報社会と呼ばれる実態である。そして、本論の観点からするならば、それが、おそらくは現代社会のもっとも重要な部分を成している。

考察の航行が行き先を見失わないようにしよう。繰り返すまでもないのかもしれないが、すでに少し触れたように、コンピュータは単なる計算機械であることを超えて、いや実際上はその手前の段階であるが、そもそもが論理計算をおこなう機械である。コンピュータという機械は、ハードウエアの一番下位のレヴェルでは、単純な論理計算を可能とする電子回路（論理回路）を基盤とする。その基盤の上で作動するものとして加減計算を中心とした算術演算子が構成され、さらにはその他の算術演算が可能となっている。あえていえば、ブール代数（あるいはよりフラットにいえば、記号論理学）を演算処理の対象としうることが証明されたこと自体が、論理計算の可能性を飛躍させているわけだが、それを踏まえれば、基本、論理的推論過程は計算的に処理できるというのがコンピュータの設計原理が踏まえる世界にはある。それらをきちんと考慮に入れることが必要だ。論理過程が通じるところすべてに浸透していくということであり、そうである以上、コンピュータのなす動作の及ぼす領域の広さは驚くべきものとなる。制御なるものを作動させる機械であるコンピュータは、あたかも概念自体が自己展開する運動体であるかのように、圧倒的な速度であたりを貪り尽くす。そして、その作動版図を拡げていくのである。

　それにとどまらない。自己の制御、他者の制御、関係の制御という、入れ子構造がスパイラルに自己膨張していくベクトルもまた作動している。この入れ子構造がスパイラル的に展開していく動的な作動形態は、いかなるチューリング・マシンも万能チューリング・マシンに組み込まれるという抽象的に定式化されている理念レヴェルではなく、いまや物理的な機械として実働されるにいたっているのだ。高水準のアプリケーションであるオブジェクト指向のプログラミング言語は、既存のプログラムをその内部に貪婪《どんらん》にとりこむことができる。いわば、いったん自己が設定した動作領域を、さらにひとつ上方の次元から再領域化（上書きあるいは再定義化）する計算処理の変幻自在のグリッドが新たな動作領域として出現することになるのだ。簡潔にいえば、制御なる概念は、自らが対象とする領域を縦横無尽なダイナミズムで拡張していくのである。ここでは、それを、制御の〈動性〈motionality〉〉と呼んでおくことにしよう。

動性の拡大の際限なさを、空間的な比喩のなかでのみ想像しているだけでは事足りない。非同期的な並列処理が可能であるという、デジタル技術が得意とする運動を思い浮かべればたやすく感じ取ることができると思われるが、コンピュータあるいは情報処理装置の動作は、時間的にも、直線的に固定した運動形態に終始しているのではない。時空間において、自在に己の動作領域を選び直しつつ己の運動の版図を拡大していく、そうした動性をもつ機械、それがコンピュータなのである。

そのように、動作領域の空間的な拡がりの際限のなさに加え、時間的な展開に関しても自在に拡がる機械装置としてコンピュータを了解するとき、その動作の軌道は、逆説的にいえば無軌道なものとさえいえる。そして、この無軌道な軌道をもつ動性を分析し、なんらかの特徴を見出してみること、それが本章で目指すところである。そうした無軌道な軌道をもつ動作のかたちを浮かびあがらせてこそ、制御のかたちがより明瞭にみえてくるだろうと思われるからである。

コンピュータとはいかなる技術か

いささか修辞的になりすぎたかもしれない。制御の機械コンピュータは、いったいいかなる動作をおこなう機械なのか。

情報文化に関する気鋭の論考を次々と発表するデイヴィッド・ボルターが、コンピュータを技術思想史のなかで捉える論考を発表している。それを手がかりにしよう。

「技術の観点からみても、また、それ以外の観点からみても、各文明は、それぞれのペースでそれぞれの内的論理に従って展開してきた」とボルターはいう。「各文明は、その文化としての外観を作るのに寄与している特徴的な材料、技法、道具を所有している」のである。具体的には、まず「ギリシャとローマにとって、材料のなかには粘土、羊毛、材木が含まれ、また、道具のなかには、紡錘車の軸やろくろが含まれていた」だろう。時代が下り「西欧世界」の段階となると、「金属と石炭とが新たな重要性を帯び」、道具が「新たに生まれたり、また、根本的な改良がなされ」たりすることとなる。そのなかに「水車や風車、時計、蒸気機関などがあ」り、「機械的で力学依存の技術が」登場した。

いずれの場合も、「哲学者や詩人は同時代の技術を利用して」、自分たちの想像力を鍛練したといえる。「古代世界においては、紡錘車やろくろを観察して、回転運動の利用と人間や動物の力に強い印象を受け」、そこから「世界が回転しているという考え方」や「星が生きものとしての性質をもっているという見方」を身につけ、ひいては「形相と質料に関するアリストテレスの理論」までもが生まれることになっただろう。他方、「西欧世界の思想家たちは、まず、時計を、そして蒸気機関を観察し」、「当時でもまだ普通のことであった手仕事よりも示唆に富むもの」として注目し評価して、自らの思想に反映させた。「動物までもが精妙に制御された機械として」、さらには「世界そのものを巨大な、効率が悪い蒸気機関と」してみなしたのである。

こうしたマッピングを踏まえ、ボルターは、「コンピュータは、西欧技術の動力的側面ではなく、機械的側面、すなわち、蒸気機関ではなく時計の延長上にあるもの」としつつも、「時計よりもさらに先に進んで」いるという。そしてその特異性は、いわばコンピュータが「同時に機械的であり、かつ、機械的でない」という側面をもっている点にあると続ける。というのも、コンピュータの中央演算処理装置は、一方で、「内部に電子的な時計をもっていて、その非常に高速なパルスが、いつひとつの操作が終了して次の操作がはじまるのかを決定している」が、他方では、「動く部分をいっさいもっていない」からである。「この機器が計算をなし遂げるのは、電流を操作すること」からなる。「歯車やてこが精妙に相互作用することによってではな」いのである。出力においても、直接動作する対象は原理的には存在しない、かろうじて、間接的なかたちで、つまりは接続された別の装置への命令と指令を制御しつつおこなうというかたちにおいてだけ、関与する対象が立ち現れるのである。(1)

コンピュータとは、では、いったい何に対してその動作を施すものなのか。それを改めて問おうとするとき、それまで手堅い議論を積み上げる体裁ですすめられていた筆致は、少なからず過激なトーンを帯びたものとなる。「人工的な世界」という、新しい対象物に関わるものなのだという大胆な説明をいとわないからである。

(コンピュータは——引用者)自然と人工とを分ける線を、一方の極端にまで推し進めたのである。産業化の時代全般を通じて、われわれの文化は、世界をいやがうえにも人工的なところにする努力を重ねてきた。農業も、工業も、冶金業もまた非生産物的な原動力も、すべてそれを例証している。改良されないものが減れば減るほど、完全に人工的な世界という目標、つまり、自然から人工へ完全に移行する可能性が近づく。(中略)コンピュータの時代の今、誇張的な表現は当たり前になってしまっているので、人間が自らを人工物と考えることも、何も難しいことではない。人間にとって、自然界で関心の対象となるほどのものは、ほとんどすべて技術による改変をうけている。(2)

(1) J・デイヴィッド・ボルター『チューリング・マン』土屋俊、山口人生訳、みすず書房、一九九五年、二四-五八頁。

「完全に人工的な世界という目標」というフレーズが指し示す、人工的な世界の立ち上げに対する称揚を根拠とし、コンピュータの関わる領域、その動作が関わる領域をボルターは措定しようとする。動作をおこなわない機械、機械なき機械としてのコンピュータ。それは、その制御の力でもって、人工的な世界に作用を施していく。いい換えれば、そうした人工世界における動作を制御するという動作をおこなう力こそが、コンピュータがもつものなのだとボルターは主張するのである。

人工物（the Artificial）の時代

実は、こうしたいささか大胆ともいえる主張をおこなうとき、ボルターには前提となる参照先がある。二〇世紀末にとりわけ社会科学の分野で一世を風靡した、「人工知能」という研究プログラムの創設者であるハーバート・サイモンの主著『システムの科学』（原題「人工物の科学（Sciences of the Artificial）」）である。ボルターは自著のなかで、サイモンの言葉を引用し論じている。

証拠の示すところによると、という控えめな言い方でサイモンの述べるところでは、「思考する人間が、問題環境の型に自分の思考を適応させるのを制約するような「内在的な」特質は、その人間の内的環境にほんの二、三備わっているだけである。それを除いた彼の思考、および問題解決行動は、すべて人工的なもの、習得されたものであり、より優れた設計が生み出されれば、改良されていくものとなる」。人間は、記憶容量が空の状態で生まれた情報処理装置であり、自らをプログラムすることによって、成熟した問題解決者となるのである。(3)

短くまたそれほど目立たないかたちでの引用ではあるものの、サイモンのこの主張を背景に、ボルタ一は自身の論を組み立てているのだ。

「人工物」の時代として現代を特徴づけ、それを理論的に整理したかたちで主張しようとしたサイモンのこの著書の骨子を確認しておこう。人工的なものと自然的なものという従来の二分法は用をなさない。それは、成果物の水準で、しかもかなり恣意的になされた区分法でしかないからである。実態としては、人間は、「内部環境と外部環境の接面（interface）」に介入し、世界あるいは世界と自らの関係に働きかけ、それをデザインし自らの目標に沿って有効なものにしうるようにつくってきたという方が適切だろう。そう彼はいう。

サイモンによるならば、世界には人間との間で、両者の相互作用を実現する「型としての環境」が存在する。ならば、通常、世界の断片部分を一定程度の抽象化によってモデル化するというシミュレーションの作業も、単純化された虚構という、なかば存在論的に後ろ向きの捉え方ではなく、むしろ「新しい知識の源泉」として機能しているものと考えた方がより適切であろう。加えて、全体であれ部分であれ世界を認識する際にわたしたちが駆動させている「記号システム」も、単なる理解図式として機能しているのではなく、物事を把握し、なにがしかの目的・目標に沿って「型としての環境」、世界とわたしたちの「インターフェイス」[4]をつくりあげている「合理的なシステム」として作動するものとして捉えるべきものだろう。そのように論を運びながら、サイモンはさらに続ける。コンピュータという機械は

（2）同書、三四四 - 三四五頁。
（3）同書、三四五 - 三四六頁。

その論理計算能力において、そうした記号システムをより有効により効率的に作動させる、あるいは、そのシステムをより効果的なものとしてデザインする（デザインし直す）ためにきわめて役立つツールとして人類史に登場した、と。

こうしたサイモンの見解は、コンピュータという技術に関する、独特な歴史的評価ともいえるものかもしれないものの、人文学、社会科学、自然科学を問わず、広範囲にわたる影響をもって拡がった。ボルターとサイモンに共通する論構成がみとめられることは間違いなく、双方ともに、人間の思考、とりわけ対する世界への認識、関与、受容の水準で、コンピュータという技術は、ある意味で認識論的＝存在論的にいって新しい構成力をもつものであるという肯定的な主張に立っている。大げさな修辞に訴えることはないものの、彼らの主張内容自体は相当程度に大胆なものであるといっていい。

わたしたちの関心からするならば、制御の動性は、いったい、いかなる意味合いで人工世界に関わるものなのか。いったいいかなる意味合いの人工世界に関わっているのだろうか。そう問いを立て直しておくことができる。

あるいはポストモダン思想との共鳴

羅針盤をさらに駆動させ、議論をすすめていこう。まず、コンピュータをめぐる思想を歴史化しておくことが一定程度必要であろう。

わたしたちは、「型としての環境」（あるいは「形式としての世界」）はともかくとして、「シミュレーション」、「記号システム」といった言葉で、新しい時代の幕開けを特徴づける身振りをどこかで目にしたことがなかっただろうか。そう、前世紀後半、世界中を席巻したフランス発のいわゆる「現代思想《フレンチ・セオリー》」、あるいはポストモダン思想の主張である。じつのところ、ポストモダン思想が、デジタル情報がもたらすであろう革新的な世界ビジョンに鼓舞されないまでも刺激されたところがあったことは疑いをえず、多くの論者が指摘するところである。(5)

「現代思想《フレンチ・セオリー》」は、まったく新しいタイプの社会体の出現――人口に膾炙した表現を使えば、「ポストモダン社会」の到来――を謳ったわけだが、その際には、サイバネティックスをはじめ今日では情報学という知的実践のなかに位置づけられるような知見がふんだんにちりばめられ展開されていた。ジャン＝フランソワ・リオタールはその『ポスト・モダンの条件』（一九七九年）において、大きな物語は終焉し、これからは小さな物語が飛び交う時代になると言明したわけだが、その論立てにはサイバネティックスの自生的なコミュニケーション（意思伝達／通信）への仮託が強くなされているところが濃厚であるし、さらにいえば、その際の小さな物語の乱舞というイメージには、独特のかたちで解されたウィトゲンシュタインの言語ゲーム論が引き込まれている――ただし、その解釈は、むしろ記号論理学的トーンの強

(4) ハーバート・A・サイモン『システムの科学（第三版）』稲葉元吉、吉原英樹訳、パーソナル・メディア、一九九九年。

(5) たとえば、社会におけるプレゼンスを急激に拡大しはじめた情報文化に対して、こうした「現代思想」の観点から批判的に考察するマーク・ポスターの著作『情報様式論』（室井尚、吉岡洋訳、岩波書店、一九九一年）は示唆的である。情報文化を、「現代思想」の立場から批判しようとする身振りが、奇しくもその並行性を目立たせる論述となっているからである。結果、ポスターは「現代思想」と名を馳せている同時代の思潮は、その言説が情報文化と並べられることで、逆にその限界が炙り出されることになっていると、著作の奇妙な二次的効果について断り書きをつけることになっている。

かった前期ウィトゲンシュタインにより近いようにも思える。

いや、それよりもなによりも、後述するように、ジャン・ボードリヤールのシミュレーショニズムにいたっては、ヴァーチャル・リアリティ以前のヴァーチャル・リアリティ論といった体裁さえ看取できるだろう。かの有名な、地球全体を同じ大きさで覆った地図とはいったいいかなる地図だろうかという問いではじまる論考を、記号情報のネットワークの一形態である電子情報網が地球全体に広がる実現性を念頭においてなされた論であったと解することは、それほど大きな誤読ではない。記号システム、しかも指示対象との関係のなかでではなくそれ自身の機能をもつものとしての記号システム、それはボードリヤール的な考え、ポストモダン思想となんと相性のよい発想だろうか。

だが、コンピュータをめぐる、あるいはそれに喚起された思想とこうした「現代思想《フレンチ・セオリー》」との共鳴は、それぞれの知的営為の同時代性を窺わせる一方で、それらがともに、知の歴史のなかで醸成され彫像され、そして世界に投企されたものであったこともまた強く示唆している。もっといえば、デジタル情報が扱う領域の拡がりの際限のなさ自体も、もしかすると、時代を超越した普遍性をもつものではなく、むしろ歴史的な可能性の条件のなかで産み落とされ、したがってなんらかの構造的な臨界、あるいは限界づけをどこかで身にまとっているかもしれないということだ。

こういうことだ。コンピュータという技術の到来と、ポストモダンという思潮の登場を、双方ともに歴史的な視野に収めうる観測地点にわたしたちがいまある利点を最大限に活用しながら、振り返り、事態の実情を測定しておきたいのである。

事実、コンピュータには、いくつかの限界、拘束条件がある。より正確にいえば、限界あるいは拘束条件とでもいうべきものを内に抱えているがゆえに、その外側へ向かう力能は一層強度を増し、どこまでも貪欲にその対象領域を拡充していくのかもしれない。

計算回路の物理的限界と計算論的臨界

よく知られているように、コンピュータには、ごく単純なレヴェルで、数値計算に、ある拘束性がある。分数の計算ができないという拘束である。たとえば、1／3の解は扱えない。早い話が、有理数も分数となると扱えないのだ。小数点のどこかの段階で切り捨てなり切り上げなりをおこなわざるをえない。したがって、1／3×3は、解として1をもたないという結果を生む。

これは、コンピュータが二進法を用いているという端的な事実に由来している。そして、このことはさらに、コンピュータはその計算機能を物理的に実現する必要があるというもうひとつの端的な事実と直結している。もう少し具体的にいえば、計算なるものはごく基礎的なレヴェルで、以前であれば電気的な操作、今日では電子装置によって可能となっている和演算をはじめとする算術演算子あるいはその組み合わせとして、物理的に実現されているのである。

そうした物理的なレヴェルで処理されうるという条件があるからこそ、オン・オフという形式での入力・出力の計算が可能となっているのである（さらに付け加えておけば、オン・オフというのも、実は物理的な観点からみれば、アナログに動く電圧の動きの高低を二分割し操作するなかで実現されるものにすぎない）。ハードウェアのレヴェルでの（論理回路という）物理的条件と、ソフトウェアでも一番下位レヴェルでの算術演算子との間の応答関係が、コンピュータ設計上での狭い意味でのアーキテクチャの問題として、重要視されてきたのもこれがためである。基本となる算術演算子の組み合わせでは、分数のみならず平方根などの無理数などは一般に扱えないからだ(6)。

むろん、こうした困難については、さまざまな工夫が高次のレヴェルでなされ、算術計算を十全な範囲と仕方である程度までおこなえるようにはなっているのが、現行のコンピュータの能力である。しかしながら、別の言い方をすれば、それはさまざまな工夫においてこそ可能となっているのであり、アーキテクチャの土台のレヴェルでの分数計算の不可能性はどうしても物理的に存在するのであり、だからこそ、情報工学のなかに、コンピュータではいったいいかなる計算が可能なのかを探る「数値解析」という独特の分野が立ち上がることになっている。

これをアーキテクチャの土台レヴェルでの物理的問題とすれば、論理計算の形式処理レヴェルでもまた、コンピュータの計算はある限界をもっている。一般に、計算処理可能性の問題といわれているもので、物理的なレヴェルでは「停止問題」とも呼ばれているものだ。

あるデータが与えられた場合、一般に、それが入力されて機動がはじまった計算処理は、有限の時間のなかで計算が終了して終わるか、永遠に計算がどこまでも続けられ、終了（すなわち停止）することが永遠にないかのどちらかである。これをいい換えて、いかなるデータ入力に関しても計算が停止するか否かを決定するアルゴリズムは存在するのか、それともしないのかを問うのを、「停止問題」という。もし停止問題を決定するアルゴリズムが存在しないならば、前章でみた万能チューリング・マシンは、実のところ「万能」ではない、ということになるだろう。反対に、もし存在するのならば、万能チューリング・マシンは、まことに「万能」ということになるであろう。

しかしながら、この停止問題については、それを決定するアルゴリズムが存在しないことが証明されている。一般にすべてのアルゴリズムはチューリング・マシンに実装することが可能であるので、アルゴリズムとして停止問題を解決するものは存在しないということは、そうしたアルゴリズムを実装しうるチューリング・マシンが存在しうるかという問題に還元されることになる。これは簡単な背理法によって証明することが可能である。たとえば、それは次のようになされうる。(7)

停止問題を解決するチューリング・マシンが存在するとし、それをＴ０と呼ぶことにしよう。Ｔ０は、それが処理するテープ上に、別のチューリング・マシンＴ１の定義と、Ｔ１への入力データをともに読み込み、Ｔ１における計算が停止するのか停止しないのかを計算し解決するマシンであるといえる。このとき、しかし、Ｔ０を用いて、「Ｔ１の計算が停止することが判明したときには永遠に作動し続け、逆にＴ１が停止しないと判明したときには停止するような」別のチューリング・マシンＴ'を考えることが可能となる。だが、さらに、そのＴ'をＴ'自身に入力した場合に、矛盾が起きることになる。すなわち、Ｔ'は、それが停止した場合、それは停止しないはずであったので、矛盾する。他方、反対に停止しない場合、それは停止するはずであったので、矛盾することとなる。いずれせよ、形式論理上、矛盾が生じてしまうことになるため、Ｔ'は存在しないことになるし、ひいてはＴ０それ自体も存在しないということ

(6)　たとえば、全米で定評のある大学レヴェルでの教科書Ｄ・Ａ・パターソン、Ｊ・Ｌ・ヘネシー『コンピュータの構成と設計――ハードウエアとソフトウエアのインターフェース（上下、第三版）』（成田光彰訳、日経ＢＰ、二〇〇六年）には、「最も重要な抽象化の一つは、ハードウエアと最低水準のソフトウエアとの間のインターフェースである。非常に重要なため、このインターフェースには特別に名前が付けられている。具体的には、マシンの命令セット・アーキテクチャ（Instruction set architecture）または単にアーキテクチャ（architecture）と言う」（上一九‐二〇頁、強調原文）とある。

(7)　以下では、川合慧『情報』（東京大学出版会、二〇〇六年）の第六章と、エフィーム・キンバー、カール・スミス『計算論への入門』（筧捷彦監修、杉原崇憲訳、ピアソン・エデュケーション、二〇〇二年）の第五章を参考にした。

とになる。

停止問題は、アルゴリズム上の純粋に形式的な問題であるともいえるが、コンピュータが一般にチューリング・マシンを発展させたかたちで実現されたものであることを踏まえるとき、この問題は、コンピュータという現実の機械には、その計算能力のなかに限界があるということを指し示しているということでもある。いい換えれば、ここでもまた算術回路によって計算が遂行されるコンピュータには、内在的な限界が存在するのだ。

これらの限界は個別機能に関わる限界にすぎないかもしれない。コンピュータという機械全体の力能と便益を考慮に入れるとき、個別具体的に調整し手当し補塡することが可能な、そうした性格の問題にすぎない、そうみなすことも可能である。けれども、すでに触れたように、「数値解析」という分野が創設されなくてはならないという点をみても、どれほどの手当て、どれほどの補完の努力を、これら物理的限界と計算論的臨界が要請せざるをえないのかということはしっかりとおさえておくべきであろう。一見した印象とは異なって、コンピュータには、エレガントな合理性を見出すことはむずかしい。つまりは、少なくともある部分、コンピュータの動作の無軌道な軌道は、原理構造レヴェルで条件付きで成り立っているものだということなのだ。抑圧されたものは、変装され回帰してくるかもしれないのである。

そればかりか、コンピュータの無軌道さは、本論の観点からするならば、構造的に条件付けられたものにとどまるものではない。というのも、機械でない機械、にもかかわらず機械であるしかないコンピュータには、より一般化された性向も見出されるのである。

コンピュータは機械なのか機械でないのか

わたしたちの関心により則していえば、コンピュータが身につけている制御なるものの動性に関して、少なからずパラドキシカルな性格があるのだ。コンピュータには、アナーキーなまでにその動作を展開させる貪欲な動作が期待値として投影される一方で、コンピュータの理念モデルが実装された際に不可避的に身にまとわざるを得ない物理的限界とそれに起因する計算論的な臨界に己を穿たれている。

わたしたちは、ボルターの論展開に歯止めをかけておく必要に迫られるかもしれない。時代ごとの知のパラダイムをとらえようとするボルターの論立てのなかに、いくばくかの横滑りが看取されるともいえるからである。彼は、あらゆる時代のあらゆる技術は、外部の力を制御するために案出されたと随所で主張しているのだが、それはやはり強弁ではないか。あらゆる時代のあらゆる技術を外部の力の制御に関連づけて定義する身振りは、こういってよければ遡及的なまなざしにおいて把捉されるものかもしれないだろう。つまり、コンピュータが制御という怪物性をもって、これまでの技術を呑み込んでいく趨勢のなかで、そのように見えてしまったということだけなのかもしれないのだ。紡錘車や蒸気機関の制御と、コンピュータの制御ははたして同じものなのか、そうではないのか。それがしっかりと測定される必要があろう。

ボルターも指摘するとおり、コンピュータとは、原材料を加工して何か新しいものを作り出すといった仕方で外の世界に物理的に働きかけるわけでもなければ、そうした何か物理的な作業をおこなう機械に動力供給をおこなうような装置でもない。コンピュータがおこなうことは、命令と指示とそれらの制御にすぎない。計算機械としてのそれは、入力データを処理して計算結果を出力として導出するだけであるし、論理機械として捉え返したとしても、モデル化された対象領域の遷移を論理アルゴリズムにしたがって処理し結果を出力するだけである。

自らは何もしない、逆説的にいえば、機械らしいことは何ひとつしない機械。だが、それでもなお、それは必ずや、目に見え、手で触れる機械として出現する機械。コンピュータとして統合された諸技術の複合体は、奇妙な意味合いで「機械」なのである。機械なき機械、そういっていい。コンピュータの、そしてそれが及ぼす制御の動性の特徴を測るためには、そこにこの奇妙なねじれが孕まれていること、そのことにもっと慎重なまなざしを向けなくてはならない。機械なき機械に、いわば物理的な拘束性が巣食っていることはどうしても看過し得ないのである。おそらくは、そのようなパラドキシカルな性格は、理論的に脱構築を駆使して弁証法的に止揚してしまうのではなく、歴史的に脱構築して複数の線の絡み合いを炙り出しておくことが肝要だろう。

第二節　動性のフレーミング・メカニズム

装置的性向、あるいは（身）体性の消去——「メーシー会議」の行方

こうした問題意識を共有し、機械なき機械としてのコンピュータが、外界へとその作動領域を波及させていく際に、自らの物質性を含め世界の物体性を奇妙にも視界から消去する方向で自らを作動させる点——あえていえば、それは「人工世界」の出来ないし新たな存立ないしそれによる世界の再布置化を言祝ぐような身振りを誘発してしまう作動——に批判的に注目する一連の論考が近年活発に発表されている。

そうした論考のなかでひとつの大きな参照枠となっているのが、キャサリン・ヘイルズの『わたしたちはいかにしてポストヒューマンとなったか』であることは間違いない(8)。そこで展開されている議論を参考にしながら、コンピュータという機械、計算処理をおこなう装置であるこの機械がもつ、独特な性向についてみておきたい。

ヘイルズが「ポストヒューマン」という言葉を前景化していることから、ウィリアム・ギブスンの『ニューロマンサー』などに喚起された一九九〇年前後のサイボーグ・フェミニズムや、ダナ・ハラウェイらのサイボーグ・フェミニズムといった流れを連想するかもしれない。だが、ヘイルズのこの著作は、むしろそうした一種ユートピア的なビジョンをもって、「ポストヒューマン」という形容詞で特徴づけうる同時代の知の動向に同調しているわけではない(9)。また、よくもあしくも機能してきた、近代西洋思想がその昔構築した人間概念に戻ろうと呼びかけようとする復古主義的な動きでもない。むしろ、コンピュータ技術をめぐる諸思想を歴史的に精査することを通して、今日のわたしたちの生を取り囲み、その有り様を決定的に方向づけていくかのようにみえる技術動向の諸条件を洗い出すこと、そうした作業によって今後わたしたちが取り組むべき課題の道筋をつけ「ポストヒューマン」というフレーズで括り可視化させること、それがヘイルズがこの仕事で提起しようとしている——そして、ヘイルズのこの仕事に触発された多くの人々が取り組んでいる——問題設定である。

(8) N. Katherine Hayles, *How We Became Posthuman Virtual Bodies in Cybernetics, Literature, and Informatics*, The University of Chicago Press, 1999.

(9) きわめて興味深いことだが、ヘイルズなども属するといえるいわゆる「ニュー・メディア」の論議は、かつてのサイバーパンク思想を議論から排除している向きがある。

方法論的にいえば、コンピュータの登場を実現した諸思想をその草創期から振り返っていま一度、批判的な分析をおこなうこと、それがこの書物では目論まれている。批判的ととりあえず記したのは、ヘイルズは、往々にしてポピュラー・サイエンスのなかで語られる、科学者評伝のようなコンピュータ誕生物語――それはむろん、チューリング、フォン・ノイマン、シャノン、ウィーナーといった人物群が主役である――ではなく、コンピュータが歴史に登場する過程を、そこに関係した研究者間の理論的な差分に丁寧に分け入りダイナミックに浮かび上がらせようとしているからである。それはなによりも、ヘイルズが関心を寄せるサイバネティックス思想の役割を十全に視野におさめるために、コンピュータの登場を決定的に方向づけたメーシー会議（The Macy Conference, 1946–1953）を真正面からとりあげ、その歴史的な位置づけを批判的に試みている点にみてとることができるだろう。

具体的にいえば、その会議を起点として、「一九四五～一九六〇年」「一九六〇～一九八〇年」「一九八〇年～現在」の三つの段階に分けて、サイバネティックス思想の歴史の推移――実体としてはコンピュータ科学を基軸になされた情報科学の展開――を整理することができると彼女はいう。ヘイルズによれば、草創期、これはメーシー会議が中心の役割を担うわけだが、そこではわたしたちが前章でみたウィーナーやフォン・ノイマン、シャノンなどが中心的プレーヤーとなる――付言しておけば、実は人類学者のグレゴリー・ベイトソンや精神分析学者も会議に参加しており、ヘイルズはこうした参加者の視点を巧みに論述に配し、ウィーナーらの考えを相対化している。その会議では「ホメオスタシス」がキー・トピックとなっており、生物学が明らかにしてきた神経系モデルや生態系モデルが基本の参照枠となっていたという。

第二段階に入ると、メーシー会議の第一段階メンバーでもあった生物物理学者ハインツ・フェルスターに加え、神経生物学者ウンベルト・マントゥーラや認知科学者フランシスコ・ヴァレラらが中心となる（彼らの影響を受けたニクラス・ルーマンなどもここに加わる）。キーとなるトピックは「反映性／再帰性（reflexivity）」であり、「自己組織化」といった用語もまたこのコンテクストのなかから生まれてくることになる。とり扱われているシステムに対する観察者の機能が問題の焦点となったといっていいだろう。なかば観察者を傍観者の位置に据えていた第一段階とは異なり、ホメオスタシスのシステムのなかにどのように観察者自体を位置づけることができるか、それが議論の中心となる。

しかし、ヘイルズによれば、こうした論構えのなか、システム外部へのまなざしが逆に相当程度後退することになっていったという。とりわけ生物や脳といった物理的実体は、抽象的な水準でモデル化された参照項としての役割しかもたなくなり、むしろ、一般化された情報の伝達回路システムの（自己）反映的構造こそが焦点化されることとなったのだと。いわば、システムはつねにすでに閉じたシステムとなるということだ。そのなかでのフィードバック・ループは、外部環境ではなく、自己の内側で作動する機能が重要視されることとなる。こうした論方向においては、フィードバック・ループの自己的展開こそが注目されることになるのは避けがたい。自己組織化という概念が創り出されるゆえんであるとヘイルズはいう。

第三段階においては、先導する研究者は、自己の理論を批判的に更新したヴァレラに加えて、人工知能やロボット工学のロドニー・ブルックスやハンス・モラヴィックといった面子が中心となり、「仮想性」がキー・トピックとなる。ここにおいては「自己組織化」がもはや内的システムの再生産という方向だけでなく、もっと積極的に先鋭化して捉え返されることになり、システムは潜在的な可能性を開花させる「創発性（emergence）」をもつものとして議論されることになる。ＤＮＡからＷＷＷまでがそうした創発性という、自己展開・自己変化していく過程を潜在的に内包しているシステムと位置付けられることになる。進化はすでにプログラムとしてシステムのなかに潜在しているとされるのである。

生物の形式、あるいは生命の形式もまた、情報コードとして認識されうるという強い主張が出てくるのも、この段階においてである。ここにおいて、身体はもはや、生物にとって本質的なものではなくなる、といっていいかもしれない。ヘイルズの問題提起は、大枠でいえば、こうした思想の変遷のなかで理論上の結果として、コンピュータという装置を創り出した思考、とりわけサイバネティックスから人工知能、人工生命へと変容していった思考に、身(体)性を次第にわき役へ、下手をすると視界から消し去ってしまう論理展開が併行していたと指摘するところにあるだろう。わたしたちは、それをよしとするかよしとしないかを判断しないといけないのではないか、ヘイルズの問いかけはそこへ収束する。

本章での問題関心からいえば、コンピュータの身体性を拒む性向は、サイバネティックスの思想の折り込みのなかで、出来し、定位したものである、そうした論点をヘイルズから汲み取っておきたい(10)。

モデル化をモデル化するテクノロジー

けれども、ヘイルズらが問題化する身体性の消去という性向はやや一面的なところがあり、そこにさらなる補助線を引いておくべきかもしれない。というのも、物質性ないし身体性はむしろ、コンピュータの力能が社会で拡充していくなかで、新しいかたちにおいて再定義されるべきものとなるのだという論に出会うとき、それは何も主張できないという弱みをもつ。実際、ヘイルズの論そのものには、判断自体は今後の議論にゆだねている部分が大きい。さらにいえば、ヘイルズには、世界と論理計算、物質と記号処理といった二項対立に関わってやや硬直した前提が見え隠れしているところもある。わたしたちは、むしろ、あらゆる二項対立が疑問に付されるポストモダン思潮以後の世界にあって、そうした二項対立こそを括弧に入れるべきなのかもしれないのだ。いや、もっと怖れるべきは、コンピュータはそうした二項対立自体を自らのロジックの裡に織り込んでいるかもしれないということである。先にみたサイモンの仕事およびその影響下でなされた多くの仕事などが、「人工世界」という言葉を明示的に用いるか否かにかかわらず、新しい認識論＝存在論を主張してはばからないのは、そうした二元論の克服のベクトルを意図的に折り込んだ上でのことである。

というのも、だ。端的にいえば、取り扱う対象をモデル化すべしというロジックがコンピュータをめぐる営為においては、欠けてはならないエンジンとして存在する。モデル化は、対象を抽象化し図示的に措定する身振りであり、まさしく、世界と論理計算、物質と記号処理の間を接着する工程として存立しているといってよい。論理計算の手続きのフローをロジカルに組み立てるアルゴリズム自体が、その設計以前の段階で、関与する対象をいかに一定の水準で抽象的に図式化しうるかという工程を必要とし、モデル化はそうした場面でつねにすでに要請されるのだ。

それればかりではない。万能チューリング・マシンが、特定のチューリング・マシンをその一部分として取り込みうることに正確に対応して、コンピュータの凄みは、モデル化されたものをさらにモデル化

(10)　ヘイルズのマッピングとは異なる見解も発表されはじめている。たとえば、Bruce Clarke and Mark B. N. Hansen, *Emergence and Embodiment: New Essays on Second-Order Systems Theory*, Duke University Press, 2009。また、本文の続く箇所でとりあげるデュピュイもまた、サイバネティックスの歴史に独自の見解を示している。ただ、大枠では、これらの論考も、身（体）性の消去（と回帰）という本論の論点を根本的に損なうものではない。

しうるところにある。己が抽象化し対象化したものを、さらに別の次元から新たに抽象化し対象化して確定するというメカニズムも可能なのだ。モデル化なるものは、上位に設定された一定の理論的視点からなされた下位レヴェルにあるとされた対象群のマッピング作業であるといえる。そう考えると、モデル化のモデル化とは、新たに設定されたメタ視点からの再フレーム化が対象群に対して随時起きていくような認識論＝存在論の時代、ハイデッガーを無理矢理引けば、メタ世界像の時代だということになる。だとするならば、それが原理的に引き起こしている事態は、最終地点などなくどこまでも新たなメタ視点から対象を再フレーム化しうるという事態であろう。設定されたメタ・レヴェルの視点は、最限なくオブジェクト・レヴェルにおいて再対象化ないし再領域化され続けうるのである。

いわば、制御は、思考装置として、同時に物理的な作動に連結する装置として、それが適用される存在論的水準を自ら設定し、その水準を人々の意識に前景化させつつ作動するのである。

二〇世紀において自己言及性やらメタ・レヴェルとオブジェクト・レヴェルのスパイラルなどといったフレーズで多くの知的関心の的になっていた、システムが循環的に自己再規定していく構造をもつという事態が、デジタル技術によって、具体的な実践において相対的にいって手軽に、いともたやすく現出するものとなったともいえるかもしれない。

であるので、そうしたメタ・レヴェルとオブジェクト・レヴェルのスパイラルの日常性における実体については、次のような点に対する留意が必要だろう。つまり、メタ・レヴェルという審級の超越性が次第に剝がされていく存在論的変容ばかりでなく、オブジェクト・レヴェルという存在論的身分が、指示対象との対応の喪失を貫徹し、記号の仮想性のなかでのみ推移するものとなったという変容もありうるという点だ。哲学的語彙に関連するトピックでいえば――少し穿った物言いになることを覚悟でいえば――超越論的経験論[11]という、ドゥルーズの一見不可思議なフレーズが、操作可能な理論ツールとして人口に膾炙するのも、哲学的に先鋭化された議論であるというよりも、同時代状況と共振しやすいものであるためかもしれないのである。モデル化のモデル化は、オブジェクト・レヴェルの要素を、当該レヴェルの面と同時に、一段階上のレヴェルからも、再措定する仕組みのフォーマット化であるといっていい。

世界／記号／意識の再設定

モデル化とは、しかし、世界の経験に対して人が為す一種の記号化といえるものだが、それにしてもいかなる仕方で、あたかも実体に関する知を提供し実現するものであるかのごとく振る舞うのか。いや、デジタル技術以降、一層その度合いを強くしてわたしたちを襲うのか。そうした疑問がわたしたちにのしかかってきはしまいか。

通常、科学一般においては、モデル化というのは、取り扱う対象を抽象化された単位要素間の機能的関係としてあらわすものと考えてよい。これが、コンピュータの世界ではどのように捉え返されるのか、ということだ。アメリカとフランスを股にかけて、サイバネティックスの思想から認知科学の基礎付けまで科学論の分野で手堅い批判的研究をおこなっているジャン＝ピエール・デュピュイが、この点に関して巧みな整理をおこなっている。

（11）「超越論的経験論」については、山森裕毅『ジル・ドゥルーズの哲学――超越論的経験論の生成と構造』（人文書院、二〇一三年）における哲学史に綿密に即した解説がたいへん参考になった。

デュピュイによれば、モデル化における抽象化された単位要素間の機能的関係とは、対象群の表象＝代理化といえるが、その表象性がそれ自体として事後的に担うことになる力能群もまた遡及的に表象＝代理してしまうことになる。そして、そうした二重の表象機能が、チューリング・マシンの実現において新たな体裁のもとに布置化されたのだ、と続ける。どういうことか。込み入った議論なので、ここでは、本論に関係するポイントに絞ってみておくこととしたい。まずは、チューリング・マシンの着想となった、チューリングによる当の論文のあらましについてはすでに前章で述べたとおりだが、そこで示されていたことは、実質として、機械による計算機能の実現であった。この機械による実現という次第——おそらくは、思想史におけるひとつの決定的な跳躍として位置付けることのできる次第——のもつ意義についてデュピュイは独特な方法で検証し直すのである。

チューリングの論文は、もともと、チューリング・マシンというコンピュータの理念上のプロトタイプを考案するために書かれたのではない。そうではなく、数学において往時衆目を集めていた論争に挑もうとして書かれたものである。具体的にいうならば、先に示した「停止問題」への解答の試みとして書かれた論文なのである。すなわち、ヒルベルトによって提起された「任意の述語計算式が与えられたとき、その式が証明可能なものかどうかを決定するための効果的、一般的、体系的な手続きは存在するか」という問いに対してなされた解答の試みなのである。であるので、そこから、コンピュータの理念上のプロトタイプが生まれたというのは、歴史の皮肉とまではいえないにしても、偶然の産物、派生物であったといえるところがある。

数学史論に沿っていえば、これは、いわゆるゲーデルの不完全性定理において決定的に解答が与えられたといえなくもない。けれども厳密にいえば、ゲーデルの証明は実は、任意の公理系は自ら決定できない命題を含むことになるという決定不可能性の論理上の証明であったにすぎない。有り体にいえば、「効果的、一般的、体系的な手続き」が「存在しうる」かどうかという次元の解答は与えていない。チューリングは、そうした「手続き」が「存在」しうるかどうかについての解答を与えようと試みたのであり、そこで彼が案出したのが「機械」というメタファーによる証明だったのである。デュピュイはこの点に注目している。計算手続きの問題を機械というメタファーを参照しながら「証明」したという、思想史的事件が生じたと解釈しうるからである。その衝撃の核心は、次のような点にあらわれているだろうと彼はいう。

デュピュイによれば、チューリング・マシンのテープの上に書かれた「記号」、つまりシンボルには三種類の意味が担わされている。まず、「物理的な対象」であるという意味であり、それはしたがって、物理的な法則に則って存在し、機械による取り扱いすなわち操作が可能なものとなる（神経生物学や生物物理学が接近することになっていくのはこの側面である）。次に、このシンボルは形式性をもつ。別言するならば、それは構文論的な規則に従うものであり、もっといえば、論理学上の形式体系のなかでの推論規則に対応する。そして第三番目としては、このシンボルは、意味論的価値をもっており、解釈が与えられるような何か、となるのである。

乱暴を覚悟で敷衍すれば、いわば、従来の記号に備わっていた指示的側面、構文論的側面、意味論的側面の三組の構造が、一気に再布置化され、操作性、論理計算性、意味付与性の三組へと設定されることになったということである。

論理計算が具体的に処理するのは、第二の構文論的な側面でのシンボル処理だ。であるので、チューリング・マシンの記号は結局のところ、実体としては、物理的な存在としてのそれと、意味論的なそれとの間の中位のところで作動する。このことの意味合いをデュピュイは整理している。第一に、意味論、すなわち記号と世界の関係を規定する次元が構文論的な次元によって代替されることになり、そうした上で、機械的、手続き的処理が可能となっているのである。第二に、物理世界への指示機能は、その意味論的機能の前景化のなかで代替され後景に退く、ないし漸次的に接近されるもの、ないし機能的に代替され処理可能なものとして、了解されるものとなっていく[12]。論理的意味論とでもいうべきものが記号的世界において覇権を握ることとなった、そういってもいいかもしれない。

このことが直ちに意味するのは、次のことである。記号化ないしモデル化という手順が、制御の動性の作動に関して常に付随しているということだ。制御の作動においては、その柔軟性、関与対象を問わない開放性といった面のみへの注視だけでは事足りないのである。別の言い方をするならば、制御の〈動性〉は、それが自らの向かう先を自在に対象化するという〈動態化〉という特性をもつとともに、同時に、動態化された流動状態を〈整流化〉するという方向性もまたあわせもつのである。

それはさらに、モデル化ないしモデル化のモデル化という手順を通して、自らの作用する作動範囲を〈設置〉ないし〈解除〉する面も持つ。制御は、その動性は、設置と解除という作動特性をもつといってもいい。さらにいえば、それがゆえに制御なるものは拡大だけではなく縮小もまた、自らの作動特性として備えているのである。

動性の世界、動くものよりなる世界図式の作動

要するにこういうことだ。コンピュータなるものの出現は——そしてその制御概念が関わる動性の出現は——世界に対するその作用において、空間的に拡大ないし縮小する操作の自在さを高め適用領域を

調節しているだけではない。量的な拡充の柔軟性のベクトルにおいて、自らの作動域の厚みないし奥行きを設定する自在さもまたもつ。

世界と記号と意識の間の関係、別の言い方をすれば、物質と論理と精神の間の関係——哲学的思考においてもっとも重要な問題系のひとつでありつづけてきたもの——を、新たなかたちで現出させる作用の出現がそこにある。モデル化が現実的な有効性をもつとされ、シミュレーションが現実的な効果をもつとされる主張の背後には、世界の存立形式に対するこうした新しい動的存在論に関わるメカニズム、すなわち、作動対象の広さと奥行きの設定を自在に調節する〈動態化〉と〈整流化〉、さらには、そうした調節を任意に開始したり停止したりする手続きとして〈設置〉と〈解除〉、というメカニズムが整備さ

(12) W・エルンストは"Dis/continuities"という論文において、次のような点を指摘している。すなわち、さらに具体的にプログラミング言語の歴史を詳細に辿るとき、とりわけ一九五〇年代とそれ以降との間に決定的な変容がおこっていることにわたしたちは慎重であるべきだ、と。算術演算子が電気的ないし電子的に組み立てられ、その上で一番底位の機械言語が設定されるわけであるが、そこでなされるアーキテクチャが、上位の水準のコンパイラ言語やアセンブリ言語へ、また、さらに上位のいわゆるプログラミング言語との間を拘束していくことになる。それが意味しているのは、ハードウェアとの接面も含めて水準ごとのプログラミング言語同士の間の変換処理が、機械と物理的に連動しているという条件からのがれられるものではないということだ。それゆえにこそ、いわゆるバグをはじめとする諸問題がつねに生じるのであるし、コンピュータはつねにハードウェアもソフトウェアも、速度や計算量の面だけではなく、できるだけ滑らかに作動する計算機械として常に更新され続けなければならないのである。(Wolfgang Ernst, "Dis/continuities", in *New Media Old Media A History and Theory Reader*, edited by Wendy Hui Kyong Chun and Thomas Keenan, Routledge, 2006, p 105-175.)

この著者はドイツをベースに仕事を続けている研究者であるが、この前の、デュピュイと並んで、コンピュータ草創期の批判的再考がアメリカではない国々から登場しはじめているのは興味深い現象である。

れているのである。

制御なるものの作動は、したがって、二重の意味合いで世界に対してその作用を施す。時空間的な適用版図の拡充（それは、物理的限界と計算論的臨界がもつがゆえの無体な反動としての無軌道さをも生む）、そしてさらには、世界そのものの存立形式の変容において、である。

ここでもまた、ドゥルーズの言葉に戻っておこう。ドゥルーズはいう。

それぞれの社会に機械のタイプを対応させることは容易だ。しかしそれは機械が決定権を握っているからではなく、機械を産み出し、機械を使う能力をそなえた社会形態を表現しているのが機械であるかないかにすぎない。昔の君主制社会は、てことか滑車とか時計仕掛など、シンプルな機械をあやつっていた。ところが、近代の規律社会はエネルギーに関わる機械をその装備として配していたわけだが、エントロピーという受動的な危険も抱えもちつつ、また、怠業という積極的な危険も抱え孕みつつである。制御社会は第三の種の機械、すなわち、情報処理機器やコンピュータによって自らを遂行する。そこでは、受動的危険としては情報上のスクランブル、積極的な危険として無許可コピーないしハッキングそしてウイルス侵入といったものが存在することとなる。(13)

そして次のようにも述べているのだ。

監禁はいわば鋳型として作用するものであり、個別的な鋳造工程であるわけだが、制御の方は調整であり、刻一刻と絶えず変わりゆく自動変形型の鋳造作業といってもいいだろうし、あるいは視点が

変わるごとに網の目が変わる篩にも似ているだろう。(14)

あるいはまたドゥルーズは制御の動作を「波状」に喩えてもいる。そうなのだ。制御という運動は、自らのテリトリーを自在に変化させながら、自らが漂う場との関係も調節する、まさしく波のような動性をもつ。そして、その無軌道なまでの軌道をもつ動性はわたしたちを翻弄する、そういってもいいかもしれない。なぜなら、設置と解除という作動は、回収と排除の別名にほかならないからである。

（13） Gilles Deleuze, "Post-Scriptum Sur les sociétés de contrôle," *Pourparlers 1972-1990*, Les Édition de Minuit, 1990/2003, p244.（邦訳、ジル・ドゥルーズ「追伸——管理社会について」、『記号と事件』宮本寛訳、河出文庫、二〇〇七年、三六二頁。）

（14） ibid, p242.（同訳書、三五九頁）

第3章　制御の深度分析

第一節　メディア、あるいは制御とコミュニケーションが交わるところ

ここまで、制御――そして制御という概念――の形態、加えてそれが作動する際の動性の特徴をみてきたわけだが、この章では、「制御」が駆動する運動の深度について考察を試みたい。深度とは、いま単純に、その作動が及ぼされてゆく度合いを表わすとしよう。人と人との間の関係の束が織り合わさって形成されているのが、ともかくもわたしたちが社会と呼んでいるものなのであれば、そうした間主観的な集合意識のあり方に、どの程度まで制御は浸透しているといえるのか、その概要を活写しておきたいということだ。狭い意味での情報理論や通信理論から少し離陸して、俯瞰的な視点において情報文化ないし情報伝達をめぐる人間論にまで踏み込み、制御の威力を計測しておきたいのである。

そのような意味合いでの制御の深度をみてとるのに、現代社会におけるコミュニケーション行為についての分析ほど適切な視角はない。ここまでの考察に即していうならば、サイモンらの「人工世界」論にせよ、あるいは機械なき機械をめぐるコンピュータ論にせよ、さらには、ポストモダン思想にせよサ

イバネティックス論にせよ、情報通信伝達をモデルとしたコミュニケーションがその主たるフォーマットになっているということができる。制御と、間主観的な存在論は、コミュニケーションにおいて疑いなく交叉しているのである。

コミュニケーション・オブセッション

制御なるものが中枢的な構成因となっている、とわたしたちが考える情報社会を、その現象面からみたとき、昨今の生活をとりまくコミュニケーションの状況の特徴に触れずにおくことははなはだむずかしい。今日、コミュニケーションの遂行に、コンピュータあるいはそれを組み込んだなんらかのデジタル機器の操作が欠かせないものとなっていることは誰しもが認めざるをえないはずだ。対面的なコミュニケーションが視界から消え去ってしまったわけでも、その意義が極端に軽視される時代に入ったというわけでもない。ではなく、コミュニケーション現象として把捉される範囲のなかで、デジタル技術が介在する割合が急速に増し、それを付随的なものとして区分けしてしまうわけにはいかない水準に達していることは事実としてひとまず認めなくてはならない。労働作業の現場、オフィスでの事務処理、行政関連の手続き、あるいはまた公共であるにせよそうでないにせよ交通移動、はては趣味や余暇といった場面においてまで、いまやデジタル技術による措置が介在することがごく当たり前の光景になりつつあるからである。対面状況での会話は、わたしたちがコミュニケーションと呼ぶ現象総体のなかであきらかにその割合を縮減している。

それは、相対的な割合の変化というだけではない。むしろ、わたしたちが成員となっている社会における意思伝達に関わっての深度の問題としてこそ、計測されるべきだろう。もっといえば、デジタル・

テクノロジーないしその思想と具現化は、わたしたちの意識のあり様までを揺動させているかもしれないのである。

具体例を通してみておこう。パーソナル・メディアという言葉が人口に膾炙してすでに久しいが、それは、メディアという言葉がテレビやラジオ、新聞や雑誌を指していた往時が懐かしく思い出されるほどだ。誰もが発信できる時代などというスローガンでデジタル・テクノロジーを言祝ぐ段階さえすでに過ぎ去っている。パーソナル・メディアに媒介されたコミュニケーションはいまや、第二、あるいは第三の自然とも形容したくなるほどに、日常生活のデファクト・スタンダードになってしまっている。(本論ではとりあえず、抽象的な概念レヴェルで措定されるものを「テクノロジー」、そうではなく具体的に物質化されたレヴェルで捉えられるものを「技術」と記して論をすすめていく。)

いや、わたしたちを取り巻く光景には、あたかも強迫的なまでに、デジタル技術がわたしたちを駆り立てているかのようなトーンまでもが観測されるだろう。はたして実のところ、何がしかの想いやメッセージを伝えるためにコミュニケーションが履行される、という言い方がどれほど正確なのか自問したくなるほどだ。コミュニケーション行為を絶え間なく持続しておかないならば、想いやメッセージを伝えようとする際の入口さえ形成できないかもしれない、そんな不安さえそこには漂っている。

電話、メール、ブログ、ツイッターといった身の回りのメディアに、なにゆえわたしたちはかくも駆り立てられているのか。あたかもそうしなければ何ごとからか置き去りにさせられてしまうかのような焦りまでも滲ませつつ、わたしたちはコミュニケーションという、いったいそれが何を指し示しているのかをはかりがたい広大なネットワークの拡がりのなかに、なかば闇雲に身を投げだすかのように日々の生活を営んでいる、そういえばいいすぎだろうか。人は、そうしたネットワーク(つながり)への己れの投入に対して、なかば人生論風に諫めたり、調節を推奨したり、極端な場合、拒絶し撤退の大切さえ唱えたりさえする。しかしながら、そうした人生論風の処世術で対応可能な事態なのだろうか。そうした身振りは、構造主義以前の段階への理論的退行ではないだろうか。

デジタル・テクノロジーは、コミュニケーションという名で表し示される現代の意識のあり様の変容と密接に連動しながら、今日の生に新しい相貌を与えつつある。ならば、その意味を真正面から問う必要がある。コミュニケーション場面におけるデジタル・テクノロジーのもたらしたものを視界に収めつつ、制御なるものの深度の検証へと歩をすすめる必要があるのは、それがためにほかならない。

「メディア」の飽和、症候としての「メディア」

視界に浮上した上述の光景は、いまひとつの問題系を、避けて通ることのできないものとして構図に収めている。メディア、である。デジタル・テクノロジーとコミュニケーションは、メディアによって理念的にも実践的にも繋ぎ合わされているからだ。

だが、それにしても、そもそもメディアとはいったい何なのか。

コミュニケーションを図るための装置あるいはツールといった事柄を今日わたしたちが口にするとき、そこで名指されているのはいったい何なのだろうか。そもそも、わたしたちはいかなる意味で、「メディア」社会に生きているのだろうか。

辺りを見渡せば、メディア、あるいはメディアと呼ばれる各種ディバイスの氾濫は指摘するまでもない。いや、それは、住まう世界を覆い尽くさんがほどである。朝起きて床につくまで、わたしたちはなんらかのメディア・ディバイスの至近距離内にあり、触り、眺め、耳を傾ける。いや、スマートフォンのアプリケーションは、いまや就寝中の身体にまで作用しようとするものさえ現れている。メディアは、いまやなかば飽和状態といってもいいほどに住まう世界を埋め尽くしている。

いうまでもなく、こうした事態は、コンピュータの発展が主たる要因となっている、算術計算機から論理計算機へと発展したコンピュータは、二〇世紀末頃より、画像、音声をはじめとする感覚器官に訴える入力装置・出力装置を配しはじめ、さらには、インターネットが普及し情報発信・情報受信の機能を備えるにともなって、新しいメディアとしての位置づけが濃厚になってきたことは誰の目にもあきらかだろう。翻って、多くの識者、政府関係者、企業が、いまやコンピュータあるいはそれが整備した技術環境をメディアとして捉え、さまざまな見解を発している。メディアのみならす、メディア研究、メディア論までもが氾濫し、飽和しているのだ。改めて、メディアとは何かと論じるのが愚行に思えてくるほどだろう。

だが、他方で、こうもいえはしまいか。「情報社会」というあやふやな標語のみならず、「メディア社会」という不確かな言葉までもがあたりを飛び交いはじめたこと自体にどこか不気味なところはないか。そして、それと重なるがごとく、メディアあるいは媒体をめぐる研究プロジェクトが、情報理論・情報学といった専門分野のみならず、人文学、政治学や経済学、工学などの各分野で盛んに謳われるようになったのはいったいいかなる事態かと。

あきらかに、いささか過剰ともいえるほどに、「メディア」という語があたりにまき散らされているのである。

だとすれば、この語の氾濫自体がなにか途方もない現象としてわたしたちの周りを旋回しているのではないかと問うてみることも、益するところがあるかもしれない。「メディア」とはもしかするとなんらかの潜勢的な力学の症候かもしれないのである。

「メディアはメッセージ」ではない――メディア論を超えるメディア

この直観をわたしたちはもう少し補強しておくことができる。

二〇世紀における知の巨峰として時代を凌駕し、現在なおそのメディアをめぐる練り上げられた思考においてわたしたちに刺激を与えつづけているマーシャル・マクルーハンのよく知られた定言、「メディアがメッセージである」が再考を促される時代をわたしたちは迎えつつあるからである。[1] どういうことか。

この定言の意味するところをごく簡略化していうならば、情報伝達がおこなわれる場合、伝達内容そのものよりも、その伝達が生起する媒体（メディア）それ自体に、人々は注意を向けそれ自体の意味作用について何がしかのものを受けとっている、そのことが確認されなければならないということである。けれども、わたしたちは、そうした媒体（メディア）の媒体性を、物質的にあるいはハードウェアの水準で素朴に触知できない時代を迎えつつあるのではないだろうか。メディアはその物質的形態を、目まぐるしいスピードで変化させていることにそれは端的に現れている。いったいいつフロッピー・ディスクは現れそして消え去ったのか。あるいはミニディスクは、あるいはポケベルは。わたしたちは、日常経験の水準で、ブラウン管テレビと液晶テレビをどこまで同一のメディアとして記述しうるのか。あるいは、ハイビジョン以前と以後は、放送受信機はどこまでメディアとして同一なのか。

そして、制御機械は機械という物質性を従来の意味では備えているわけではない独特な「機械」であるという前章でのポイントを改めて確認するとき、それが実現するメディアは、いったいいかなる意味合いでメディアといえるのかという問いが、一気に重層化するものとなる。コンピュータは、それがおこなう計算処理に際して基体となる技術を選ぶところがないが、一方でコンピュータが組み込まれたメディアは、なんらかの物質的規定性に拘束されるところがない。今日「メディア社会」と呼ばれる状況のなかでのメディアとは、媒体の物質性がメディアの特性と結びつかない、実体なきメディアにほかならない。機械なき機械としてのデジタル技術、制御の技術が実現したのは、言葉遊びを承知でいえば、メディアなきメディア、といっていいだろう。

メディアなるものの実体がすぐれて見えにくい社会に生きているといえばいいすぎなのかもしれないが、メディアの個別具体的な形態がかくも変幻する昨今、「メディアの時代」とは「ポスト・メディアの時代」であるとつぶやいてみるのも、けっして的はずれなことではないのかもしれない。モダニティがポストモダニティとほとんど重なり合って問われるべきものであったのと同様に、である。

こうしたデジタル時代のメディア環境の新しい相貌を念頭に置きながら、制御の社会におけるコミュニケーションという問いに向き合わねばならないということだ。先行する知見を整理しつつ、考察をさらにすすめていこう。

（1）マーシャル・マクルーハン『メディア論』栗原裕、河本仲聖訳、みすず書房、一九八七年。ただし、この邦訳も含め、「メディアはメッセージである」と訳される場合が一般的であるが、ここでは本論の論旨に沿って、より強く「メディアがメッセージである」と訳出し直している。

三つのコミュニケーション（1）——通信としてのコミュニケーション

代表的なコミュニケーション理論を三つとりあげ理論的に吟味することで、コミュニケーション／メディアないしデジタル情報文化という問題をできるだけ見通しのよい仕方で整理していこう。「コミュニケーション」という語は情報理論では「通信」と訳されるが、まずはその意味合いのなかでの理論的定式化をみてみる。

そうした理論的定式化は、第1章でみたシャノン＝ウィーバーの通信理論が理念的モデルとなっているといえる。基本、送り手／伝達経路／受け手の三組から成り立っており、送り手から伝達された情報がいかようにして受け手に届くのかという点を中心に考察がすすめられることになる。むろん、ここでは、送り手、伝達回路、受け手はそれぞれ、人格としての存在ではなく、むしろ情報伝達系の入口、接続回路、出口それぞれの機械上のエージェントと捉えておいた方がよい。畢竟、送り手が情報を発信する際、そして受け手に着信する際にいかなるコード化が一番適切なのか、そうしたコード化によって電子化された情報にはどのような物質的特性をもつ伝達回路が効率的なのか、情報が伝達される際の正確性や安全性の確立はどんな形式のもとで実現されるのか、などが実用化を目指して取り組まれる研究課題群となる。

こうした通信理論的定式化は必ずしも情報理論の分野でのみなされるものではない。一九七〇年代から欧米のみならず世界各国で流行したカルチュラル・スタディーズ（CS）においてなされたメディア研究のなかでも、メディア現象は、送り手のコード化と、受け手の脱コード化という二つの極をもつ伝達過程のなかで成立しているという定式化がなされた。この定式化は、先行する社会学やジャーナリズムが謳っていた、弾丸理論と呼称されているような、マスメディアのメッセージがその受け手である大衆の心的状態にそのまま撃ち込まれるという素朴といっていい捉え方を乗り超えるなかで提出されたものである。その点から斟酌しておくならば、受け手の側でなされる脱コード化の場での伝達内容の修正・変更・脱臼化の可能性を看取しようとした点で、通信理論の定式化とは微妙に、けれども決定的に異なる理論的仮託がそこにあったことは認めておかなくてはならない。

であるにせよ、だ、これらの理論は、送り手／伝達経路／受け手という三つの行為ブロックより成り立つものとして、コミュニケーションという現象を定式化していることには変わりない。これを古典的なものとしてわたしたちは位置付けておきたいと思う。だが、こうした観点からの整理は、その出自がそもそもシャノン＝ウィーバーの通信理論であるという点からも伺えるように、デジタル技術と出自を同じくしている以上、それを相対化する、もっといえば、その作用のあり様をそれよりも広い視点から照らし出すということはできない。デジタル技術を介在させるコミュニケーションの強度を分析するためには、こうした古典的定式化を超える理論が必要であろう。

三つのコミュニケーション（2）――社会システム論からみたコミュニケーション

次にみておきたいのは、社会学的な、正確にいえば、ドイツの社会学者ニクラス・ルーマンが立役者だといえる社会システム論の観点からなされたコミュニケーションの理論的定式化である。一般に、ルーマンの社会システム論の根幹には、生きられる世界に対する、次のようななかなり根底的なレヴェルでの認識＝存在論的な世界理解がある。すなわち、「区別」という行為によって世界に差異がもたらされるが、同時にそこでは、区別された二つの選択肢からどちらかを選択するという動作もまた生じることになっている。こうした認識=存在論の詳細にここで踏み込むことはできないが、ごく一般的な立論形式としてこうした前提があることを踏まえ、ルーマンが提示するコミュニケーションなるものの理論的定式化の要諦を取り出してみたい(2)。

ルーマンによれば、コミュニケーションなるものは、「情報(Information)」内容、「伝達(Vermittelung)」形態、そしてその両者を視野に収めた上での「理解(Verstehen)」、という三つの次元における区別という側面から定義される(3)。すなわち、情報内容と伝達形態の差異に関わる区別と選択、さらにはそれらを双方ともに観察した上での理解における区別と選択、といったプロセッシングにおいてコミュニケーションの働きを説明しうるというのである。

ここには、情報伝達という意味でのコミュニケーション理解に対して、先にみた弾丸理論など「古典的な」理解とは決定的に異なる定義上の転換がある。まず、これは容易にみてとれることであるが、ルーマンの理論的定式化では、伝達形態の位相がコミュニケーション行為とは何かを探る上で、看過しえない、つまり二次的・付帯的でない作用をもつものであることが前景化されている。人は、コミュニケーションにおいて、内容ばかりでなく、その形式(形態)の意味するところもあらかじめ視野に収め、それを遂行しているという点を十分に斟酌した定式化になっているのである。「メディアがメッセージである」というマクルーハンの言と呼応するかのごとくにだ。

第二に、そうした伝達形態の前景化という論点から必然的に帰結することであるが、コミュニケーションにおける意味生成においては、受け手の観察と理解が決定的な重要性をもつ。ルーマンにおいては、端的にいえば、送り手の意図以上の働きをもつものとなるのだ。話し手の気付かない身振りから相手の無意識の欲望を読み取ったり、街角の看板から宣伝内容以上の都市の様子やさまざまな流行の動向を読み取ったりするわたしたちの日常行為も、こうした受け手による観察行為がなす意味生成という観点から比較的丁寧な仕方で説明しうるのである。

こうした社会システム論の観点から捉えられたコミュニケーションを、北田暁大が、メディアとは何かという問いにひきつけスマートに整理している。情報内容と情報伝達が重なり合う（=「二重化」する）なかで形成されるコミュニケーションにおいて、とりわけなんらかのメディアが介在するコミュニケーション（mediated communication）においてはそうした二重化が、その観察に関わる時間的幅が拡大することもあって、意識において明確化され、受け手は畢竟、より慎重な対応をせざるをえなくなる。「「いかにしてHow」伝達されるか［伝達の次元］が、「なにがWhat」伝えられるか［情報の次元］という事柄とある程度独立して捉えられ、前者の後者への作用関係が対面状況以上に明示化される」というのだ。(4)意味生成への受け手による関与についても、結果、「たんなる情報次元の意味解釈者ではなく、伝達／情報‐差異を観察し、そこから意味を理解する「観察者」として複相的に捉える」べきものとされるようになる、そう北田は論じるのである。

対比的にみておこう。通信理論的な定式化は、どちらかといえば送り手を中心にコミュニケーション

(2) ルーマンの社会システム論については、ニクラス・ルーマン『社会システム論（上下）』（佐藤勉訳、恒星社恒星閣、一九九三年）を基本テクストにしつつ、ニクラス・ルーマン『システム理論入門』（ディルク・ベッカー編、土方透監訳、新泉社、二〇〇七年）、とりわけ「Ⅱ　一般システム理論」も参考にしている。

(3) コミュニケーションについてのルーマンの論については、『社会システム論（上）』を基本テクストに、馬場靖雄『ルーマンの社会理論』（勁草書房、二〇〇一年）の第二章も参考にした。

(4) 北田暁大『〈意味〉への抗い』せりか書房、二〇〇四年、二八頁。

という事象を捉えたため、そこから、送り手側が送ろうとするメッセージがいかに正確に効率よくしかも安全に伝送されるかという点が研究上の関心の焦点となっている。そのかぎりで、伝達形態（あるいは伝達媒体の特質そのもの）は、メッセージ内容の正確で効率的かつ安全な伝送のためにいかに奉仕するかという二次的な位置づけにしかならない。これに対して、ルーマン／北田の定式化は、伝達形態の媒介性そのものの看過しえない役割と機能を析出し、そこにコミュニケーションをめぐる理論営為が避けて通ることができない意味作用の核が潜りこんでいることを明らかにしたのだといえるだろう（急いで付け加えておけば、CSもまた受け手の積極的な働きを重視しているといえるところがあり、であるからこそCSに詳しい北田はCSとルーマンのシステム論を結びつけることができたのかもしれない）。メディア論がここで大きく前進したことは間違いない。

とはいえ、伝達についての受け手の理解がどのようなものであるかに、「伝達形態の役割」は激しく依存するのではないか。北田自身、「伝達の次元」は、マーク・ポスターがいう「情報様式」に近いものであるとし、注意すべきは、「伝達（様式）」とは物理的メディアに内在する性格ではなく、そのメディアについて社会的に構成された「伝達様式についての情報（言説）である」と述べてもいる。あるいはまた、こうした観点に立つとき、コミュニケーションにおいて受け手が観察するものが伝達形態の理解であるとするならば、考察上の論理展開は、（伝達形式の）理解の理解という無限後退を呼び込みかねない理論的定式化となってしまいかねないことをルーマン自身も認識しているだろう(5)。

おそらくはまさしくこの点において、わたしたちが問題化してきた、機械なき機械としての、物質性をもたないメディアが縦横無尽に跋扈する社会の性格と、コミュニケーションに対するシステム論的アプローチの際立った並行性がせりあがってくる。わたしたちはより根源的な水準で、コミュニケーションとメディアの関係を探らないといけない。

三つのコミュニケーション（3）——生態学的観点からみたコミュニケーション

根本的に考察の水準を変えて、現象としてのコミュニケーションにいま一度目を凝らしておく必要がある。

前章で触れたメーシー会議にも出席していた人類学者グレゴリー・ベイトソンが、その独自の生態学的なアプローチにおいて、コミュニケーションという現象の探求にあたり、「ダブル・バインド」と名づけた理論的問題への注視が不可避であると述べたことはよく知られている。わたしたちもこの問題に視線を深く落とし論をすすめたい。

「ダブル・バインド」とは何か。わかりやすい例としては、眉間に皺を寄せて怒った表情を見せつつ、「これをおあがりなさい」という言葉を目の前のケーキを指し示しながら発する母親と、そうした矛盾するメッセージを受けとめる小さな息子の間で成立する状況に関わるものだといっていい。「これをおあがりなさい」と目の前のケーキを食することを促しながら、他方でそのようなメッセージをわたしは心からいっているのではないと別の次元で伝える母親と子どもとの関係である。

ここで生じていることは、ひとつのコミュニケーション現象のなかで情報伝達が複数の（この場合二つの）回路で生起し、それぞれが伝える二つのメッセージの間に内容上、矛盾対立があるという事態で

（5）ルーマン『システム理論入門』の「Ⅵ　自己観察する作動としてのコミュニケーション」、とりわけ三七二頁を参照。

ある。こうしたコミュニケーション状況のなかにある子どもは、食べるべきなのかそれとも食べるべきでないのかを決定することができず、ひたすらに逡巡するしかないという錯綜した情報処理サイクルに投げ込まれることになる。

先にとりあげたルーマンの論を踏まえ北田が自らの論を組み立てるときに言及している具体例が、この点で興味深い。というのも、ダブル・バインド状況が、メディアの介在が加わることで鋭利に現出したものであるともいえるからである。こういう事例だ。学生Aに推薦状を依頼された指導教員は、内容面（つまり情報の次元）ではAを高く評価する一方で、書面に過度に長い文章を書き連ねることによって書面上の（つまりは伝達の次元における）アイロニーに満ちた物理的痕跡から、書かれている内容の信憑性が疑わしいものになるあるいは否定されるような体裁を仕組んでいる事例である。これはベイトソンのダブル・バインド状況が、推薦状というメディアにおける情報の次元と伝達の次元の区分が強く意識化され操作されることで現出したものといえるだろう。

北田の論に沿っていえば、メディアの介在が起きた場合、受け手の観察行為が、対面状況に比べ相対的に時間的幅が確保されやすいので、情報と伝達の差異の理解について論理的矛盾を解消するような方向で処理をおこなうということも十分に起きうる。嘘つきのクレタ人のパラドックスについてラッセルは議論対象となる要素をオブジェクト・レヴェルとメタ・レヴェルという論理階梯上の区別を与え整理したが、ルーマンはそうした整理に加え、コミュニケーションの実態には時間的経過が不可避である点をさらに考慮に入れ、同一コミュニケーション内で発生する複数回路での伝達も経過的に処理されるとみなしているからである。

だが、論理的矛盾に対する、情報と伝達の差異をめぐる理解プロセスという時間幅の導入による解決とはいったいいかなる事態を指しているのだろうか。単に、複層するコミュニケーション回路が継起的に起きれば、人は一般に論理矛盾を自らで解決しうるのだろうか。

ここで、ベイトソンを参照しながら独自のコミュニケーション理論を構築しつつある哲学研究者山内志朗の論に注意を促したい。

山内は、独自の話法を用い、ベイトソンにおけるダブル・バインド状況は、コミュニケーションとメタ・コミュニケーションの間の混交から生じるものであるとしている。パラフレーズすれば、特定の場合だけというのではなく（つまり、メディアが介在した場合だけではなく）、複数の情報伝達回路がコミュニケーションという現象にはつねに関与しており、そうしたなか、回路間で少なからず反転や混交を起こしながら受け手に意味内容を生成させるものだという。山内は、「機能分化型多重並列回路システム」という、なかば自嘲的にねつ造した言葉まで用いている。

これを踏まえた上で、山内は、コミュニケーションなる現象に関する基底域、いやむしろコミュニケーションという現象を超越論的に支えるといってもいいかもしれない域があると主張する。彼の用語では、「コミュニカビリティ」という言葉になるのだが、それは「コミュニケーションの可能性の条件」ととりあえずはいい換えられている。[6] さらにそれは「コミュニケーションの手前のもの」であると敷衍する山内は、次のような文章をつづける。

（6）山内志朗には、コミュニケーションという現象を超越論的基礎の観点から整理した仕事として、『天使の記号学』（岩波書店、二〇〇一年）がある。

コミュニケーションの可能性の条件というと、なんか分かりにくいようですが、条件がそろわないとコミュニケーションは成立しません。外国にいて、挨拶をしたのに返事が返ってこなかったという経験はありませんか。日本ではすれ違って「おはよう」と言えば、普通挨拶が返ってきますが、ヨーロッパではまず目を見て、アイコンタクトをとって、あなたに呼びかけているのです、とコミュニケーションに先行する可能性を整えてから挨拶をしなければ、返事は来ないはずです。(中略)
そういった身体言語レベルでの準備というのもありますし、また複合的な事象ですが、「信頼」が成立しなければ、どのようなコミュニケーションを交しても信じてもらえず、砂の城を砂浜で造ること以上の徒労感が待ち受けることがあります。(7)

これは、ごく普通の日常の場面でも遭遇することでもある。わたしたちは、人と語り合っているとき、たとえ言葉を交していても「頭に入ってこない」ということがありはしまいか。対話や会話なるものは、対話や会話がここで成立している、ここでおこなわれているのだという了解——おそらくは相互の了解——があってはじめて、意思疎通として実現している。そして、それは、経験的な条件が整い経過的に成立するものであるとはいえ、論理的には具体的な意味内容の交換に先行するものだといえるものだろう。対話や会話の途中、なにほどかの理由でそれが行動において、いや意識のなかであっても、中断してしまった場合、飛び交う言葉から受け手は何の意味内容も発生させることができない事態へと陥る。コミュニケーションが成立可能かどうかを定めるような地平を指して、山内は「可能性の条件」としての「コミュニカビリティ」という契機を抉り出そうとしているといえるのであり、そのかぎりでそれは、超越論的な意義を帯びたものだともいえる。この超越論的な契機に関する議論を、それが壊れた場合の次第を再びベイトソンを呼び出し引用しながら、山内は補強している。

メッセージに付随してその意味するところを確定するシグナルを、ノーマルな人間と共有することをやめる。これは、メタ・コミュニケーション・システムを崩壊させるというのと同じである。あるメッセージがどんな種類のメッセージなのか彼にはもはやわからない。「きょうは何をするの？」と言われても、前後の文脈も、声の調子も、付随するジェスチャーも、その言葉の意味を定めるはたきをしないために、彼にはそれが、昨日自分がやったことを非難する言葉なのか、性的な誘いの言葉なのか、それともただ言葉通りの質問なのか、判断ができないのである。(8)

これに続けて山内は、「ベイトソンは、コミュニケーションの外部が存在することを常に示している枠（フレーム）の存在を示唆して」いたという。そうしたフレームが成立してはじめて、コミュニケーションの可能性の領域として内側が、その外部と区分けされるのだと。こうした防御壁としてのフレームがなくなるとき、それは一種「刃物」にも似た「攻撃」性を帯びることにもなりかねないし、下手をすると「不特定多数の人からの攻撃にさらされているという妄想」も生じさせてしまいかねないという（今、中等学校や高等学校で起きているいじめなるものの一部もこうしたフレーム問題に関わっているかもしれ

（7）山内志朗『哲学塾――〈畳長さ〉が大切です』岩波書店、二〇〇七年、六二－六三頁。
（8）同書より。原典は、グレゴリー・ベイトソン『精神の生態学（改訂第二版）』佐藤良明訳、新思索社、二〇〇〇年、二九九頁。

ない。ある知人は、中学生のとき自分がいじめられているかどうか、それさえがわからない状況に自分はいたと筆者に述べたことがある)。このフレームの存在が、彼のいうコミュニケーションの可能性の条件、すなわち、コミュニカビリティといっておいてよい。

第二節　意思疎通と通信理論の折り重なり

コミュニカビリティに関わるデジタル・メディア

デジタル・テクノロジーとコミュニケーションの関係性の問題に戻ろう。

まず、コミュニケーションとメディアの関係形式を、わたしたちは上述の三つの理論的定式化（通信論的、システム論的、生態学的）を受け、次のように理解しておくことができる。

通信理論が可能にしたことは、人間の思考の相互作用としてコミュニケーション（さしあたり、「意思疎通」と呼ばれているもの）の総体をなんらかの包括的なかたちで情報理論化しようとしたというよりも、一定の仕方で理解された情報伝送形態に対しての具体的な技術的達成の方向にすぎない（ある意味でそれはもともとそうした方向性しか目論んでいなかったともいえるだろう）。

とはいえ、ここから安直に、ある種の疎外論的批判をおこなうことは、理論的な誤謬があるばかりでなく、現実的にも生産的でないだろう。というのも、ひとつには、わたしたちのコミュニケーションはデジタル・テクノロジー登場の以前の段階から、ほぼすべての場合において、なんらかの媒介作用のもとにおこなわれてきたことは自明である。また、すでに触れたように、現在においては、技術に媒介されたコミュニケーションが圧倒的な量でわたしたちの生を覆ってもいる。さらにいえば、対面的なそれないともいえる。文字は紙とインクあるいはそれらに類したものを必要としただろう。また、声のコミュニケーションでさえ、儀礼の場、対話の場、団らんの場など、なんらかの時空間的な整備が組織されてはじめて可能となっているものだろう。山内の言葉を使えば、コミュニカビリティが時空間的に整えられているという基盤のもとではじめて成立していたといえるのである。純粋なコミュニケーションとは、媒介されたコミュニケーションが理念的に内面化され、遡及的にゼロ度のものとして思弁化されて、その上でなんらかの（多くの場合、懐古的な身振りのなかで）コミュニケーション形態に投影されたものにすぎない、と論じることの方がより適切であると思われる。

したがって、言語的コミュニケーション、非言語的コミュニケーションを含め、（山内がいう）「機能分化型多重並列回路システム」が作動しているものとして人と人の間のコミュニケーションが成り立っているとするならば、通信理論が想定しうるような情報交換が成り立ちうるのは、その一部の局面を技術論的にアプローチ可能な仕方で取り出したかぎりでのものだということになろう。

そして、一部の局面を技術論的にアプローチ可能な仕方で取り出したかぎりという言い方については、さらに留保をつけておかねばならない。ここから、通信理論的情報交換が成り立ちうるためには、その可能性の条件として、外側にいくつかのコミュニケーション回路が伴走し、それらがあわさって土台のフレームとして、つまりはコミュニカビリティを確保するフレームとして機能していなければならないということなのだ。

より強く積極的にいえば、デジタル技術が可能にした、そして可能にしつつある諸技術——もっといえば、そうした諸技術が携わるメディア技術群——は今日すでに、素朴な通信理論が想定していた情報伝送の次元を超えるかたちで拡大し、浸透度を高め、根源的な変容を引き起こす展開を示しはじめているると思われるからである。どういうことか。

端的にいえば、デジタル技術が介在するコミュニケーションは、その機械なき機械、メディアなきメディアという特質をもって融通無碍に変幻しながら、コミュニケーションの伝達内容、伝達形態の次元だけでなく、山内がいうコミュニカビリティ、すなわち、意思疎通の伝達に関わる基底条件、すなわち、可能性の条件の域にまで作用を及ぼすテクノロジーとなってきているからである。

山内が唱えるコミュニカビリティという概念自体の咀嚼や、その実現形態についての一層精緻な考察が必要であるし、またそのことが本論の重大な論点となっていくともいえるのだが、さしあたりここでは、次のことを論点先取りを覚悟でいっておこう。デジタル技術は、コミュニカビリティ形成過程の域にまでその浸透度を高めている。量的な拡大が質的な変化をもたらしているともいえる。コミュニカビリティの実際上の形成が「機能分化型多重並列回路システム」によることは、辺りを見渡せばわかる。今日、視聴覚に関わるセンサー技術の発展、位置情報に関わる空間認知システムはもちろんこと、触覚や嗅覚、音と映像の同期性の精密化などなど、通信的コミュニケーションのみならず、言語的・非言語的、身体的・情動的を問わずインターフェース技術の開発競争が激化しているのだ[9]。わたしたちのコミュニケーションにおいては、そうしたコミュニケーション行為を成り立たせる「可能性の条件」の深い深度においてまで、制御なるものが作動しつつある。

情報への欲望、情報へ向かう権力

こうした整理の上でこそ、デジタル技術／コミュニケーション／メディアという三つ組の問題が、より明瞭に炙り出されてくるだろう。

デジタル技術が可能にした地平とは、メディアによるコミュニケーションが刷新されたことを意味する。そこでは、デジタル技術が、その機械なき機械としての本分を縦横無尽に駆動させ、メディアなきメディアとして己を具現化し、あまたのディバイスを生み出し、そして生み出しつつある。そうしたディバイスが担うコミュニケーションが人間を取り囲みつつあるのだ。いい換えれば、そうしたコミュニケーションの成立条件となる基底域にまで制御は己の作動可能性を深く入り込ませつつあるということだ。人間という存在の根幹に関わるコミュニケーション現象の形式に、大きな地殻変動が生起しつつあるとさえいってよいかもしれない。デジタル技術が可能にした制御の作動の強度は、それほどまでの射程をもったのだ。

こう事態を把捉するとき、わたしたちは、この章の冒頭で触れたコミュニケーション行為への強迫的なまでの執着という、すぐれて今日的な事態についても一つの説明を与えることができるだろう。今日のデジタル・テクノロジーによるコミュニケーション・プロセスの簡便化と拡大化は、コミュニケーションを遂行するという状態こそが通常の状態であるという反転を生み出しはじめている。かつては、人は個における生のなかで思考や感性を働かし、適宜必要なときに意思疎通をはかる、というしかたで、生を営んできた。少なくとも他者とのコミュニケーションは、個の内面の状態を「地」とする「図」と

(9) 山内のコミュニカビリティに近い発想で、非言語的コミュニケーションの問題を人類学で探求している仕事として、菅原和孝『ことばと身体——「言語の手前」の人類学』(講談社選書メチエ、二〇一〇年)がある。ちなみに馬場は前掲書で、ルーマンによる「情報」と「伝達」の概念設定は、言語行為論でいう「コンスタンティブ」「パフォーマティブ」の概念対立と重なりあうところがあると指摘している。

しての出来事として生起すると捉えられてきたようなところがある。小説の制作とその批評が、かくも内面と出来事の解釈にエネルギーを費やしてきたことを思い起こしてもよい。ところが、今日、そうした背景と出来事の関係において、いわば地と図の関係が反転している。あたかも、常にコミュニケーションのなかにあるよう調整をはかることが当たり前の風景、状態であり、コミュニケーション（の装置への接続）から断絶しているという状態こそが「出来事」あるいは「普通ではない」事態として意識されるという状況が生じつつあるからである。

工場ではスケジュール管理アプリケーションが設定した行動選択肢のリストからなるマニュアルが当たり前の風景となり、オフィスでは「ホウ・レン・ソウ（報告・連絡・相談）」がサラリーマンの金科玉条がごとく熱く語られる。「繋がり」という言葉が教室の内外で氾濫するとともに、それがゆえに一人で食べることが嫌なのではなく、一人で食べているところを見られたくないからトイレの個室で食事をするという行動がなされたりするだろう。そうした今日の生活のあちこちで看取されるコミュニケーションの実態に目をやるとき、出来事としてのコミュニケーションではなく、常態としてのコミュニケーションに人は駆り立てられているといっていい。オブセッション化するのはごく当然で、それを思えば、オブセッションという用語自体がすでに時代遅れなのかもしれない。

デジタル技術は、制御の動作を、コミュニケーションが成立するそもそもの土台にまで及ぼし、その形態を変貌させ、質的組成を再編成しようとしているのである。

ここでもドゥルーズの言葉を引いておこう。わたしたちが参照する短いエッセイにおいて、「わたしたちが制御社会にさしかかると、社会はもはや監禁によって機能するのではなく、恒常的な制御と、瞬時に成り立つコミュニケーションが幅をきかすようになるのです」とドゥルーズは述べているが、別の箇所ではこうも発言している。

コミュニケーションとは、まず、ひとつの情報を伝達したり伝播したりすることを意味しています。しかし、そもそも、ひとつの情報とは何なのでしょうか。話はそれほど複雑ではありません。誰もが知っているように、ひとつの情報とは、複数の命令からなるひとつの集合のことです。みなさんに情報が与えられる場合、みなさんが告げられるのは、みなさんが信じなければならないことです。（中略）私たちはいくばくかの情報をコミュニケートされるのであり、信じることができるとされるもの、信じなければならないとされること、あるいは信じる義務があるとされていることを、私たちは告げられるというわけです。信じるということですらなく、信じているかのようにする、と言ったほうがいいでしょう。わたしたちに求められているのは、信じることではなく、信じているかのように振舞うことなのですから。これが情報というものであり、コミュニケーションというものであり、このような命令や伝達から独立したかたちでは、情報も、コミュニケーションもありません。このことはまた、情報というものが、まさに、コントロールのシステムであるということも意味しています。これは、もはやまったく疑い得ないことで、とりわけ今日、私たちに関わる問題となっています。実際、私たちは、制御社会と呼べるような社会にわたしたちは入りつつあります。[10]

（10）　ジル・ドゥルーズ「創造行為とは何か」廣瀬純訳、『狂人の二つの体制1983-1995』、宇野邦一他訳、河出書房新社、二〇〇四年、一八九－一九〇頁。

第1章から第3章までで、わたしたちは、制御なるものの形態、動性、そして強度について、特徴を捉えるべく考察をおこなってきた。簡潔にまとめれば、次のようなものとなる。

制御の形態としては、自己の制御、他者の制御、そして自己と他者の制御という三つのものが活写された。制御は、その作動の三つ組を柔軟に組み合わせ、己の対象領域を我がものとする。別言すれば、その三つ組を走らせ、制御は、自らの版図をいかようにも拡大し深度を深めうるのである。

制御は、その作動の実際において本質的に動態的である。つまり、動性をその本分とする。ではあるのだが、その三つの形態が適宜作動し、目の前の対象を柔軟に己の版図に取り込むその具体的な整流化のメカニズムとも相俟って、制御は、己の作動を設置し、ときには解除しうるという特性もまた身に備えている。自らが狙う対象を自身の版図のなかに取り込みもすれば、他方で、要らなくなった対象に対しては排除もしうるのだ。

そうして、制御は、その深度において、どこまでも斜めに移動するという特性ももつだろう。制御は、多岐化するディバイスの群がもつ並列型機能システムにおいて、つねにメタ・レヴェルからの再布置化の可能性を自らの戦術のひとつとして潜在させる。そうした戦術を駆動させ、人間が住まう世界を形成するコミュニケーション行為をその基底部分から実践部分まるごと、自らの作動域としうるまでに、己の力能を高めつつあるのである。

こうした形態面、動性面、深度面での力能は、けれども、繰り返しになるが、技術的達成において実現されたのではなく、むしろ技術自体を実現した諸概念からなる思想装置において生成された。これらの力能の測定結果を携え、情報文化を越えたその他の人間の活動領域における制御なるものの振る舞いへとフェーズを変えていくことにしよう。

第Ⅱ部　経済の制御、政治の制御――アプリケーション no.1

第1章　経済のなかの制御から、制御のなかの経済へ

第Ⅰ部では、制御の思考が、その拡大と浸透にあたって、どのような形態をとるのかをまず考察し、自己の制御、他者の制御、自他の関係の制御という三つ組の形態としてそれは運動するという結論に辿りついた（第1章）。次に、制御の思考が、実際の行動や思考の場面でどのような動性を示しているのかを計測し、機械なき機械として変幻自在の整流器ともいえる特性のもと、自らの前に立つ世界に対して制御動作を設置したり解除したりしながら、自らの対象群としていく次第をみた（第2章）。さらには、それがいかなる深度をもってわたしたちの思考に作用をあたえているのかという問いを通して、コミュニケーションの場面での制御なるものの作用が、主観と主観の間の関係性にまで関与するかもしれないさまを解析した（第3章）。

第Ⅱ部では、より具体的な場面で制御の思考がなす動きをみていくことにしたい。わたしたちが向かう先は、政治経済という領域の諸現象における、制御なるものの実際である。とはいえ、ここでもまた、なんらかの実態を迂闊に事実として措定してしまわないように、素朴な実証主義は避けられる。わたしたちが向かうのは、政治経済を思考の裡に取り込もうとする、同時代の言説である。

最初に、経済をめぐる言説からはじめたい。経済領域において、デジタル情報技術とともに登場してきた「制御」なるものはどのようなものとして作動しているのだろうか。繰り返しになるが、一種の概念装置として作動する「制御」という語のあり様を考察する本論においては、デジタル情報技術において定義される制御システムが、企業取引や会計処理の場面にどのようにとりいれられたかという問いの立て方にも一定の有効性をみとめるものの、それは扱われない。そのような問いに対する論証作業は、情報理論のストレートな応用事例という枠組みで履行しうるものであるが、それよりも踏み込んだ仕方で時代の無意識の次元も含めた自己意識にまで考察を掘り下げたいと本論は企むからである——ちなみに、前者のような調査は、その秀逸な例として、フランス社会に関するものであるが、序論でも言及したボルタンスキーとシャペロの仕事『資本主義の新たな精神』がある。

同様の意味合いで、「制御」と「経済」という二語について人が直観的に思い浮かべてしまうような、株式取引におけるクラッシュや誤発注のような事件に焦点があわされることも、少なくともストレートな仕方ではなされない。「制御」という概念あるいは思考が、いかなる具合において、経済活動の場に侵入をはじめ、経済をめぐる思惟を大規模に編制し直しているのか、そのあり様こそに、考察の焦点を合わせたいのである。

見通しをつけておくために少しばかり議論を先取りしていえば、経済のなかの制御から、制御のなかの経済へという仕方で理解されうる移行をめぐる問いこそがこの章で扱われるものとなる。具体的には、第一に、現代に特徴的な経済の動向（「新自由主義」「グローバリゼーション」といった語句で形容される動向）とデジタル技術の押しすすめた情報文化の親近性を確認するとともに、そうした親近性は実践的にはいかなるかたちのものであるかを貨幣流通の場面を中心に考察する。次に、労働という具体的な水準

における こうした新しい経済動向について観測しうる形態を分析し、いかなる意味で制御的メカニズムと連動するものになっているのかを考えたい。しかし、わたしたちの方法は上の目的に即して、現象の実証的計測を通してではなく、概念あるいは言説群の軌跡を辿ることを通してなされる。

第一節　貨幣の制御

新自由主義とデジタル技術

改めて指摘することもないのかもしれないが、「情報社会」なるものの出現と軌を一にして、いわゆる新自由主義——ときに剝き出しの資本主義と呼ばれたり、強欲な資本主義と呼ばれたりする——と一般に呼称される経済の潮流が台頭した。その側面から考察をおこしたい。

まずもって注意しておかなくてはならないのは、この語「新自由主義」は、厳密には経済理論なり経済政策のかたちで明瞭に打ち出されたものであるというよりは、ジャーナリズムを含めた一般公衆に向けての言説群において、新しく浮上したかにみえる政治経済上の潮流を名づけるために持ち出されたという側面である。端的には、一九世紀前半の、つまり「福祉」概念が登場する以前の「小さな政府」が志向していた「自由主義」的な市場理解を、一九七〇年代以降歴史に登場した市場中心主義の一連の動きを把捉するために改めて動員し活用されている語だといえよう。したがって、わたしたちとしても、分析概念というよりは、むしろ現代の経済動向をとりあえず同定するための緩い記述概念として出来したと捉えておきたい。

そのことをまず断った上で、新自由主義は、マーガレット・サッチャー政権やロナルド・レーガン政権で打ち出されたという観点から、行政政策のレヴェルとともに、ミルトン・フリードマンに代表されるマネタリズムの経済思想のなかで議論されることが多いことをおさえておきたい。そのような具合で浮上した新自由主義的思潮が立ち現れる頃に重なって、デジタル技術およびそれに牽引される情報文化も、ほぼ同時期に歴史に登場した。この歴史上の一致については、それなりの仕方で言及がなされることは少なくないのだが、十分に踏み込んだ論及はあまりないといっていいだろう。

たとえば、日本においてそうした新自由主義の思潮を牽引し、いわゆるリーマンショック以後自らの「転向」を宣言し物議をかもしたエコノミストは、次のように新自由主義の勃興について語っている。

一九八〇年前後にはじまった「サッチャリズム」や「レーガノミクス」は、「小さな政府」を目指し、規制を撤廃し、あらゆる経済活動をマーケット・メカニズムの調整に委ねることが経済効率の向上とダイナミズムをもたらすという「新自由主義」思想から生まれた。

政府の介入や社会からの善意を頼りにするのではなく、個々人が自己責任に基づいて競争する社会こそが健全なものであり、そうした自由な社会こそが人々を幸福にし、経済を発展させるのだという新自由主義の考え方は、折しも起きた冷戦の終結、ソ連の崩壊によって、その正しさが証明されたという印象を大多数の人々に与えた。(1)

これに続けて、「ソ連の崩壊」のあと、さらには「ロシアや東欧圏と西側諸国との間に立ちふさがっていた市場の壁（そういえば「鉄のカーテン」という言葉があった）が消え去」ったあとの推移を、このエコノミストは次のように素描している。

この結果、ついに人類は「グローバル・マーケット」の時代に突入することになったのだが、こうした動きに拍車をかけたのは、コンピュータとインターネットによるＩＴ技術の本格的普及だった。世界中をカバーする情報網を簡単に、そして安価に構築することが可能になったことで、これまで投資をためらっていたような遠い地域や辺鄙な場所であっても、西側諸国の企業が進出できるようになったというわけである。(2)

このエコノミストが、現時点で新自由主義と形容されている経済動向についてどこまで支持しているのか、どこから批判しているのかを吟味するのも興味深いところではあるが、それはわたしたちの当面の考察とは関係するものではない。そうではなく、この種のエコノミストが、こうした現在の経済動向を語る際に、どうしても「コンピュータ」や「インターネット」に言及してしまう傾向こそわたしたちが関心を向けたい部分である。

グローバリゼーションとデジタル技術

新自由主義に関して、政治学の立場にある論者が書いた、一般読者向けの概観のなかからも引いておこう。この論者は、一九七〇年代以降の経済を語るときのもうひとつのキーワード「グローバリゼーシ

（1） 中谷巌『資本主義はなぜ自壊したのか――「日本」再生への提言』集英社インターナショナル、二〇〇八年、二〇頁。

（2） 同書、七二頁。

ョン」をタイトルに付した論のなかで新自由主義を論じつつ情報文化の動きについて頻繁に言及する。「一九七〇年代初期にブレトンウッズ体制は崩壊し」、それを端緒として「自由主義の拡大に基礎を置いた新グローバル秩序」が強まっていったと、この政治学者はいう。「世界の根底的な政治変化は、アメリカを本拠とする諸産業の経済的競争力を掘り崩し」、一九七一年に「金本位の固定相場制度を停止」し、その後の一〇年はグローバルな経済的不安定を迎えた。それは具体的には、「高インフレ率、低い経済成長率、高い失業率、政府部門の赤字、そして世界中の石油供給の大部分を統制できたOPECが引きおこした過去に例のない二度のエネルギー危機というかたちであらわれ」るが、この危機のなかで、「統制型の資本主義モデルにもっとも強く共鳴してきた北世界の政治的諸勢力は、経済・社会政策への「新自由主義的」アプローチを唱える保守的政党に対して、選挙で大敗を喫し続けることになった」と説明している[3]。

こうした流れを受け「一九八〇年代までに、イギリスのマーガレット・サッチャー首相とアメリカのロナルド・レーガン大統領が、ケインズ主義に対抗する新自由主義的革命を先導し、グローバリゼーションという考えを意識的に世界中の経済「自由化」とむすびつけていった」のだというのである。そして、「最近三〇年間に経験したような大規模な技術進歩は、社会に市場を中心とした深遠な変容が起こっていることを示す有効な指標である」と主張するこの論者は、その論運びのなかの随所で「グローバルな電子投資ネットワーク」「新しい金融システム」「光ファイバーケーブル」「サイバー空間」「インターネットやそのほかのテクノロジー」などの言葉を書きつけるのである。

先の日本のエコノミストと同じように、新自由主義あるいはグローバリゼーションを描き出そうとするときに、この政治学者もまた、デジタル技術の話題は避けがたいかのように言及する。むろん、この二人にだけ特徴的なことであるわけではない。新自由主義と、グローバリズム、そして、デジタル技術の発達が可能にしたコミュニケーションネットワークの高度化は、三点セットで語られることがごく一般的であるといってもいい。しかし、どのような意味でこれらのトピックは三点セットであるというるのか。単なる歴史上の偶然の一致なのか。だとしても、なにゆえそれらは、共振し符号し合う事象群としてみなされたのだろうか。踏み込んだ分析は少ない。

大半の場合、こうした論が指摘するのは、せいぜいがデジタル技術、とりわけコミュニケーションに関わる技術が可能にした、領域や領土の境界をやすやすと越える「自由化」が、「新自由主義」あるいは「グローバリゼーション」という潮流を生んだのだという点である。少し踏み込んだものでも、コミュニケーションに関わる技術がもっとも顕著に実現したのは、IT技術による金融工学の登場と、国内外の市場間の取引工程の簡便化であると言及するのがせいぜいである。

コミュニケーションのグローバル化や、IT技術による取引の簡便化は、たしかにイメージしやすい。おそらくそうだからこそ、デジタル技術あるいは情報文化は、現代経済に関する夥しい論考のなかで、新自由主義というにせよグローバリゼーションというにせよ、あたかも、それらは一枚岩的な社会的組成の中で出来した事象群として解されてきたのかもしれない。新自由主義ないしグローバリゼーションを支持する立場からのユートピア論にせよ、それらを批判する立場からのディストピア論にせよ、そうした論立てのあり様は変わらない。とはいえ、現代経済とデジタル情報文化のことさらに目につくそう

(3) マンフレッド・B・スティーガー『新版 グローバリゼーション(一冊でわかるシリーズ)』櫻井公人、櫻井純理、高島正晴訳、岩波書店、二〇一〇年、四八頁。

した親和性は、むしろいささか奇妙なものとして、偶然の符号的一致というだけにおさまらないものとしてこそ、考察されるべきではないのか。そして、その親和性においてこそ、制御なるものの作動の現前は、現代経済の自己意識のかたちとして照らし出されるのではないだろうか。

新自由主義の二段階

最初の切り口として、一九七〇年代よりはじまり今日まで続いているといささか性急に素描してきた新自由主義の潮流について、もう少し丁寧に辿り直す作業をおこなってみよう。

というのも、少なくとも、新自由主義がはじまったとされる一九七〇年代には、コンピュータ文化はごく一部の特権的な恩恵に浴する人々にしか浸透していなかったからである。大半の人々にとっては社会のインフラストラクチャーとして定着し機能しているものではけっしてなかった。いち早く導入されたといわれる金融の現場であってでさえ、一九七〇年代においては、ゴールドマンサックスやモルガンスタンレーなどが用いていた、株式市場との電子アクセスを可能にする「ワイヤー・ハウス（自社専用回線）」の水準にとどまっていたのだ。[4] わたしたちは、コンピュータの一般的な普及がどの時点であったか同定できるのかという問いに過度に耽溺する必要はないものの、新自由主義やグローバリゼーションを語る際には、人々のごく当たり前の生活のなかでのデジタル技術とそれによるコミュニケーション行為の経済活動あるいは経済思想への浸潤を、ある程度丁寧に測定しておくべきだろう。

こう遠近法を整えていくとき、金融の現場において生じた国境を跨いだコミュニケーションの出来と拡大に応じた、制度史的また理論言説的相関物をきちんと洗い出しておくことが求められるだろう。たとえば、制度史的には象徴的にも実質的にも新自由主義の経済活動における担い手のひとつとして頻繁に言及されてきた、国際通貨基金（ＩＭＦ）の働きの経過についてみておくことができる。ＩＭＦの機能拡大の推移は、この辺りの事情に見通しをつけておくのに益するケース・スタディとなるからである。

周知のように、ＩＭＦは第二次世界大戦後、西側の経済活動において固定相場制を前提とした通貨政策を誘導しようとしたブレトンウッズ体制を担う主たる機関として、つまりは、国際通貨体制の安定と国際収支のバランスを主たる任務としてもつ機関として発足している。だが、一九七一年のニクソン・ショック以後、一九七二〜七三年にかけて固定相場制から変動相場制へ移行するなか、ＩＭＦはそうした当初の役割と任務を修正しはじめることになる。さらには、一九七九年の第二次石油危機、加えて七〇年代末からのラテンアメリカ諸国の対外債務問題に直面し、経済危機にある当該国に「金融支援をおこなう融資機関として変貌をとげる」だろう。そうした経緯のなか、ＩＭＦが一九八〇年に「構造調整策（Structural Adjustment Facility）」（のちには「拡大構造調整ファシリティ（Enhanced Structural Adjustment Facility）」）を、通常融資の範囲を越えるかたちで設定することになったこと、そしてその際、支援対象国に財政再建を中心にした中長期の構造改革を「コンディショナリティ（融資条件）」として課し、財政再建の短期的改善、国営企業の民間化、各種補助金削減の実施などが当該国に要求されることになっていたことは、しばしば論じられているとおりである。(5)

（4）　後述するクリスティアン・マラッツィは、論を共有するところも多く参照するところも大なのであるが、こうしたデジタル技術の関与について筆が滑るきらいがある。「ワイヤー・ハウス」についても、それを「株式市場との電子的アクセスを制御する」ものとし、「インターネットの〈オンライン・トレーディング〉」と等価で扱うこととなっている（『資本と言語――ニューエコノミーのサイクルと危機』柱本元彦訳、水嶋一憲監修、人文書院、二〇一〇年、一六‐一七頁）。

であるのだが、一九九〇年前後にＩＭＦなどが主軸となって新たに設計された「国際的な資本取引の自由化」の施策が実施され、それが多くの途上国で資本流出の危機的状態を引き起こすことになったという事態は、先にみたような構造調整型の政策方向に決定的な打撃を与える。要するに、ＩＭＦの諸政策が想定していたよりも、はるかに通貨の速度、すなわち、資本が支援対象国から流出する速度の方が速く、資本の国外流出により当該国の経済がまるごと危機に瀕したのである。一九九四年のメキシコ危機、一九九七年から九八年にかけてのアジア危機、一九九八年のロシア危機などがその典型例である(6)。

そうした次第の詳細に立ち入ることはしない。ここで注意を促しておきたいのは、ＩＭＦが辿った現代史に顕著にみてとれるように、ＩＭＦと(アメリカ合衆国も含めた)各国の金融施策との関連、グローバルな(融資国への)関与のあり方、それら双方において段階的な変容のプロセスが認められるという点である(7)。端的にいえば、通貨のフローに関して、国境を越えた回路付けの是々非々の議論を視野に収めるか否かについて、考え方のフレームが変容するのである。

こうした段階的変容を一括し、また不用意に一般化することには慎重であった方がいいだろう。それにより現在にいたるまでの新自由主義とグローバリゼーションを論じることができるにせよ、だ。たとえば、左右両派から、ＩＭＦの任務に関わるこうした変更がレーガノミクスのみならずアメリカ政府の対外政策とも同調していたことや、予測していた経済回復が生まれなかったばかりでなく様々な社会不安を引き起こしてしまったことが言及されることは少なくない。そうすることで、アメリカの覇権主義批判の観点から現代経済史を記述することができるからである――これについてはすぐさま、いわゆる「帝国」概念の妥当性をめぐる問いや、不均等発展の詳細をめぐる問い、あるいはさらに新たな統治性の形式をめぐる問いなどを引き寄せるが、そうした問いについては、制御と経済をさらに政治も含めて扱う次章でとりあげることにしよう。

いずれにせよ、わたしたちとしては、一九七〇年代、八〇年代の新自由主義的な経済動向と、一九九〇年代以降の新自由主義的な経済動向を区分けして考えることにしたい。この区分けは、デジタル技術が実現したコミュニケーションが、新自由主義とさしあたり名付けられている経済動向にどのように関与しているかを問うとき、重要な側面を炙りだすことに役立つだろう。そのことをみてとるためには、言説群の丁寧な観察が必要である。

レーガノミクスからクリントノミクスへの移行とは何だったのか

この歴史的段階の区分けは、新自由主義の展開過程のなかでめまぐるしく変転した経済思想の諸潮流においても対応するものであったということができる。

晩年のフーコーの講義にならって、新自由主義の思想上の創案は、オーストリアにおけるオルド学派

(5) 太田英明『「新」国際金融システムの課題——迫られるＩＭＦの「構造改革」』東京経済情報出版、二〇〇八年、二二頁、三一-三二頁。

(6) 同書、二三頁。

(7) ラテンアメリカにおける融資の効果が期待されたものとは逆に対外債務に関する深刻化を生んだことから、一九八五年にアメリカ財務長官のジェームズ・ベーカーによる提案（正式には「持続的成長のためのプログラム」）がなされるが、その提案は「①経済成長と国際収支調整の推進やインフレ低下のための主要債務国による総合的なマクロ経済・構造調整政策の採用、②ＩＭＦの中心的役割の継続および国際開発機関による構造調整融資による補完（主要国による債務国への融資実行五〇%増など）、③民間融資拡大（向こう三年間に約二〇〇億ドル）」などの内容であった（太田英明『ＩＭＦ——使命と誤算』中公新書、二〇〇九年、六九-七〇頁）。

にはじまるとされることが多くなってきている。[8] 自由主義のラディカルな支持を唱えたフリードリッヒ・ハイエクが、ときとして新自由主義の起源もしくは前史にあるとされる論は少なくないが、ハイエクもともとはといえば、このオルド学派に属する経済学者である。

乱暴を覚悟で単純化すれば、オルド学派が理論的に整備したのは、市場において生起することはいったい何であるかという問いをめぐるものであった。彼らは、市場において立ち現れるのは、市場需給や価格決定に関する調整メカニズムの作動ではなく、競争という状態の実現であるという。背後にあるのは、この競争なるものこそが、自生的秩序をつくりだすのだという確信である。計画経済などにより運営されるような秩序形成は、理論的には一種の独裁主義もしくは全体主義に陥るほかない。端的にいえば、自生的秩序を積極的に構成するために、われわれは、市場をこそその創出の場として構築せねばならないということである。

ハイエクがその著において、経済現象の分析というよりも、集産主義（collectivism）などの経済的統制がいかにして個人の政治的自由を抑圧することになるのか――裏側からいえば、なぜ社会主義は政治的自由を奪う社会にならざるをえないのか――について強く論じつづけるのもこのためである。[9] 後の段階に修正することになるが、ミルトン・フリードマンもまた、その著『資本主義と自由』（一九六二年）においては、市場主義こそが政治権力からの自由を担保するもっとも適切な装置であるとしている点では、ハイエクの立場から遠くない位置におり、そのかぎりで、彼らをまとめて、新自由主義の経済思想上の直接的な対応物とみなすことには、それ相応の理由があるといっていい。

こうした経済思想をもつハイエクが一九七四年に、また類似したフリードマンが一九七六年に、それぞれノーベル経済学賞を受賞する。さらには、一九七九年時の連邦準備制度理事会（ＦＲＢ）議長がフリードマンの理論を支持し、いわゆるレーガノミクスが本格的にスタートすることになることは周知のとおりである。そして、マネタリズムとして総称されるようなこうした諸施策の方針は、市場の機能を重視する新古典派経済学に沿って、あるいは少なくともそれと同調しつつ実施されていった部分がある。だが、この種の思想が、ＩＭＦの失策をはじめとする情勢を受け、一九九〇年代以降、とくにクリントン政権になって以後、実務にも近い思想実践のなかで強く見直されることになったことはしばしば見逃される。こういうことだ。たしかに、ハイエクからフリードマンへの経済思想の流れは、新古典派理論を、その市場特性の理解の仕方において批判しつつも、市場なる概念を維持しつづけたといえるところがあった。だが、レーガノミクスと対比されて、当時クリントノミクスとも呼称された新たな一群の経済思想は市場の万能性に対する強い懐疑から出発しているのである。

この点を考慮すると、ミルトン・フリードマンとハイエクの類似もより明瞭に浮かびあがってくる。というのも、フリードマンにおいて前景化しているのは、競争なるものの強く政治的または激しく倫理的な擁護だけではないからである。彼の主著のうちのひとつ『資本主義と自由』を紐解くとき目を引く

(8) このあたりの事情については、佐藤嘉幸『新自由主義と権力——フーコーから現在性の哲学へ』(人文書院、二〇〇九年)の第一部に詳しい。佐藤は、新自由主義に関してわたしたちのように二段階を区別しないが——そうした彼の立場はポストフォーディズムなる問題系の扱いについて顕著にあらわれる——が、経済情勢における新自由主義の拡大と浸透が、特定の具体的な主体に引き起こされたとするような立場とは異なって社会構造的な観点から考察しようとする点、また本書の以下でくわしく論じていくことになるが、新自由主義の跋扈が新たな統治性を生んだとする点においても、わたしたちと共通する視点が多い。

(9) Ｆ・Ａ・ハイエク『ハイエク全集第一期別巻　隷属への道（新装版）』西山千秋訳、春秋社、二〇〇八年。

のは、通貨量の調整に一層の焦点をあてた議論である。第三章では、国内においては貨幣供給量と利子率で金融政策をおこなうことが重要であるという、マネタリズム理論の素地となるような論を展開し、国際金融政策を論じる第四章では変動相場制が自由の名のもとに支持されている。また続く第五章では財政政策による景気浮揚の施策を不要な政府支出として断じ、さらには第一〇章において累進課税制よりも「機会の自由」に重きを置く分配制度を唱えている。[10] 競争の擁護に加えて、金融政策と通貨政策の重視、さらに財政政策の収縮化が重ねあわされる論点はまさに新自由主義を支える経済思想としてふさわしい。

こうした思想の方向に対して、時代が下ると、クリントン政権において米国大統領経済諮問委員会委員長となった経済学者ジョセフ・E・スティグリッツが、経済研究の水準で市場参加者のなかの情報の非対称性を指摘し、市場における完全競争という考えの脆弱性を強く唱えることとなる。そして、完全競争という神話を前提にしない理論を構築するとともに、実務の場ではIMFの資本自由化の施策を痛烈に批判し、さらには（IMF、世界銀行、アメリカ財務省の実務者一群による）「ワシントンコンセンサス」に反対し財務省と敵対した（IMF批判を軸とした著作まで記している[11]）。

あるいはまた同政権において一九九三年より労働長官となる経済学者ロバート・ライシュは、一九九一年に発表した『暴走する資本主義』で、「社会全体の利益」や「公共の利益」をないがしろにした一九七〇年代以降の市場主義に警告を発し、一部のエリート階層と大多数の労働階層の間にとてつもない格差が生じていることを強く批判する提言をはじめる。[12]

もっといえば、こうした懐疑と見直しのなかから生まれてきたものが、市場の安定的な維持管理のためには市場を外部から支える諸制度が不可欠とする制度学派の根本的見直しであり、市場を、むしろ参画しているエージェント（プレーヤー）の情報処理に関する場として考えゲーム理論の導入をはかる経済理論であるといっていい――この点については、第Ⅲ部において立ち返ることになる。大急ぎで付け加えておけば、市場のみならず、市場において行動する人間（あるいは企業の代表としてのエージェント）も本性上失敗することがありうるとする行動経済学が、認知科学の知見を活用しつつ台頭してきたのも大きくはこのラインに沿った流れであるといっていいだろう（オバマ政権を支える経済学理論のなかに行動派経済学があることはよく知られているとおりである）。あるいは、理論的には同型の、けれどもイデオロギー的にはその逆の方向をもつものが、行動ファイナンス論なのかもしれない。

もちろん、こうした現代経済史を彩る数々の思潮や論調は、専門家の精査のなかでこそしっかりと吟味されるべきものであることは間違いない――性急な身振りにおいては、ややもすればイデオロギー評価が先行し、特定の経済に関する考え方を新自由主義の穏当派として評価したり、あるいは逆にリベラルよりの国家主義者として位置づけたりする少しばかり乱暴な裁断はいたるところでみてとれるのだが。

ここでおこないたいのは、そうした精査へ向けての考察ではない。ではなく、ただ、言説群を通時的なレンズを通して振り返るとき、経済活動の把捉の仕方に微妙ではあるが決定的な変容がみとめられるという点の確認である。

（10）ミルトン・フリードマン『資本主義と自由』村井章子訳、日経BP社、二〇〇八年。
（11）ジョセフ・E・スティグリッツ『世界を不幸にしたグローバリズムの正体』鈴木主悦訳、徳間書店、二〇〇二年。
（12）ロバート・B・ライシュ『暴走する資本主義』雨宮寛、今井章子訳、東洋経済新報社、二〇〇八年。

貨幣制御と金融アーキテクチャのあいだ

注目したいのは、新自由主義の進展につれて、通貨が国内のみならず国境を大規模に跨いで流通するようになったといえるという点だ。そしてそこには、一種の整流器が対応するべきものではないかという関心が一気にせり出してくる。

たしかに、ミルトン・フリードマンはその著『資本主義と自由』において、市場主義こそが政治権力からの自由を担保するもっとも適切な装置であるとし、いわゆる狭義の意味での実践的な新自由主義の興隆を促した。しかし、ここで注意しておきたいのは、この著作には、貨幣供給量（マネー・サプライ）とインフレーションの理論を打ち出した、「国内の金融政策」と題された第三章が組み込まれているという点である。じつのところ、その原題は「貨幣のコントロール（Control of Money）」である。戦後の新古典派主義の理解のなかで位置づけられていた財政政策の働きの限界を指摘するとともに、貨幣量の制御によるインフレーションの制御の重要性を明瞭にするための論述のタイトルとしてそれは掲げられている。

この論を支持するかたちで、一九七九年に当時の連邦準備制度理事会ボルガー議長が、アメリカにおいて深刻化していたインフレーションを抑制するために貨幣供給量の引き締め策を講じる。これが、国内金融状況に対する一種の介入のかたちで実現され、海外の国々の経済活動にまで波及していったという事情も考慮しておくべきだろう。「貨幣」の「コントロール」とは、まさに、第一義的には国単位で把握される貨幣量のコントロールである。つまりは、貨幣の適切な活性化のために、貨幣の通貨量による制御というメカニズムを指している。経済活動、とりわけインフレーションを軸として想定される景気変動を間接的に「制御」することが目指されるのである。マクロ経済学において金融論が一気に中心となっていく経済学の理論的変容もこういう経緯のなかでみておくと解しやすい。

フリードマンらのマネタリズムと対照的な仕方で打ち出されてくる考え方も、この文脈で観測しておくべきものである。ほぼ四半世紀ほど経てからのことになるがフリードマンと同じくノーベル賞の栄誉にも与った、また実務にも明るい経済学者ポール・クルーグマンの理論はその好例である。アジア通貨危機をはじめとした一九九〇年代なかばの国際金融危機に関して分析し、総括した論を述べる際に、「金融アーキテクチャ」という言葉をクルーグマンが用いるとき、それは、国境を越えた通貨の流通を整流化しようとする傾向に対して、なにがしかの制御の措置を講じようとしたものとみなしておくことができるだろう。

インターネット文化について積極的に発言をおこなう憲法学者ローレンス・レッシグがデジタル情報文化を論じる際に用い、それを端緒として広まった感のある「アーキテクチャ」という語が用いられているが、レッシグの考えを踏まえて用いられているのかどうか定かではない。だが、クルーグマンはこの語を用いる直前の箇所でアジア危機を分析する際に次のような文章を記している。したがって、金融を「制御」する可能性と不可能性を考察する問題系のなかでこの語を用いていたことは間違いない。

> アジアの金融危機は一九九七年七月二日、タイ・バーツの切り下げとともに始まったと一般に考えられている。（中略）一九九七年上半期に、バーツが切り下げられるかもしれないという憶測から、外貨準備が加速度的に減少した。そして七月二日に、同国は管理された範囲で一五％の切り下げを試みた。しかし一九七四年のメキシコの場合と同様、穏やかな切り下げの試みは制御不能となり、大規模

な投機とはるかに大規模なパーツの下落に拍車をかけた。[13]（強調引用者）

こうした事態を受け、クルーグマンは次のように論をすすめている。

経済的な困難は、必然的に経済改革への提案をもたらす。アジアの経済危機とその影響は、国際通貨制度の見直し、あるいは少なくとも発展途上国に適用される部分については全面的な見直しが必要であることを多くの人に示した。このような全面的な見直しの提案は新しい金融「アーキテクチャ」のための計画という、漠然としてはいるが印象的なタイトルの下に分類されるようになった。[14]

ちなみに、クルーグマンはここで、「アジア危機が、どうして国際通貨制度の再考が緊急に必要であるとほぼすべての人を納得させることになったのだろう」と問い、こう答えている。「アジア諸国の問題は主に国際資本市場との関係から生じたように思われる」のであり、これを教訓として「国際資本市場を通じた伝播力が明らかに強いこと」をこれからの経済に関わる者は視野に収めておくことが必要であると。[15]

国際資本市場あるいは国際金融市場なるものが、ＩＴ技術と金融理論が結びついた金融工学をベースにしてそのプラットフォームが出来上がっていたことはよく知られているとおりである。[16]それを念頭におくならば、先に示したクルーグマンの「制御不能」という言葉は、具体的には金融工学を下敷きにした資本移動に関わる国際市場においてその動きが「制御不能」になったこと——各国政府はもちろんのこと、ＩＭＦも含め国際経済機関による制御が不能となったこと——をこそ意味している。クルーグマンは、これをうけて、「金融政策の独立性」「為替レートの安定性」「資本移動の自由」からなるトリレンマ——このうち最大で二つしか両立できない——の難問に対処する立案こそが「アーキテクチャ」の課題となるという(17)。

貨幣の「コントロール」、すなわち、貨幣の「制御」の問題は、フリードマンからクルーグマンへという経済思想の移行のなかで、象徴的にその意味合いを明らかに転位させているとまとめておくことができるかもしれない。そして、「制御」概念の振る舞いに理論的な焦点をあてているわたしたちは、次の点も指摘しておきたい。これらの二人の経済学者の言説が含羞する貨幣の制御に関わる意味づけの変容は、それを取り巻く言説が織りなすさらに大きな問題系、現代経済をめぐる思考様態の深奥にまでつながっ

(13) ポール・クルーグマン、モーリス・オブズフェルド『クルーグマンの国際経済学(上下)』山本章子、伊東博明、伊能早苗、小西紀嗣訳、ピアソン、二〇〇一年、下四六八頁。
(14) 同書、四七七頁。
(15) いうまでもないことだが、こうした方向でなく、各国の文化風土に要因を帰す論も多く出されている。投資家ジョージ・ソロスとマレーシア首相マハーティールの論争を引き合いに出しながらなされた「クローニー・キャピタリズム」論、あるいは救済ルールの設置が逆にそれをあてにした過剰な攻撃に転化するという(スティリグッツの唱えた)「モラルハザード」論を国内投資家に転化して応用した考察なども多いが、ここではどの考察が妥当かを分析することはしない。そうではなく、クルーグマンをはじめ多くの論者が「アーキテクチャ」と呼んだ国際予防策を確保しようとしたその振る舞いの意味にこそ焦点が合わされている。
(16) むろん、こうした動きを先導したのは、ジョージ・ソロスが率いた「クォンタム・ファンド」などのヘッジファンドである。
(17) クルーグマン、オブズフェルド『クルーグマンの国際経済学(上下)』、下四七七 - 四七八頁。

ている、と。

第二節　労働のコミュニケーション化と、身体の制御

コミュニケーションの構造転換

こうした次第を、実務的な見地で、貨幣供給量の操作という意味合いでの国内金融政策の理論フレームから、資本の流出入に関わる国際金融市場に関わる理論フレームへと課題対象が移行したのだと解しておくこともできよう。だが、思考体制《ダイアグラム》全般の変容というわれわれの観点からさらに踏み込んで捉えるとき、二段階を区別するべきだろう。すなわち、自由な欲望が出逢い自由に「意思疎通」が交わされなんらかの合意（コンセンサス）へと辿り着くかたちで市場の混沌を調整しうるという段階から、デジタル技術が導入され「通信」として定位されはじめたコミュニケーションが市場を整流化し安定化させるようにみえる段階へ移行したともいえるからである。現代世界における経済活動に対するコミュニケーションの有り様について、さらにまなざしを凝らしておかなければならない。

じっさいのところ、現代経済は、貨幣の流通の水準ばかりではなく、その実践の場全域にわたって、コミュニケーションなるものが浸潤している。ある論者は次のようにいう。

コミュニケーション、そしてまた、コミュニケーションを情報の流れとして生産的に組織化することが機械生産の時代における電力と同じくらいに重要になってきた経緯は、すでに理解されている。実際、コミュニケーションは、商品の流通販売からその生産や返品にいたるまで生産過程全体にとっ

ての潤滑油になっている。生産と消費、供給と需要の関係を逆転させることができるのは、コミュニケーションによるのであり、サラリーマンの硬直化した労働形態を崩してまで、できるだけ柔軟に生産過程を構造化することを余儀なくされるのも、つねに情報コミュニケーションによるのである。[18]

この著者、イタリアおよびスイスを中心に刺激的な経済研究を発表しつづけているクリスティアン・マラッツィによると、「流通の観点」からいえば、こうした「逆転」は「バーコード」に象徴的にあらわれている。「おそるべき情報集積機器」であるこの装置は、「小売りの売上高についての全データ、人気商品の個数、消費の上下の期間（時間帯）、「製品の直接収益率」（使用中の陳列空間、放送や色の種類などとともに）が一目瞭然で」あり、「流通販売の瞬間が消費者の情報データ収集の場所となり、そのおかげで、物品サービスの大量消費を個別のニーズに合わせることのできる」装置となっている。

「生産という観点」からは、トヨタ方式ともトヨティズムともいわれている「カンバン方式」に、この「逆転」はまさに具現しているだろう。これは、「生産指示規格と引き継ぎ通達という二重の機能を果たす札票を「工程間をつなぐ」連絡カートの上に置」くことで、「前後水平に行き交う情報の流れを利用しながらさまざまな職場のやり取りを調整する仕組み」であるといえる。結果、「生産中枢の業務計画に依存する必要」をなくすのである。

労働の現場そのものが、デジタル技術による「情報化」のなかで、整流化され、その整流に制御の回

(18) クリスティアン・マラッツィ『現代経済の大転換――コミュニケーションが仕事になるとき』多賀健太郎訳、青土社、二〇〇九年、一五－一六頁。

路がほどこされつつあるといっていい。
マラッツィの論を詳しくみておこう。二〇世紀前半を中心に支配的な生産フォーマットとして機能した労働体制を、アメリカの自動車工場での実践形態をもとにモデル化し、「フォーディズム」というフレーズをもって形容することが社会科学のひとつの特徴づけの仕方である。業務内容が（多くの場合は、部品ごとに）区画化された上で全体が流れ作業の工程表のなかで統合されるフォーマットともいえるが、それは業務ごとの専門（熟練）労働者を生み、その体制による給与水準の安定的な維持が、労働者自身による大量消費を実現し、生産と消費が労働を媒介にしつつ循環するというサイクルの実現にまでつながっていただろう。だが、「フォーディズム」が一九七〇年代に新自由主義の勃興と時を同じくして終焉を迎えつつあったのではないかという問いが、前世紀末頃より活発に議論されはじめている。マラッツィもまた、今日の生産実践あるいは労働実践についてポストフォーディズム論という問題系を引き受け、次のように論じている。

フォーディズムのシステムでは、流れ作業は、ホワイトカラーの部局でお膳立てされた指示を機械的に実行していたため無言でなされていたのであり、その意味では、生産はコミュニケーションを排除していた。それにひきかえ、ポストフォーディズムの生産システムでは、「話し合い」、コミュニケーションをとりあう生産工程が登場している。このシステムのなかで利用されているテクノロジーは、情報の循環を流動化することを主眼とするまぎれもない、「言語機械」とみなされるだろう。(19)

むろん、この「言語機械」は、コンピュータとしてもっとも直截的な仕方で具体化されていると考えてよい。マラッツィは、この語を解説するにあたって、アラン・チューリングが一九三六年に理論化し今日の情報テクノロジーの発端となった文字通りの「言語機械」、すなわちわたしたちも第I部でとりあげた「チューリング・マシン」に言及している。ただ、(これもまたわたしたちの発想に接近するものであるが)そうした「言語機械」は、一種のメタファーとして、企業活動を組織する言語コミュニケーションのモデルともなっているというのである。

労働の場面におけるこうした言語の位置転換のさらなる実態的意味を指して、マラッツィは、ユルゲン・ハーバーマスがかつて唱えた道具的理性を超えた理性の土壌でもあった、つまりは労働の外部でもあったコミュニケーション行為が、いまや労働のなかへ入り、道具的理性の域内で中心的に機能するものとなったとまで言い切るだろう。コミュニケーション行為はまさしく構造転換をおこなったというわけである。

金融が市場を呑み込むとき

そして前節でみた、貨幣量の制御を旨とする金融の作動は、こうした労働の現場にまでその思考体制を落とし込みはじめている。

マラッツィの論はこの点でも示唆的である。金融とは何かについて、歴史を参照しつつ具体的な説明を与えているからである。一九七五年にアメリカにおいて「経済の株式融資を強化するため、貯蓄の放出に向けた仕掛けが指導」されたこと、また「いつでも資金の換金が可能な」オープンエンド型投資信

(19) 同書、一七–一八頁。

託が一九八二年に大きく株価を上昇させたことに言及し、次のように論じるのである。

年金基金そしてオープンエンド型投資信託とともに、まずアメリカ、それから世界中で、貯蓄の大々的な吸い上げがはじまり、株式への投資が増加します。銀行貯金から株式投資へという流れのなか、二〇世紀末のニューエコノミーの形成に決定的だったのは、家庭経済の貯蓄を株式取引に向かわせた進路変更です。この逸脱を〈金融化〉と名付けましょう。[20]

こうした推移は、「労資の分離を撤廃し、労働者の貯蓄を資本の変容／再編成の過程にかたくむすびつけ」、ひいては広い意味での「賃金」を「金融市場の〈調整変数〉に変えて」しまうことになった。[21]同時に、こうした推移は当然、「金融市場で投機的に行動する」ことを引き起こす。それは「市場が〈自己言及的〉であるかぎり〈合理的〉で」あるといわねばならないものでもある。というのも、「価格は集団的見解の動きを反映しており、個々の投資家は情報そのものに反応するのではなく、その情報を受けた他の投資家の動きに反応して」いるにすぎないともいえるからである。[22]マラッツィはいう。

投資家の選択／決定の引き金として機能する世論は、慣習あるいは一般に〈真〉または〈支配的〉と認められた解釈モデルを備えています。この慣習は、社会自体から生まれ、生産と消費と想像力の社会関係の総体として歴史に現われます。ニューエコノミーの社会的金融力は、テクノロジー、言語、コミュニケーションのパラダイムとして出現しました。

金融的流動性の凄まじい急成長は、ニューエコノミーをただ表面的に見て「カジノ資本主義」と命名する者もいたほどでしたが、それは通貨創造の場が中央銀行から金融市場へと〈移動〉したことを示しているのです。実際のところ、中央銀行が九〇年代を通して維持していた通貨流通量は、世論とそのコミュニケーション行為によって決定されていました[23]。

このように「労働状況の変化と金融市場の変化」を「言語」あるいは「コミュニケーション」をキーワードにして、マラッツィは抉り出そうとするわけだ。こうした、経済実践においてかくも金融化が覆い被さることになった次第は、わたしたちの考察の語彙でいえば次のように言い直しておくことができる。出来するようになったのは、金融市場における貨幣流通の調整という名の制御であり、と同時に貨幣化のみならず証券化を含んだ意味での労働対価の調整という名の制御であり、さらには己の労働の貨幣表現に加えて金融市場の上げ下げを反映する自他関係の調整をおこなう制御である、と。これら三つの市場における調整とされている働きが、第I部第1章でみた制御の三つの形態とほぼ同型であることをわたしたちは指摘しておきたい。

マラッツィに即して、ポストフォーディズムの労働が実践されるさらに具体的な場面もみておこう。今日の労働形態の特徴についてマラッツィは次のような六つの特徴をあげている[24]。第一に、フォーディズム体制への批判を吸収し、「公共のもの」である「言語、コミュニケーション＝関係構築に関わる行

(20) マラッツィ『資本と言語』、二一一頁。
(21) 同書、三八－三九頁。
(22) 同書、二六頁。
(23) 同書、六六頁。

動」が労働へと摂取された。第二に、フォーディズム的な時間に物理的に拘束される形態から、「スキル」「適応力」などを育成せねばならない「社会的な労働時間」までもが要求される「終わりなき労働」の形態となった。第三に、ネットワークのなかで、すなわち「コミュニケーション空間」が拡大したなかで、結果「個々の搾取を全体のなかでみる」労働となった。第四に、「個々の労働作業の（商品の生産に必要な労働時間の）〈計測〉が困難に」なった。第五に、〈記号＝資本〉すなわち「生産の社会関係の記号化」は、「私的なものが公的なものとなり、公的なものが経済とな」った。第六に、労働に関わる「言語的協働」は、「労働者の〈身体〉」に宿ることになった。

これらの諸特徴もまたわたしたちの語彙において、暴力的な定式化かもしれないが整理することができる。すなわち、所与の言語により自らの労働を制御し、そうしたマニュアル化された言語により働きかける対象や対人あるいは言語を制御し、さらにはそれら二つを随時計測しつつ得られた観測結果を迅速に己と労働現場の関係へと反映させ制御する、そうした三つのコントロールを円滑におこなう労働様態である。

意思決定システムをアルゴリズム化する

第I部でわたしたちが見いだした制御の三つの形態の運動から大きな困難なく推察しうることでもあるが、経済活動に浸潤をはじめた金融コミュニケーションや労働の現場における、いましがたみたような、三つの制御の運動は、どこまでも限りなく更新されつづけねばならない。

これに加えて、規模の拡張が利益率増につながるという「収穫逓増」の理論――この洗練された理論化により、クルーグマンはノーベル賞を授与された――が接続されるとき、規模拡大の運動は、己にリミットを設けるような非効率的な身振りをするはずがないだろう。三つの制御の絡み合った運動は、己の版図をどこまでも広げる欲望のなか、自己展開を拡大しつづけるのだ。メディアなきメディアのコミュニケーション様式である制御の版図は、己の作動場所さえ変幻自在に移動させ、一層の拡大と浸透を探し求めるだろう。制御は、金融市場も労働の現場も、いや世界のありとあらゆるものを呑み込んでいくのだ。いまだ視界に浮かびあがっていないものさえも呑み込んでいくだろう。

こうした経済の水準での制御の運動は、先にみたような新自由主義の段階的変容とどう向き合っているのか。それをみておく必要がある。そうすることでこそ、わたしたちの問いであるところの制御概念の振る舞いはより明瞭に浮かびあがるだろう。

補助線として、第Ⅰ部で言及したハーバート・サイモンをふたたび呼び出すことができる。情報理論を人間の活動一般の基礎づけへと導入した彼は、本来経済学者であり、しかも、一九七八年に（すなわちハイエクの四年後、フリードマンの二年後、そしてFRB議長のマネタリスト声明の前年に）ノーベル経済学賞を受賞し、経済学の言説空間に力のある論客として介入しはじめていた。実際、こののち、領域を跨がる縦横無尽なサイモンの知的実践が、多くの言説空間で彼の名と理論を浸透させていったことには括目すべきものがある。わたしたちは、制御装置という概念のハードウェアの普及の前に、サイモンによる思考のソフトウェアが、現代世界の多くの領域の実践において導入され定着していることに改めて驚いておくべきかもしれない（たとえば、効用を最大化するという形態ではなく、自身の活動を「満足化」の度合いのなかで推移させるのが、人々の経済活動、いや人間としての行動一般に認められる特性であるというサ

（24）同書、四三－五一頁。

イモンの着想は、消費者アンケートから教育の授業評価アンケートにまで浸透しているものである)。

サイモンがノーベル賞受賞式の際におこなった講演をみておこう。そこで、サイモンは、「規範的意思決定論」という名称を用いながら、マネージメントに「デジタル・コンピュータ」の理論を導入しうる道筋(「オペレーションズ・リサート」などの先駆的プログラムの例なども引き)を示し、称揚した。

そして、経済活動、とりわけマネージメント一般における意思決定に際して、このようにいう。それは、「ビジネス・スクールや学部において、企業があたかも現実の世界でも理論通りに動くあるいは動きうるかのごとくに」講義がなされているが、現実はそうではない。それは、「収益と費用の差を最大化することの問題」に机上の空論として端緒にあらわれている。さすがにそれらの講義が語る理論でも、「利益最大化」などという単純な定式化はおこなわないものの、「利益体リスクの「効用化関数」を最大化すること」を目指すといった言い方をするからだ。だが、とサイモンは疑問をなげかける。

ところで現実の場面では、企業は、製品の数量を選択するだけでなく、あわせて製品の種類も選択しなければならない。しかもそれら各種の製品を、企業はときに発明したり設計したりしなければならない。また企業は、それらの製品を利益があがるべく組み合わせて工場で生産できるよう、スケジュールをたてなければならないと同時に、生産物を売るためマーケティング上の手続きや構造を工夫しなければならない。こうしてわれわれは、教科書に出てくるような企業のカリカチュアから、実際のビジネス界にあるような企業の姿へと、一歩一歩進んでいくのである。そして現実に近づくごとに、問題は、正しい行為の代替案を見出すこと(実質的合理性)からしだいに、良い行為の代替案がどこにあるかを計算するその方法の発見(手続的合理性)へと、移っていく。(25)

こうした手続的合理性を唱えるのには、意思決定のプロセスを計算論的に構成されたプログラミングに実装し、現実の経営組織に組み込んでいくことが可能であろうという目論見もある。いい方を変えれば、「オペレーションズ・リサーチ」や「オペレーション・アナリシス」など往時のプログラミングを例にあげて、それを制度的に応用する可能性と意義をサイモンは指摘するのである。[26]

わたしたちがいう第一段階、すなわちサッチャリズムやレーガノミクスが謳われた一九七〇〜八〇年代の時期においては、ハードウェアとしてのコンピュータの一般的普及はいまだ実現していなかったものの――サイモンの理論をひとつの波及力のあった例証として――人々の思考システムのなかには制御の思考はすでに浸入しはじめていたのである。

制御作動の自己言及スパイラル

経済活動の現場への制御の浸透の第一段階は、制御的思考が理論的なかたちで経済・経営学に侵入しはじめた段階である。手続的合理性あるいはそれを実装したプログラミングなどにおいて、組織内で意思決定を制御できるようになったという前提のなかですすめられ、欲望の「自由」の安定化が目指されたのである。この意味で、フリードマンとサイモンの理論上の対比は興味深い。フリードマンは、ハイエクのテーゼにある程度沿って経済的主体の自由行動こそが自生的秩序を作るとする論のもと、そうし

---

(25) ハーバート・サイモン『システムの科学（第三版）』稲葉元吉、吉原英樹訳、パーソナル・メディア、一九九九年所収、三三頁。
(26) 同書、二七〇-二八二頁。

た主体に効用の最適化を仮定していた。しかし、ほぼ同時期にサイモンはそうした最適化の不可能性を説き、手続的合理性を担保する制度的あるいは組織的システムの整備の重要性を唱えていたのである。サイモンにおいては、競争は、市場の調整力ではなく、組織的意思決定の整備が加わってこそサポートされる。

急いで確認しておけば、先に触れたようにハイエクらオーストリアのオルド学派が理論化していた、自生的秩序を形成する「競争」という概念において、すでに市場概念は、実態的に調整機能を付与されておらず、競争の受け皿という意味合いしか纏《まと》えないものになっていたのだ。その間隙をサイモンのプログラミングは補塡する、いやそこを乗っ取り己を主体なき主体とするのである。

国内でのそうした「競争」と「手続的合理性」を主回路とした（金融に関わる）メカニズム整備とそれが引き起こしたことへの対応が、結果として、海外へのさまざまな国の国民経済へ波及した。新自由主義の段階的変容はそう書き直しておくことができる。サイモン的なプログラム化されたオペレーションがもたらす制御の可能性への仮託が作動していたということだ。その変容を示す顕著な事例として、メキシコ危機をはじめとする、先にも示した、一九八〇年代を通して生起した「周辺」諸国におけるさまざまな苦境、困窮がある。端的にいえば、アメリカのインフレ抑制政策を目指したドル金利引上げが、巨額のドル建て債務をもつ「周辺」諸国の利子負担を急激に上昇させたということでもある。それが、ＩＭＦの構造プログラム型の実施へ、あるいはまたベーカー長官による「持続的成長のためのプログラム」へと展開していったのだ。意思決定手続きが、厳密な意味でデジタル技術化されているわけではないものの、合理性を付随されたプログラムとしてフォーマット化されていくのである。

アマルティア・センが指摘するように、ＩＭＦをはじめとする国際機関には、政治的権限を発動しうる参画メンバーの構成体のなかにあきらかなバランスの悪さを認めることができる。[27] が、こうした一連の動きに一貫して看取されるのは、手続的に「妥当」であるとされた合意形成のプログラミング（合衆国においては金融政策、「周辺」諸国においては財政政策をはじめとした構造調整といった腑分けがそこにあることは見逃されてはならない）がなされれば、あたかもプログラミングが処理していくように当該国の経済活動を回復あるいは健全化していくだろうという判断である。

これと対照的な差異をなして、第二段階、一九九八年のアジア危機をはじめとする資本流出危機で生じたことは、それとは異なる位相の危機だった。ハードウェアとして実現した制御装置の機能が、人為的操作の制御作動域を越えてしまったということだ。それは、アメリカを含めた世界規模の金融市場ネットワークを震わせるほどであり、貨幣の流通においてアナーキーともいえる混沌状態を招いただろう。クルーグマンをはじめとする経済学者が「アーキテクチャ」の構築の重要性を唱えるのも、そうした認識からであるといえるだろう。

予測不可能な事態を手続的合理性のなかに回収しえていた段階は過ぎ去った。設計上許容されていた範囲内でさえ制御不可能なものになった。市場概念を凌駕した競争概念が、制御を踏み超えはじめたのだといえるかもしれない。だからこそ、もはや経済学者は市場の見えざる手といういくばくか神学的な調整機能を前提とするのではなく、より実態に即したかたちでプレーヤー間の先読み競争を分析するゲーム理論や、誤認や逸脱行動も起こすことが普通である経済主体の行動を前提とする行動経済学などが

(27) ネルミーン・シャイク『グローバル権力から世界をとりもどすための一三人の提言』篠木直子訳、青土社、二〇〇九年、二〇一二二頁。

頭をもたげはじめたのだ。市場なるものはすでに、いわば制御の可能性と不可能性の狭間でうつろい、漂い、己の能力に自信をすっかり喪失しているかのごとくだ。市場中心主義が新自由主義の眼目であると多くの人々は論じてきた。だが実態は、制御装置が流動化と整流化をほどこす試みのなか、自らの機能不全に右往左往している光景なのかもしれない。そして、制御概念をなんとか練り直し新たな「グローバル」管理体制をつくりあげようとしている光景なのかもしれない。

経済のなかの制御から、制御のなかの経済へという問題設定はこうした光景を明瞭に浮かび上がらせるためのものであるといっていいだろう。

容易に推察しうるところだが、経済領域における制御の運動、すなわち流動化と整流化の措置には、設置と解除もまた組み込まれている。そうした判断は、すぐれて政治的なものといわざるをえないだろう。設置と解除の作動措置も含め、経済のなかの制御、制御のなかの経済は、政治と骨がらみの関係にある。だとすれば、制御の運動についての次第をより鋭利に活写するためには、わたしたちは、狭い意味での経済から、広い意味での政治とセットになった経済の地平、すなわち政治経済《ポリティカル・エコノミー》へとレンズの照準を移動させていかねばならない。

第2章　国家を揺動する制御、統治を誘惑する制御

第一節　デジタル技術と政治的構想力

本章では、経済現象とも密接に絡み合う、広い意味での、今日の政治における制御概念の振る舞い——もしかすると政治という地平をまるごと呑み込むかのように作動する振る舞い——を考察し、その特徴を活写することを狙いとする。デジタル技術の登場、それが敷いた新たな制御概念の始動は、政治的構想力にどのような作用を与えたのだろうか。

「グローバリゼーション」と「グローバル・ガバナンス」

実態としてみてとりやすいこともあり、ここではまず政治現象の水準からはじめたい。グローバリゼーションなるものが、そうした際の切り口のひとつになる。

一九七〇年代の頃より急速にすすんだ経済のグローバル化あるいは地球規模化が、国家の国境の実体的有効性に賞味期限をもたらすかのように語った者は少なくない。早い話が、新しい経済活動は国境を

軽々と越える相互依存関係を生むだろうし、そうしたなかですすむ利害関係の調整を通して文化のレヴェルにも踏み込んだ相互理解さえ育まれていくだろう。国家と国家の対立や外交的衝突、いちばん酷い場合に生起するとされる戦争などの措置も回避されるかもしれない。そう多くの人々が考え、述べた。グローバリズムと合理的選択論を中心に、衣をさまざまに替えながら市場主義が称揚され、その世界規模での政治的効果が熱く信望されたのもこうした流れのなかの論調のひとつだろう。

だが、9・11からイラク攻撃への流れは、そうしたナイーブな論法を一変させた。いや、完全に過去のものにした。「テロリズムにどう立ち向かうか」「ならずもの国家の敵か見方か」といった図式的思考が、一般のジャーナリズムにおいて夥しい量のインクをほとばしらせ、経済の地球規模化（グローバリゼーション）とそれによる政治の安定化という論法を完全に過去のものとしたと感じる者は少なくない。そうでなくとも、マスメディアで毎日のように報道される紛争や衝突、脅威や威嚇、そしてグローバル化と呼ばれる政治経済の絡み合った情勢は、今日の国民国家の間のバランスの揺らぎとこわばりを、わたしたちの肌で触知させるものとなっただろう。

政治評論と称されるような言説において冷戦終焉期にフランシス・フクヤマが謳った「歴史の終わり」は、社会主義に対する民主主義、計画経済に対する市場主義の勝利を宣言するかの論であったわけだが、そうした楽観視よりも、さらに強い保守派のサミュエル・ハンチントンの「文明の衝突」という警告の方が最悪のかたちで到来してしまったという印象をもちかねない。とはいえ、現実的な安全保障の行く末を素人の手つきで占うことが本章の目的ではない。

ともかくも、グローバル化してきていると一般に把捉されている、近年の政治経済《ポリティカル・エコノミー》の動向において、新たな権力主体の把捉、構築や再編成がおこなわれていることに注意を向けよう。かつてであれば内政干渉と難詰されかねなかった国境を跨いだ、特定の国家ないし政府への介入をＩＭＦがおこなってきているという、前章でもみた点にもその一端はあらわれている。より国際政治の現実に引き寄せた現象でいえば、国連決議や安全保障理事会で諮られるような意思決定の推移により、一国の衰退や破滅を招きかねない状況がかくも頻繁に生起してきていることをみてもいいだろうし、国際連合をはじめとする多国間交渉の枠組みとその位置づけが、一九八九〜九一年の冷戦終結過程の後、矢継ぎ早にクローズアップされよくも悪くも果敢に取り組まれていることに言及してもいい。冷戦期の米ソ二国間のパワー・オブ・バランスが決定的に過去のものになったこと、それは誰しもが実感しているところでもあり、また認識しなければならないことだろう（東西冷戦の終結の諸帰結は欧米を中心に展開しているが、この章が書かれている二〇一三年一一月の段階でも東アジアにおいては事情が異なり、その国際関係上の地政学的布置については認識と判断がいまだ錯綜していることはなかば認めつつも、である）。

学術上の言説空間に目を向けても、たとえば、個別国家内という対象範囲ですすんでいた政治学は、控えめにいったとしても、国際関係論とますます緊密なものとなってきている。多彩なグローバルなプレイヤーの出現は、政治力学の観測の範囲を変化させざるをえず、その理論的位置づけをめぐる論議は日々活気を帯び続けている。国境を越えた政治経済《ポリティカル・エコノミー》の、波状的に流動する力線への対応に求められる学的研究の焦点が、冷戦末期の二国間もしくは多国間交渉のフォーラムに関する「国際レジーム」論から、国々を大規模に横断する諸問題（グローバル・イシュー）に対処するための「グローバル・ガバナンス」論へと移動したことはその端的な現れであるとさえいえるかもしれない。

そうした趨勢となかば連動しつつ、国際関係論の従来の枠組みであった「リアリズム」と「リベラリズム」の二つの理論が、「ネオリアリズム」や「ネオリベラリズム」、さらには「コンストラクティビズ

表1

	民間部門	公共部門	第三セクター
国際	多国籍企業	政府間組織	NGO（非政府組織）
全国	企業	中央政府	非営利団体
地方	地方企業	地方政府	地方団体

ム」といった新しい流れまで生み出し、少なからず混迷の度合いを示しているところに、グローバルプレイヤー出現以後の政治経済《ポリティカル・エコノミー》をめぐる新しい理論化作業の一端を伺うこともできるであろう。

それらの新しい研究上の知見は、教育の場面にまですでに波及している。アメリカ合衆国のみならず世界の多くの国々における錚々たる政治家・官僚を育てていることで著名なハーバード大学ケネディ行政大学院のプロジェクト「二一世紀のためのガバナンスの展望」の成果として、「グローバル化する世界におけるガバナンス」と題された研究報告書がまとめられている。その巻頭のイントロダクションで、プロジェクト・リーダーであったと思われるジョセフ・ナイとジョン・ドナヒューは、「私たちがいうガバナンスとは、ある集団の集合的活動を導きかつ制限する公式・非公式の手順と制度を指している」としたうえで次のように論の構えを提示している。

「国民国家は、一部の予言に反して、国内と世界全体のガバナンスのもっとも重要な機関としてとどまっている」と嘆息しながら、「私たちは、複雑さを増した全体の配置において、国民国家は民間部門や第三セクターという他のアクター（行為主体）に補完されつつあると考えている」と。そして上のような表を掲げる[1]（表1）。

あえて言い添えておけば、今日、ナイとドナヒューが論じるこうした国際政治の理解はすでに、多くの国々で大学生レヴェルでの教科書のなかでも、獲得しておくべき学習事項となっているだろう[2]。

こう言い直しておくこともできる。一九九〇年代に高等教育において世界各国を席巻したのは、いわば意識の政治学を前面に押し出した、国民国家批判やナショナリズム批判といった論法であった。政治学から経済学、そしてとりわけ文化研究においてそうした研究姿勢は顕著であった。そうした批判が、国民国家なる体制が過去に引き起こした悲劇への反省という志向のなか、多くの知見や実りを生み出したことは疑いない。だが、他方でそれは、そうした制度と連動した国民意識という信の溶解を国境の内側から察知していたともいえるような知的営みであったような感もある。いささかパラドキシカルながら、そうした観点からは、ナショナリズム批判の論構えは、「世界規模化」の作用のなかでの国民国家意識の相対化の前触れであったといっておくことも可能であろう——「ミネルヴァの梟は黄昏に飛び立つ」というヘーゲルの言葉を思い出しておいてもよい[3]。

いずれにせよ、国民国家という政治機構の集成体として世界全体の政治経済《ポリティカル・エコノミー》を理解し、とりあつかおうとする知的フォーマットが、根底からシャッフルされるかのように、動態的な変容過程のなかに投げ込まれたのだ。

繰り返しになるが、本章の目的は、そうした国際情勢を専門家の視点に立って分析することにあるのではない。むしろ、議論の俎上に載せたいのは、政治学や国際関係論をはじめとした、「グローバリゼー

（1）ジョセフ・ナイ、ジョン・ドナヒュー編『グローバル化で世界はどう変わるか』嶋本恵美訳、英治出版、二〇〇四年、二八-二九頁。
（2）国際レジームやグローバル・ガバナンス」といった用語の手際のよい整理には、たとえば、山本吉宣『国際レジームとガバナンス』（有斐閣、二〇〇八年）がある。
（3）David Held & Anthony McGraw, *Governing Globalization*, Polity, 2002.

ション」や「グローバル・ガバナンス」について語る多くの言説群――ソビエト連邦の崩壊からはじまる冷戦の終結という狭い意味での政治上の出来事に注目する論点から、多国籍企業の台頭と繁茂への世界規模での対応策をどう構築するかという論点まで含めて――が圧倒的な頻度で、情報化社会やデジタル技術革命といった視角を介在させているという言説上の事実である。

したがって、わたしたちが本章で接近していきたいのは、政治学上の国家論でも国際関係論上の制度論ではなく、そうした領域も視界に収めつつも、そこで書かれ語られる言説のなかに、デジタル技術および制御なるものをめぐる言葉がどのように摂取され、いかなる化学反応を起こしているかを検出し、その動態変化を測定することである。冷戦期以降という見えやすい趨勢と絡み合いながら、だけれどもいわばなかば別箇の軌道で動いているはずともいえる、情報社会論の言説の立ち現れ方をめぐる政治的様態を浮かび上がらせていきたいということだ。

デジタル技術と社会体の変容

したがって、わたしたちとしては、冷戦終結という政治学上のテーマに軸足を置きすぎないように、慎重に距離を置き、俯瞰的な視点で言説群を計測することから考察をすすめることにしたい。

まずもって注目したいのは、政治的観点からなされたふたつの社会論である。ひろく人口に膾炙したともいえる二つの代表的フレーズ「フラット化」と「リキッド化」（日本語では、「溶解」や「液状化」という言葉にリフレーズされていたとみておいた方がいいかもしれない）である。

これらの二つのフレーズは、テレビや新聞といったマスメディアはもとより、大学や高等学校の教室のお喋りから、町の工場やオフィス街での談論にいたるまで、多くの場で発された言葉であるといっていいだろう。これらふたつのフレーズが一瞥して相容れない方向性を主張している——一方は世界は平板化しつつあるといい、他方は液状化しつつあるというのだ——にもかかわらず、ほぼ時を同じくして世界の活字文化空間をかけめぐったことは、斟酌すれば、これらは誰しもが触知しはじめている、私たちが住まう今日の社会体の変容と共振している証しだといえるだろう。

とはいえ、ここでみていきたいのは、それらが差し出している個々の世界の姿ではない。これらのフレーズが双方ともに、自らが主張する論立てと、それらがとりあげる新種の事象群の間に、少なからず両立しがたい、一種齟齬のような感触を人に与えてしまうという点だ。

わかりやすくいえば、こういうことだ。一方で、それぞれの論立てにおいてデジタル技術への言及は後述するように不可欠のものとなっている、いや、中心の論拠となっているとさえいっていい。にもかかわらず、他方で、「平板化」や「液状化」といった言葉はそれぞれ、制御という作用がもたらすものから遠く離れているような印象を与えはしないか。制御という作用に人が感知するような、たとえば、複雑な状態遷移に的確に対処する多重機能的な安定化を目指すアーキテクチャと、「フラット化」や「リキッド化」という言葉は、どうにもうまく合致しないのではないか。あるいは、デジタル技術が得意とする、通常の接近では見落としてしまったり取りこぼしてしまったりするようなものに対して、個別対応の所作で柔軟に応接する（ときに、「スマート」という形容語が付される）賢い仕組みからも、遠く離れたようなフレーズのように聞こえはしないだろうか。

語句の選択が誤っていると論難するのは当を得ていない——そもそも、何がしかの妥当性があったからこそ、かくも人口に膾炙したのだ。新しい社会体の変容は、こうしたいささか生硬とも、あるいはパラドキシカルともいえるフレーズの振る舞いを誘いこむようなものである、としておいた方が適切なのかもしれないのだ。

だとすれば、その変容のプロセスを駆動させるエンジンに接近するためには、「フラット化」「リキッド化」という言葉を走らせている、そうしたパラドキシカルにも映る論理の表情こそが分析されるべきだろう。

「フラット化」か「正義の哲学」か

「フラット化」からはじめよう。一世を風靡した感のある「フラット化する」というフレーズは、トーマス・フリードマンがものした『フラット化する世界』を嚆矢として世界中に流通したといえる(4)。世の中のすべてがフラット化しつつあるという観測からはじまるこの著作は、コミュニケーションに関わるデジタル技術革命が大きな要因となってすすむ、社会生活の場における変容が、主たる論点となっている。その論点を、「指揮・統制（コマンド・コントロール）から接続・共同作業（コネクト・コラボレート）へ」という図式のもと、各領域で仔細に論じていくという構成になっている。

とくに、こうした移行のなかでフォーマット化されてきたビジネスモデルの広範な浸透が、世界中にこれまでにない民主主義的あるいは平等主義的な繁栄を招き寄せた、とフリードマンは主張する。新自由主義の安易な顕揚とも受け止めることもできなくもないが、それだけではない。フリードマンは前著（『レクサスとオリーブの木』）において、グローバル化を推進する勢力と、そうした力へと対抗するローカルなアイデンティティを擁護する勢力の対立図式に重きをおいた論を展開していた(5)。

その少なからず単純化された政治力学の見取り図に比して、『フラット化する世界』では、「9・11」という名称で今日名指されている未曾有の事件を経て、世界の来たるべきかたちに関する彼自身の期待や夢もそこここに織り込みながら、なんとか世界を素描しようという意図がフリードマンにはあるといってもいい。

フリードマンの祝福するこうした水平的コミュニケーションの拡大を実現させたものこそ、情報通信技術の発展にほかならない。情報通信技術が、市場とビジネスの現場を中心に人類史レヴェルでの根底からの変化を引き起こしたのであり、それはかつてなかった程度にまで個人に基礎を置く世界を切り開くことになった、それがフリードマンの主張だ。電子メールをはじめとするコミュニケーションの発達が、ワークフローの標準化と新たな協働の基盤構築を可能とすることで世界的な規模での分業体制を可能にし、それを梃子として、アウトソーシングやホームソーシングという作業形態、またサプライチェーンや輸送経路の精緻化と広域化を引き起こし、効率化と円滑化の飛躍的な躍進をすすめただろう。フリードマンにいわせれば、これは、コロンブスの大陸発見そして二〇世紀の鉄道・航空の交通革命につづく、生活世界にかかわる第三の世界規模化とでもいうべきスケール感をもった転換である。いわば、グローバリゼーション3・0という、世界の時空間の新たな縮小化のフェーズなのである。

(ちなみに、「グローバル(global)」という語は、プログラミング言語など情報理論の分野においては、「局所的(local)」と対比させて「大域的」と訳されることがある。「世界化」や「世界規模化」と訳すよりも、その一見中立的なトーンが地政学的な力学を問題化できる——たとえば、アメリカ化とどこまでが合致するのか、ある

(4) トーマス・フリードマン『フラット化する世界——経済の大転換と人間の未来(増補改訂版)』伏見威蕃訳、日本経済新聞出版社、二〇〇八年、三三三-三三四頁。
(5) トーマス・フリードマン『レクサスとオリーブの木(上下)』東江一紀、服部清美訳、草思社、二〇〇〇年。

いはしないのかについてより丁寧な議論ができる——というメリットがある。だが、他方で、その同じ中立なトーンが、不用意な説得性をまとわりつかせてしまうことにも注意を要するだろう。すなわち、局所的最適解は必ずしも大域的最適解ではないといういい方で後者の優位性を主張する身振りが、いわゆる「グローバリゼーション」を闇雲に正当化する身振りに横滑りしかねないからだ。プログラミング言語という情報理論が、経済現象や社会現象あるいは政治現象に応用される一例でもあり、広い意味での制御の思考の社会体への浸潤の一例でもあるといえる。）

フリードマンは、けれども、このような世界の変容は、「フラット化」というフレーズでは形容し尽せない動態性をもつものかもしれないという一抹の不安を、一度は抱いたようでもある。ハーバード大学ですでに教鞭をとっていたマイケル・サンデルのもとへ出かけインタビューをおこない、フラット化というフレーズの裏側にある「摩擦」について語るサンデルの言葉に耳を傾けているからである。

『共産党宣言』を引用しながら、サンデルはこういった。「あなたの理論はこれとよく似ている。ITの発展が市場とビジネス業務の非効率と摩擦を減らすのに役立つと、あなたは主張している。それがあなたのいう「フラット化」でしょうね。だが、フラット化で摩擦のない世界には、長所も短所もある。お説のとおり、グローバルなビジネスにとってはいいかもしれない。あるいは、マルクスが信じていたように、プロレタリア革命の明るい前兆なのかもしれない。（中略）摩擦のないグローバル市場への障害物のなかには、ほんとうに無駄とビジネスチャンス喪失の原因になっているものもある。しかし、社会的な結びつき、信仰、民族としての誇りなど、市場とは無関係な価値観をもたらしてくれるゆえに大切にされている社会制度や慣わしや文化や伝統が、非効率そのものでもある場合もある。[6]」

とはいえ、こうしたサンデルの批判を受けても、コミュニケーション行為の拡大としてのフラット化に積極的可能性を読み込むフリードマンの姿勢は大きくは変わらなかったようだ。フリードマンは、フラット化のプロセスのなかでのローカルなアイデンティティの危機に関して、個人のアイデンティティは逆により洗練されることになるのだという見解でもって自らを納得させるのである（すでにこの時点で伺いうる、正義という概念に対する共同体主義的な観点からのサンデルの理論的再構築についてはここでは掘り下げないが、次章で考察の対象としたい）。

いずれにせよ、デジタル技術が実現した水平的コミュニケーションの飛躍的拡大にこそ、世界の未来の可能性は存し、正義や個人の幸福といった倫理的な問題も包摂しうるとフリードマンは考えるのである。

フリードマンとは異なって、こうした世界中が同じような風景になっていく「フラット化」の動きこそが、人間性の豊かさをまさに損ないつつあるのだという、まったく逆方向の主張をする論立ても多い。だが、注意しよう。面白いことに、そうした論立ても、内容は正反対であっても、まったく同一の理論形式——すべてを同一平面に均してしまうデジタル技術を道具にすすめられる画一化の動きは、何がしかの倫理性をもつ——を用いており、そのかぎりで「フラット化」に関わる基本的な発想法は、上記のようなフリードマンのものと変わるところはない。

（6） フリードマン『フラット化する世界』、三三三‐三三四頁。

いずれにせよ、デジタル技術によって時代がいま迎えつつある人間生活における大規模な変容を、それ自体としてまるごと、価値判断の対象にしようとしているのである。

「リキッド化」、あるいは「嘔吐的空間と食人的空間」

「リキッド化」——繰り返しになるが「溶解」あるいは「液状化」と表記し直しておいてもよい——という、いまひとつの巷に流通しているフレーズはどうだろうか。

このフレーズを広めたのは、グローバリゼーションあるいは新自由主義的な考え方に真っ向から批判的な社会学者ジークムント・バウマンである。(7)しかし、フリードマンに比べるときあきらかに左派的な立場にあるバウマンは、人間の生を成立させている諸実践の場での社会体の変容をとりあげ論を張ったのである。

バウマンはいう。マルクスの時代においては——ここでもまたマルクスの『共産党宣言』が引かれていることは示唆的である——「溶解」は、前近代の軛《くびき》や慣わしから近代は解放されはじめたという意味合いで肯定的に捉えられていた。だが、今日にあっては、溶解は、むしろ、人間の生のあり様という観点からみた場合、行き過ぎた程度にまで進行するにいたっているとバウマンはいう。人間の生を基礎づけていた、多くの「ルーティーン」、有り体にいえば、生の基盤が整えられる共同性が溶け出し崩れ、液状のように不安定化した地平で泳ぎもがくしかなくなったのだというのだ。(8)

そうした液状化が進行する中核をバウマンは労働の現場にみているが、労働におけるそうした変化を駆動させているのは、バウマンによるならばデジタル技術にほかならない。一九四四年に出版されたカール・ポランニーの『大転換』を引きながらバウマンはこういっている。

ポランニーは、「労働を「商品」とみなす論理の虚構性を主張し、この虚構にもとづいた社会構造を白日のもとにさらけだした」だろう。「労働と労働者は切り離して売り買いできない」ことを鑑みれば、労働は他の商品と同じような意味合いでは商品とはいえない。だが、その場合の労働とは、「まさに、肉体的労働、血のかよう実際の労働者を、物理的に動かさなければできない労働」のことだった。がゆえに、雇用にあっては、労働とともにその担い手の肉体も管理下におかなくてはならなかったし、それがために、雇用者はその身体の自由までもが拘束されることとなっていた。しかし、現代社会は新たなる「大転換」を迎えている。とここで、バウマンはポランニーの論をとってかえし自らの論を立てる。いや、ヴァージョン・アップさせるのである。

「ポランニーが当然と考えていた状況と正反対の現象」が現れていることにバウマンは注意を促している。情報社会においては、資本は地面から解き放たれるだろう。資本は「搾取する労働者との直接関係を保つ義務から解き放たれ」るのだ。「ソフトウェア時代の非肉体化した労働は、もはや資本を縛らず、資本を非地域的で、変化に富む、移ろいやすいものへと変えた」のだと。それは、「資本の無重力化」といってもいい。「資本と労働の相互依存は、資本の側から一方的に破棄された」のである。(9)

これは、前章でも触れた経済活動の現場での今日のあり様でもあるが、より強く、人間労働の場面において照らしだされた側面であるともいえる。こうした生の基盤の不安定化は、であるからこそ、なん

(7) ジークムント・バウマン『リキッド・モダニティ』森田典正、大月書店、二〇〇一年。
(8) 同書、五頁。
(9) 同書、一五七–一五八頁。

らかの安定的な生の基盤を逆説的に要求しもするだろう。けれども、「ソフトウェア」、すなわちデジタル技術の時代において作動しているのは、アイデンティティ形成に関わる矛盾に満ちたメカニズムであるとバウマンは論をつづける。端的にいえば、唯一無二であるはずの「アイデンティティ」を売る「スーパーマーケット」が誕生しているのだ。

むろん、そこには「消費者の自由」がある。「人々は、アイデンティティを意のままに形成し、自由につくりなおす」ことができる。例えばヘアコンディショナーを宣伝する、ありふれたテレビコマーシャルをみてみよとバウマンは促す。そこには、画面に浮かび上がった「みんなユニーク、みんな個性的」というナレーションとともに、みんなが同じ商品を使うことを推奨するという逆説がある。それは、「大量生産されたひとつの製品が、多様な個性を生む道具」として機能する典型例といえるのであり、「ユニーク」で「個性的」とほぼ同義のアイデンティティが「だれでも買える商品によって形成される」のである。(10)

こうしたアイデンティティの取り換えっこゲームは空転せざるをえない。その身もだえのなかで、原初的な行動類型を回帰させてくるだろうとまでバウマンは言い切る。二〇世紀を代表する文化人類学者クロード・レヴィ゠ストロースの言葉を引き、共同体の他者への反応の二つのパターン、「嘔吐的方法」と「食人的方法」がよみがえると予言するのである。

「嘔吐的方法」は、自らのアイデンティティとは異なると判断された他者を体の外へと押し出すものだ。身体的接触からあらゆる社交にいたるまでを禁止する方法であり、ときには隔離、ときには追放や殺害にまで及ぶ。「食人的方法」は、異なる他者の肉体と精神を「食いつく」して同化しようとするものだ。極端な場合は「人食い」であり、そうでなくとも、「偏見」や「迷信」として侮蔑された異文化の「地方

的慣習、地方暦、地方的信仰、方言」を撲滅しようとする。(11)

こうした行動類型は、少なからず修辞的であるともいえるが、冷戦終結後の現代世界のあまたの衝突や紛争を思い浮かべるとき、きわめて現実的なもののようにも映る。デジタル技術によるコミュニケーションのおもての面を強調し、それにより惨劇は回避できるとするフリードマンに比して、バウマンは「リキッド化」という言葉で、そうしたコミュニケーションの新しいかたちこそが惨劇を引き起こしていると、警句を発しているのである。

ともあれ、ここでもまた、デジタル技術によって引き起こされたとされる人間の生の変容に、かなりの程度大振りなスケールで、倫理的価値判断が読みこまれることになっている。

現代社会の駆動エンジンとしてのコミュニケーション

フリードマンの「フラット化」とバウマンの「リキッド化」という現代世界の社会体の変容の特質を言い当てようとした二つのフレーズは、一見すると相容れない意味内容をもつようにみえるものの、立論の形式自体はとても似通っている。

第一に、進行する社会変容全体のプロセスのメカニズムを把捉しようという計測フォーマット、第二に、そのメカニズムを駆動させるエンジンとしてのデジタル技術によるコミュニケーション形態の変化に関わる高い評価、第三に、肯定／否定の違いはあれどもそうした変容プロセス全体に与えている一定

(10) 同書、一〇九頁。
(11) 同書、一三二頁。

の倫理的判断、これら三つを共有しているという点で、「フラット化」論と「リキッド化」論は似通っている。現象形態を平板化として描き出すか溶解化と描き出すかの違いはあるにせよ、である——これらの二つの形容の仕方の違いは、変容を動態的に把捉しようとする際に依拠された、運動に関わる像の切り結び方の違いという程度なのかもしれないが。いずれせよ、デジタル技術によって可能となった新しいコミュニケーションの形式、つまりは制御なるもののひとつの現れが社会体をまるごと、あるいは国家や国民を揺動していると、彼らはともに論じているのである。

要するに、わたしたちの用語でいえば、社会体において動態化が一気に進行した事態を、「フラット化」や「リキッド化」という言葉で描き出そうとしたのがこれらの論であるといっていい。そして、そうした動態化において作動している主たる動因をデジタル技術に求めようとした論立てとなっているのだ。そこに倫理的評価が差し挟まれているのは、社会体の変容を目の前にある現象面だけで捉え過ぎており、分析的思考よりも価値判断を先行させてしまったがゆえの所作のようにも思える。デジタル技術のもたらしたコミュニケーション世界の変容はいったいいかなる意味において、政治的価値判断を誘い込むほどに社会体の変容をもたらしたのか、と問いうるからである。第1章でみたように、フォン・ノイマンにせよウィーナーにせよ、当初のデジタル技術開発理論は、（原子爆弾開発に関わるコンテクストがあり、そこにはひとつの国を破壊せしめるという欲動は別として）社会を織り成す生きた諸関係全体を、隅々に至るまで変容させていくという政治的価値判断のもとになされたわけではなかった。もっといえば、フリードマンにせよバウマンにせよ、デジタル技術を経たコミュニケーションなるものがなかば神がかり的な作動因のごとく——前者にとっては天使、後者にとっては悪魔——社会体の変容をもたらしたものとして解されており、その内的メカニズムについては何も触れられていないからである。

制御ははるかに狡猾に作動する。制御は動態化を促進するのみならず、その先にあるもの、すなわち、制御なるものがもつもうひとつの方向性、すなわち整流化の措置もシステム化も周到に組み立てていくからである。じっさい、そうした整流化の動きは現出している。それを確度をもって計測するためには、社会体の変容、デジタル技術のコミュニケーション形式の変化、政治的価値をめぐる問題関心の突出という三つの共通するトピックの相互関係を立体的にみておくことが必要だろう。

したがって、わたしたちが向き合わなければならないのは、デジタル技術が実現したコミュニケーションの新たな形態という問題機制――なかば理論的でもありなかば歴史的でもある問題機制――である。

第二節　ネットワークのなかの政治、政治のなかのネットワーク

第Ｉ部第3章でも言及したように「コミュニケーション」の訳語は、「意思疎通」であると同時に「通信」である。デジタル技術以前、われわれは、意思疎通に関する一般理論を構築すれば、社会における人々の関係性を何ほどか浮彫りにできたのかもしれないという予感をもっていたことさえある――二〇世紀において喧しく「言語論的展開」が論じられたのは記憶に新しい。また、デジタル技術以降、通信についての諸理論を勉強すれば、無線にせよ有線にせよデジタル技術を用いたメッセージ伝達に関して何ほどかのことを理解することができるだろうと、楽観的な「情報文化論」や「未来学」が賑やかに溢れたのも遠い昔ではない。

だが、今日、「意思疎通」と「通信」それら二つの言葉の意味合いは、なかば浸透しあい、ときに衝突やすれ違いを起こしつつ、わたしたちの日常を飛び交っている。「電子メール」ではきちんと伝わらない」

といったとき、わたしたちはいったい何を意味しようとしているのだろうか。今日のコミュニケーション状況を、意思疎通に関する理論、通信に関する理論、どちらかで診断しようとする身振りは必ずや失敗するだろう。

バウマン、フリードマンの著作は、著者たちがそれぞれ与する左派陣営ないし保守あるいは右派陣営からも大きな注目を集めた。その事実にも、デジタル技術が作用するコミュニケーション行為の変化を受ける今日の社会体と、それに関わる政治的判断のあり方に対しての一定程度の関心の高さが看取されるが、本論でとりあげる理由はそればかりではない。次に述べる〈帝国〉論においてもまた、現代のコミュニケーション形態の変化が議論の中核をなしているといえるからである。それらに共通しているのは、デジタル技術が実現したコミュニケーションの特徴はネットワーク化であるといっていい。だとすれば、ネットワークなるものの出現とそれへの政治論的定式化を丁寧に精査しておく必要があるだろう。

ネットワーク、あるいは〈帝国〉の論理

このように問いを整え直したとき、「〈帝国〉が、私たちのまさに目の前に、姿を現している」という冒頭の一文ではじまるマイケル・ハートとアントニオ・ネグリの『〈帝国〉』が突出した著作として改めてわたしたちにさし向けられる(12)。

〈帝国〉論のあらましを辿っておこう。〈帝国〉は、どのような衣装をまとって「姿を現している」のか。

都合のよいことに、この問いにハートとネグリは、本論もまた最重要の参照枠として扱ってきたフーコー／ドゥルーズの図式〈「規律社会」から「制御社会」へ〉をもって、己の問題設定にあてていること

を強く主張している。であるので、この図式を頼りに、彼らの多岐にわたる論述の核となっている部分をスケッチすることにしよう。

彼らはいう。規律社会とは「さまざまの慣習・習慣・生産的実践を生み出し、規制するようなディスポジティフ〔諸力の配置・装置・メカニズム〕または装置の分散したネットワークを通じて、社会的指令（コマンド）がそのなかで打ち立てられる社会」である。そうした社会への「服従と、それが行使する包摂そして／あるいは排除のメカニズムへの従属」は、「規律的諸制度〔監獄、工場、収容施設、病院、大学、学校、等々〕を通じて」運営されるが、「理性」を行使して、「思考と実践の規定要因や限界」を合理的に説明し、「正常そして／あるいは逸脱的な振る舞いを是認したり規定したりして」社会の支配を遂行するだろう。

これとは対照的に、管理社会とは、「支配に特有の社会的統合の排除の振る舞いはさまざまな主体自身の内側へと向かい、ますます内面化」している社会である。その支配は、規律のような方向性の定まった形式とは異なって「柔軟で絶えず変動するネットワークを通じ」てなされるのだ。ハートとネグリはそのようにいう(13)。

注意しておこう。ハートとネグリにとって、上部構造と下部構造の区分の失効のあとに、〈帝国〉は「法的秩序」として現れるのであって、その逆ではない。「資本主義的な生産と交換のグローバル化に

(12) マイケル・ハート、アントニオ・ネグリ『〈帝国〉――グローバル化の世界秩序とマルチチュードの可能性』水嶋一憲ほか訳、以文社、二〇〇三年。
(13) 同書、四〇―四一頁。

よって、経済的関係が政治的な統制から離れてより自律的なものとなり、その結果、政治的主権が衰退していると」いう認識にはまったく与しておらず、「グローバルな秩序、支配の新たな論理と構造、ひと言でいえば新たな主権が出現している」のであり、そうした政治（主権）論としてこそ〈帝国〉論は構成されているのである。[14]彼らは、〈帝国〉の権力を「ネットワーク権力」とさえ呼ぶだろう。

だからこそともいえるのだが、〈帝国〉は相反する相貌をもつ、という。オーストリア＝ハンガリー帝国の紋章「双頭の鷲」をもじり、次のように論じるのだ。「〈帝国〉の鷲の最初の頭にあたるものは、生政治的指令の機械によって構築された法的構造と構成された権力」であり、他方、「〈帝国〉の鷲のもうひとつの頭にあたるものは、この広大な海を航海する術を学んできた、生産的で創造的なグローバリゼーションの諸主体からなる多元的なマルチチュードである」と。〈帝国〉を転覆させる可能性の条件を、ハートとネグリは、その後者に見出すのである。[15]

管理性と解放性を「〈帝国〉」と名付けられた現代社会の力動に同時に読み込む、このいささかパラドキシカルな論構成を成立させているのは、ネットワークなるもののパラドキシカルな性格、両価的特性である。〈帝国〉論をものした二人は書き留めている。「権力が構成されうるのは、主権の統一性を自分自身で調整し、ネットワークへとアレンジするような一連の諸権力全体によってである」し、また他方で、それは「マルチチュード自身の内的なアレンジメントから、つまり、ネットワーク状に結び合された諸権力の民主的な相互作用から生まれるものでなければならない」と。[16]ネットワークの裡に拘束性と可能性の両方が読み込まれているといってもいいだろう。

たとえば、経済の次元にフォーカスを絞れば、労働形態の水準でもネットワークとしての〈帝国〉が事態を変容させている。フーコーの哲学から展開させた彼らの生政治論の目論見もここにある。上部構造と下部構造という二項図式を前提とした上で生産諸力や生産関係を分析しようすることの無意味さに、ハートとネグリは繰り返し言及している。情報ネットワークにより実現される非物質的労働においては、上部構造と下部構造は絡み合い一体化するからである。[17]

こうした議論をすすめ、現代イタリアにおける研究成果を参照しながら、「非物質的なコミュニケーションにもとづく労働」に関して、それらを三つの面から分析する視角――「情報ネットワークに新たに結びつけられるようになった産業生産内のコミュニケーション労働」「象徴的分析と問題解決における相互作用労働」「情動を生産し操作することからなる労働」――を確保するのである。[18] あえていえば、これこそ、フリードマンが肯定的に、そしてバウマンが否定的に捉えた、新しい労働の形態にほかならない。端的に彼らは断言している。〈帝国〉における主権、すなわち権力の範型は、「コミュニケーションに従属している」のであって、その逆ではないのだと。[19]

(14) 同書、三頁。
(15) 同書、八七-八八頁。
(16) 同書、二一〇-二一一頁。
(17) たとえば、ハートとネグリは次のようにいっている。「ポストモダン化と〈帝国〉への移行には、かつて土台と上部構造として示されていた諸領域の実質的な収斂が含まれている。〈帝国〉が具体的なかたちをとるのは、言語とコミュニケーションとが、言いかえれば、非物質的労働と協働とが支配的な生産力になるときである。上部構造も活用されるのであり、こうして私たちが住んでいるこの世界は、生産的な言語によるネットワークの世界になるのである」(同書、四三七頁)。
(18) 同書、四八-四九頁。
(19) 同書、四三六頁。

「〈帝国〉」か「帝国主義」か「想像力」か

急ぎ足で駆け抜けたハートとネグリの『〈帝国〉』の概要であるが、その論構成の輪郭をもう少し鋭角的に切り出しておくために、似て非なるほかの論考と対比しそれが何をめぐるものではないかをあきらかにしておこう。

地理学からスタートしいまや経済学者、社会哲学者の相貌さえもちつつあるデヴィッド・ハーヴェイは、ハートとネグリによるやや非人称的な権力機構として描き出される、現行の世界情勢の分析に強い懐疑の目を向けている。ハーヴェイの解釈によれば、現在わたしたちが直面している世界の動きは、むしろ、具体的な意思決定主体の思惑のなかで主導されている「帝国主義」として推移していると把握すべきものである(20)。

資本主義発展史、とりわけアメリカ合衆国における一九七〇年代の資本家の動きをより細やかに観測することを通じて、ハーヴェイは、その時期に再編成された金融資本主義に注目し、そうした再編成作業の主たるプレイヤーたちが具体的に存在することをあきらかにしようとする。むろん、これを素朴な犯人探しとして解してはならない。ポストモダン地理学者として高度資本主義社会における累積的に更新される空間利用の形態を見事な手さばきで分析してきたハーヴェイは、人物史からなる歴史理解ではなく構造論的に現代世界を考察する研究者の筆頭であることは論を俟たない。であるので、構造関係の把握の上で、イギリス左派の伝統的戦略のひとつとして、具体的な改良や改善へ向けた闘争の構図を実行可能なかたちで作図しようとしているのだ。〈帝国〉論が取り組むのと同種の問題群を階級問題として整理していると考えるべきだろう。

だが、ハーヴェイのように、グローバル資本主義の主体を現実の人格に探し求めた場合、そうした現実の権力主体を打倒すれば今日の帝国主義的資本主義は解決できるかもしれないといったナイーブな印象を与えかねない。すぐれて「ポストモダン」なポジションから論を展開しているハートとネグリは、そもそもそうしたグローバル資本主義の外側に立ち、客観的にそれを測定しうる視角を前提とすることはもはやできないという立場から論じているとみた方がよい。それゆえ、権力主体が構成されてしまっている世界情勢の現在の構造的条件を探りあて、それを内在的に分析することによって、内側から転覆する指針を探索しようとしているのだ。そして、その構造的条件の根元に、間違いなく「ネットワーク」がある。

制御概念がどのように政治経済の力動に作用していったのかを測定することが目的である私たちの立論からするならば、(ハーヴェイの闘争のエチカを十分に汲み取るにせよ)いっそう厳格に構造分析の道をとる〈帝国〉論を、ハーヴェイよりも有効な参照枠として捉えたい。そうした制御の作動のなかで、思考様式そのものが変容してきているのではないかという問いに焦点をあわせていきたいからである。

他方で、アルジュン・アパデュライのような文化研究者は、メディア・テクノロジーが形成する思考と感性に多くの可能性を期待するわけだが、そうした立場からは、『〈帝国〉』が論じるような、今日のコミュニケーション・テクノロジーの可能性が「管理」の平滑面にすべて回収されてしまうという判断には至らない。「電子メディアがマスメディア化(mass mediation)の領域を変容すると言えるのは、電子メディアが想像の自己(imagined selves)や想像の世界(imagined worlds)を構築する新たな資源や規

(20) デヴィッド・ハーヴェイ『ニュー・インペリアリズム』本橋哲也訳、青木書店、二〇〇五年。

律を与え」、「それ自身よりもはるかに広範な領域を特徴づけ再構成していく」のだとアパデュライはいう。具体的には、それは、ニュース、政治、娯楽を問わず、従来のメディアが構成してきた内容を「審問し、転覆し、変容」するという具合だ。(21) むろん、リビアなどの昨今の国際情勢をみるとき、こうした立場には相当程度頷けるようなところがある。

だが、こうした立論も〈帝国〉論からみるとき、ヒューマニスティックにすぎるともいえる。わたしたちの問題設定に即していえば、アパデュライはメディア・テクノロジーの力能に関して楽観的なまでにヒューマニスティックな可能性を、想像力という言葉で読み込みすぎているきらいがある。メディアに媒介された想像力に過度に期待を寄せた、人間中心主義に映ってしまうのだ。ハートとネグリの言葉を借りておこう。「コミュニケーションは、ネットワークを介して相互接続を多数多様化し構造化することによって」こそ、「コミュニケーションにもとづいたそれらの連結を貫いて走る、想像的なものの意味と方向を管理するの」だ。(22)

とはいえ、どちらの論がより有効であるかはここでの大きな関心事ではない。ただ、われわれが注目する〈帝国〉論におけるネットワーク論は、闘争主体の構築を先行させる階級闘争論や、デジタル技術の力能に過度の期待を寄せるメディア社会学とは異なっており、理論的闘争としてのトーンを強く帯びているのである。そのネットワークの取り扱いは、一見するのとは逆で、じつはるかに具体的な理論的射程をもっている。

どういうことか。

ネットワーク、手続き、熟議

改めてこう問おう。『〈帝国〉』の論者が論じる「ネットワーク」とはいったい何なのか。実のところ、『〈帝国〉』の二人の著者たちはこのネットワークについてそれほど積極的な定義を与えていない。だが、彼らの論においてネットワークと理論上きわめて親近性の強いものとして示唆されている「システム」なるものについて、次のような、読む者を少なからず戸惑わせる文章を唐突に記している。

新しいパラダイムは、システムであると同時に階層秩序であり、中央集権的なかたちでの規範の構築であるとともに、世界空間全体にまで及ぶような広域にわたる正統性の生産である。それは水平的に節合されたダイナミックかつ柔軟なシステム構造として最初からかたちづくられているのだ。私たちは、この構造を一種の知的速記法を用いて、ニクラス・ルーマンのシステム論とジョン・ロールズの正義論の混成体として考えることができる。(23)

この引用がわたしたちの注意を引くのは、今日出現しつつある政体あるいは権力を担う行為体を独特

(21) アルジュン・アパデュライ『さまよえる近代——グローバル化の文化研究』門田健一訳、平凡社、二〇〇四年、一九頁。
(22) ハート、ネグリ『〈帝国〉』、五二頁。
(23) 同書、二九頁。

の仕方で捉えようとしているからである。唐突に出された二人の名前、ニクラス・ルーマンとジョン・ロールズという名前が媒介となって指し示している事態、それこそが〈帝国〉の要諦、少なくとも〈帝国〉を駆動させるコミュニケーション・ネットワークの要諦といってもいいかもしれない。

いい換えれば、ルーマンがその創始者とされる社会システム論、そして現代政治哲学の渦の中心とでもいうべきジョン・ロールズの正義論が「混成体」となって提示しているもの、それが新しい世界秩序を貫くネットワークの実態かもしれないのだ。

だとすれば、わたしたちは、『〈帝国〉』とルーマン、そしてロールズの論考、それらの間の類似と差異をしっかりと測定し直しておかなくてはならない。じっさい、『〈帝国〉』には、ルーマンやロールズの仕事が練り上げたさまざまな用語――「システム」や「社会の縮減」、「正当化」や「妥当性」といった言葉――が頻出することはたやすくみてとれる。だが、そうした語彙の水準での単純なオーヴァーラッピングが問題なのではない。レンズの被写界深度をより深い水準に設定すれば、論構成の理論立てにおいてこそ、〈帝国〉論、ルーマンのシステム論、それにロールズの正義論は、それらの間で一定程度重なり合うといわざるをえない部分が浮かび上がってくるのである。

第一に、これまでの考察からも容易に推察されうることだが、三者（ハートとネグリ、ルーマン、ロールズ）ともに、言語によるコミュニケーションを、社会全域にわたって最重要なものとして位置付けている。言語にこそ秩序維持機能があるとルーマン、ロールズは判断しているといってよいし、ハートとネグリはそこに〈帝国〉の論理を見出している。だが、これだけの指摘であれば、一見、単に、近代社会における理性の重要性を彼らが相も変わらず凡庸に論及しているだけというふうにみえなくもない。ルーマンとロールズの論を振り返りながら、さらに少し分け入っておく必要がある。

たとえば、前章でもとりあげたルーマンは、自らが構築した社会システム論を用いて、法的訴訟を中心に「手続き」に関する「正統化（legitimation）」について、もっといえば、言語コミュニケーションにおける意思決定に対する「正しさ」の担保はどのように達成されうるかについて、一冊をまるごとあてた書物『手続きとしての正統化』をものしている。[24] そこでのルーマンは、こういう論を立てている。「正しさについては直接的な一致と確定が可能だとする旧来の定式は克服されねばならない」。ブーリコーなる人物の言葉を借りて、「それ自身の正統化のプロセスを受け入れもしくは制度化している権力」が現代において定式化されるべきだという。「手続きと満足すべき決定を受けとる機会の平等を通しての正統化が、以前の自然法的根拠づけや、コンセンサス形成というそれと互換性をもつ方法に代わって成立する」のだというのである。[25]

大急ぎで付け加えておけば、この毀誉褒貶を集めた著作と前後する時期に、ルーマンの社会システム論の基本的道具立てが揃ったと解されることは少なくない。「信頼」や「権力」といった、それ以前においてはすぐれて政治的な現象ともいわれ、と同時に、すぐれて人間主義的な現象ともいわれていたことがらをめぐる、社会システム論の立場からの捉え返し——社会システムにおいて位置づけ可能な事態として定義する——をおこなっていたのもこの時期である。[26] いわば、手続きを、価値独立的で中立のなかで整備されるものとしてではなく、むしろ規範的価値の流布をそれ自体において担うものとして、社会システム論の構想全体との関連のなかで定位していくという一連の仕事がなされた時期であったという

(24) ニクラス・ルーマン『手続きを通しての正統化』今井弘道訳、風行社、一九九〇年。
(25) 同書、二〇 - 二一頁。

ことだ。
これを念頭におくとき、ハーバーマスのような論者にとってはルーマン理論は許しがたいものであり、この時期、舌鋒鋭い批判がルーマンに浴びせられたことにも納得がいく。ハーバーマスは理性の重要性を、「言語論的転回」という名のもとに再定式化し、二〇世紀における社会状況のなかで蘇生させようとした。言語によるコミュニケーション行為に胚胎する諸合理性を腑分けし、近代において資本主義的なシステムと連動してしまう道具的合理性ではなく、他者との対話を通して実現される「了解」と「合意」へ向かう合理性にこそ注目し、そこから対抗的、もっといえば人間主義的な理性の営為が宿す可能性を立て直そうとした。そうした立場からするならば、規範性を帯びた手続きなど、そうした対話的な合理性を露骨に阻む、道具的理性にあられもなく与した主張にしか映らなかったのかもしれない。

他方、ロールズにおいても、その中心概念「公正としての正義」をシステムとして構築するために導入されているのが、「熟慮・討議（deliberation）」という社会成員によるコミュニケーション行為の独自の定式化である。よく知られているように、正義の原理と正義の構想を峻別するロールズは、「社会的協働に参画する」成員が一同に介するという「原初状態」の場を思考実験とし、自らの理論を展開した。そうした思考実験を通して、倫理的判断の原則をめぐって間違いなく引き出されてくる二つの原理——各人への自由の公平な配分の原理と、もっとも貧しい人の利益に適う場合のみ不平等を許容するという原理——を一種の公理としてロールズは導き出す。それらの原理の上で、各場面で具体的な争点に関して「熟慮・討議」を通じて正義の構想が構築されれば、その手続きがもつ公正さは成員間で承認されうるものとなるだろう。そう彼はいう。

「秩序だった社会を統制しうる正義の諸原理の検討[27]」を目的とする『正義論』でロールズは次のよう

に述べている。「正義の構想は、原理に関する自明な前提や条件から導出するものではな」く、「多くの考慮事項の間での相互支持、すなわち全体がまとまってひとつの整合的な見解に収まるということによってこそ、正義の構想は正当化される」のだと。(28)

あえていえば、ロールズがものした最初の論文は「倫理上の決定手続き」というものであった。(29) そこから『正義論』へと結実するロールズの一連の哲学的仕事が、それ以前——二〇世紀前半を通じて——の正義や善といった倫理学の領域と、国家や権力に関わる政治哲学との、紳士協定ともいえる相互不可侵の姿勢を、一気に変革する衝撃をもっていたことはあらためて確認されておいてよい。望ましさをめぐる政治的問いを、多くの政治哲学のなかで論議しうるあるいは論議しないわけにはいかないものとして提示したのである。そして、そのときのキーワードが「熟慮・討議」という手続きだった。(30)

(26)「信頼」については、他者の行為に関する予期あるいは期待が一般化される水準の問題として定式化される(ニクラス・ルーマン『信頼——社会的な複雑性の縮減メカニズム』大庭健、正村俊之訳、勁草書房、一九九〇年)。また、「権力」については、「選択性」の操縦という観点から定式化し直した著作をこの時期に発表している(ニクラス・ルーマン『権力』長岡克行訳、勁草書房、一九八六年)。

(27) ジョン・ロールズ『正義論(改訂版)』川本隆史、福間聡、神島裕子訳、紀伊國屋書店、二〇一〇年、二五頁。

(28) 同書、三〇頁。

(29) John Rawls, "Outline of a decision procedure for ethics", *Philosophical Review*, April 1951, 60(2): 177-197.

(30) 二〇世紀の哲学研究における「望ましきことの研究」と「実行可能なものの研究」の分離のなかで立ち現れたものとしてロールズの『正義論』を位置付ける論考としては、たとえば、チャンドラン・クカサス、フィリップ・ペティット『ロールズ——『正義論』とその批判者たち』(山田八千子、嶋津格訳、勁草書房、一九九六年)などがある。

「新たな世界秩序の正統化という問題」をその長大な論述の冒頭でとりあげるハートとネグリの論展開は、これらルーマンとロールズの論点を自らのうちに捉え返したものと解しうる。ハートとネグリは書き記している。すなわち、「〈帝国〉の法権利の実効性・妥当性・正統化を理解するための根本的な鍵は、言語を通じた生産、言語による現実性の生産、自己の妥当性を立証する言語、これら三つが一致しているということのうちにある」のだ(31)。

これらの論述をみるとき、『〈帝国〉』(32)、『手続きとしての正統化』、『正義論』には、まさに一定程度の類似を看取せずにはいられないのである。

「調整」と「決定」、あるいは「選択」の論理

重要な箇所なので、三者の共通項をもう一歩踏み込んで解析しておこう。

上で述べたような「手続き」と「熟慮・討議」(以下「熟議」)の前景化がなされる理論的背景として、三つの論考はすべて、現在わたしたちが住まう社会は、十分に複雑な社会であるという認識を共有している。ひと昔前の用語でいい換えれば、ゲマインシャフトではなく徹底してゲゼルシャフトとして存立するようになった社会ともいえるのだが、正確にいうならば、ゲマインシャフトとの対比関係ではもはや把捉することはできないゲゼルシャフトとしての社会のあり方といってもいい。かつてなされたような、ゲマインシャフトを前提とした疎外論的発想、つまりゲマインシャフトをロマンティックに遡及しながら批判するという視点それ自体が有効性を失ったゲゼルシャフト。だからこそ、共有された信もしくは信望されるイデオロギーや理念ではなく、社会成員すべてに承認されるべき手続きのフォーマットこそが、正統性や正当性の担い手となるという論の組み立てとなっているのである。

先の著作においてルーマンはいう。「世界はすべての人間にとってあまりに複雑であり、見通しえぬ可能性に充ちて」おり、「把握不可能なもので」ある。あらゆる社会の考察はそれを容赦ない事実として受け止めたうえですすめられなければならない。他者との社会的関係は、単純な社会ではそれほど「分化」しておらず「相互に作用し合って」もいるので、相応に単純な仕組みによって運営しうるものと考えうるが、社会が複雑になるにつれて他者関係はどんどん「分化し特定化」し、簡単な仕組みでは対応

(31) ハート、ネグリ『〈帝国〉』、五五頁。

(32) 次のような文章は、まさにルーマンとロールズの「混成体」が前提となって書き留められたものであることがみてとれるだろう。「〈帝国〉の行政管理を定義する第一原理は、そこにおいては政治的目標の管理運営が官僚的手段の管理運営から分離する傾向にあるということである。だから新しいパラダイムは、官僚手段によるシステムをその政治的目標と調整すべくつねに格闘していた近代国家の旧い公的な行政管理モデルと異なるばかりでなく、それと対立しさえするのである。(中略) この第一原理からすると、しかし、逆説のように思える事態が浮上する。まさに行政管理が特異な性質を帯び、もはや集権化した政治・審議機関のための担い手として単純に機能しないというかぎりで、それはますます自律的になり、多様な社会集団、たとえば経営者集団と労働者集団、エスニック集団と宗教集団、合法的集団と犯罪集団などに、かつてよりも密接に関与するようになる。社会的統合に貢献するのではなく、〈帝国〉の行政管理はむしろ散種し、差異化するメカニズムとして働くのである。これが〈帝国〉の行政管理の第二の原理である。行政管理は、こうして制度が直接に多様な社会的特異性に関与できるような細かく特定された手続きを呈示する傾向にあるだろうし、こうして行政管理は多様な社会的現実の要素とより直接的に接触をはかるにつれて、実効性を高めるだろう。それゆえ行政管理活動はますます自己求心的になっていき、こうして解消すべき個別特殊な問題のためにのみ機能するようになる。〈帝国〉の体制の中継器やネットワークの集合を横断して、行政管理活動の連続線を認めるのはますます難しくなっている」(同書、四二九－四三〇頁)。

できなくなる。[33] そうしたときには、「複雑性の縮減を間主観的に伝達可能なものとすること」、それこそが求められる。

ロールズにおいても論運びの軸はこの点において変わりがない。「社会が文明化されているという条件」を随所で確認しつつ、議論をすすめているからである。そもそも「原初状態」という発想は、そうした会合が現実的には不可能であるという意味も含めての思考実験となっているのである。

双方の論者にとって、ここから帰結する点でもあるが、十分に複雑な社会では、政治エリートが来るべき社会のビジョンを作成し社会を指導していくようなリーダーシップは実効力をもつことはできないだろうし、そうすべきでもない。そういった認識はルーマンにもロールズにも共有されているし、そうした社会が実際に実現しつつあるのだというのが『〈帝国〉』の著者たちの観測である。複雑な社会においては、「真理性基準」（ルーマン）あるいは「公平な観察者」（ロールズ）といった、価値付けの能力を備えているような主体を、社会の上部に設定しうる有効性はもはや期待できないという理路が、〈帝国〉論、社会システム論的手続き論、公正という観点からの正義論には共有されているのである。[34]

さらに、この観点を展開したものといえるが、こうした言語コミュニケーションないしネットワークの論理は、国内の事態に対してのみ考察されたものではなく、国と国の間の関係を考える際にもアプローチしうる、あるいはアプローチすべき事態にいたっているという論運びもまた、これら三者には共通している。ルーマンは国際関係における争点の解決にも実効性をもつものだという発想を述べているし、ロールズも自らの正義の理論がいかにして「〈諸国民の法〉（the law of nations）」に「拡張」できるかについて論じている。[35] そして、ハートとネグリは『〈帝国〉』を、「国内類推」の不可能性が解決されたかのように、国境を越えた「法的秩序」が拡がりつつある現状の指摘からはじめているのである。[36]

ネットワークによる制御の三側面

神もおらず、王権もなく、宗教もなければ信仰もない、この現代社会にあって、顔の見通せない個人が他者とともに、自らの生を社会的に安定化させるための装置をシステムとして成立せしめるためには、もはや言語を通してコミュニケーションをはかり、相互の欲望を調整していくことでしか、わたしたちは協働性の担保を確保することはできないだろう。そこに、ルーマンは行政をはじめとする手続きの正統性の基盤を読み込み、ロールズは今日の正義のあり方としての公正（fairness）を確立しようとし、ハートとネグリは〈帝国〉として姿を現しだした巨大な世界秩序の基底部を見出したのである。

また「手続き」と「熟議」の範囲についていえば、こうした言語を通じての言語システムの肯定作業の適用範囲が、司法と立法および行政府から経済組織、企業体にまでおよぶことも三者は共通している。

わたしたちとしては、これまでの考察を踏まえて、次のように整理しておくことができるだろう。ひとつの水準からみれば、このような「手続き」や「熟議」は、他者と自己との共通理解や相互承認を促進するということが企図されており、他者の制御のプロセスでもあり自己の制御のプロセスであると。

---

(33) ルーマン『手続きを通しての正統化』、一四頁。

(34) ルーマン『手続きを通しての正統化』、三頁、ロールズ『正義論』、三八－三九頁。

(35) ロールズ『正義論』、四九六－五〇二頁。ロールズの「正義」論の理論定式化を、国際社会にも適用可能だとするロールズ派の仕事として、チャールズ・ベイツの『国際秩序と正義』（進藤榮一訳、岩波書店、一九八九年）などをあげておくこともできる。

(36) ハート、ネグリ『〈帝国〉』、二一〇頁。

それればかりではない。というのも、ルーマンとロールズに共通し、ハートとネグリが争点化しているもうひとつの論点は、制御の担い手をシステムの内側に確保するということである。いわば、従来であればメタレヴェルから作動せられていた制御が、オブジェクトレヴェルの圏内において、つまりは自らが自らへと向かって作動するという理論的定式化になっているのである。第I部の考察に沿っていえば、己と他者に関係する制御が、政治の場面でも見事に（ルーマンとロールズによって）構想され（ハートとネグリによって）争点化されていたということである。

とはいえ、わたしたちの考察が焦点を合わせたいのは、さらにその先だ。ルーマンとロールズの「手続き」論と「熟議」論――相当程度、現実社会の活動に影響を及ぼしたといえる――そして、それをまさしく現在の状況のなかで立ち現れつつある〈帝国〉の論理に関してハートとネグリが描き出した「コミュニケーション」ないし「ネットワーク」の相貌だけでは、制御なるものの今日の問題機制は組み立てることはできない。わたしたちは先にすすまなくてはならない。

端的にいえば、現代の政治をめぐる「制御」のもっとも興味深い姿は、上でみた三つの論考と重なり合いながら、と同時に、現実の政治あるいは行政の場面においては、これらの言説を一定程度回収してしまっているだろうとさえ推測されうる。もうひとつの政治システム理論が、巨大な言説として流通しているからだ。わたしたちは、その理論と、ルーマン、ロールズ、ハートとネグリの政治システム論との差異の意味こそを考える必要がある。

意思決定のプロセス、あるいは統治のサイバネティックス

これらの諸点を、ルーマンやロールズよりも、さらに直截的な仕方で政治の現場――行政、官僚機構、

経営など――で実施されるよう、思考上の布置を整えた政治理論がある。一九六〇年代後半よりアメリカの政治学界を起点として西側諸国の政治学に絶大なる影響を及ぼし、現在でも及ぼし続けているデヴィッド・イーストンである。（ちなみに、イーストンの日本への本格的な紹介はおそらく一九七〇年代頃からであり、一九八〇年代から一九九〇年代にかけては多くの政治研究が関わらざるをえない素材であったように推察される。現在でもなお、主たる政治学の教科書では必ずといっていいほど解説されている。教科書的にいえば、政治理念の洗練化というそれ以前の政治学に対して、イーストンは政治現象を成立せしめている人間の行動から体系的に接近するという行動論的革命を起こした。さらにそののち、自らそうした行動論的政治学の現状維持的性向を反省し脱行動論的転回もおこなう。が、以下にみるような政治現象の分析法自体は大きく刷新されるわけでない。）

このイーストンの政治理論こそが、直截的あるいは露骨にといっていいほどに、第Ⅰ部でみたウィーナーのサイバネティックスを政治の構造分析に適用したものである。そうした方向での探究の成果ともいえる著作『政治生活の体系分析（A Systems Analysis of Political Life）』（一九六五年）において、イーストンは述べている。「政治生活は、ある種のインプットが、権威的政策、決定ないし実施行為などと呼ばれるアウトプットに変換される複雑な諸過程の集合と考えるのが有益であるというのが私の結論である。[37]」

ここでいわれる「インプット」とは「要求」と「支持」であり、「アウトプット」とは「当局によって

(37) デヴィッド・イーストン『政治生活の体系分析（上下）』片岡寛光監訳、薄井秀二、依田博訳、早稲田大学出版部、一九八〇年、上二五頁。

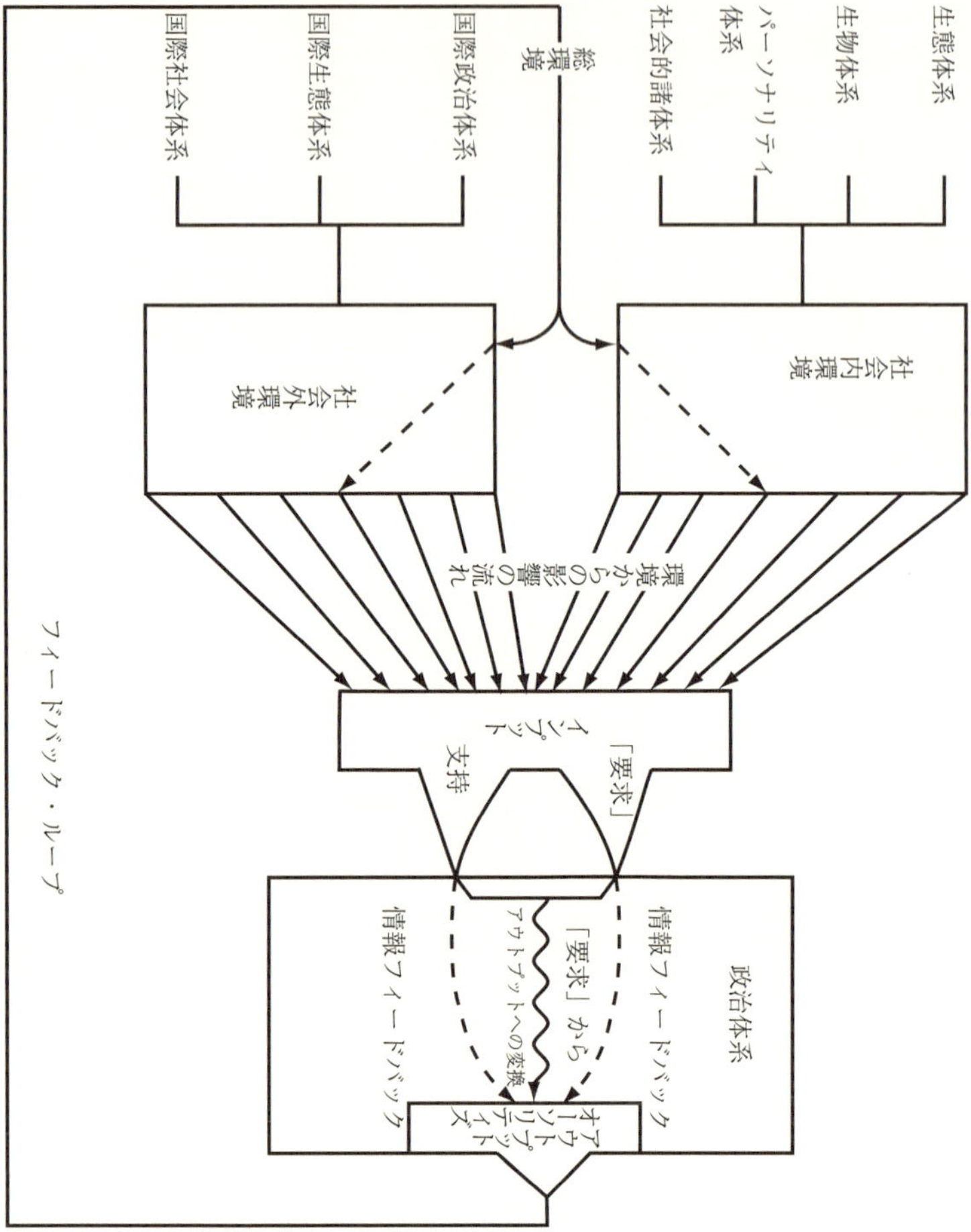

図4 D・イーストンの「政治システムのフロー・モデル」

なされる決定と実施行為」である。アウトプットからのインプットへのループ、すなわち「フィードバック」のプロセスは、「当局によるアウトプットの産出→アウトプットに対する社会成員の応答→その応答に関する情報の当局への伝達→当局による後続の行為」（さらには、このアウトプットに対する社会成員の応答がさらに伝達され、と続いていく）となる。(38)

こうした政治におけるフィードバックのプロセスを指して、イーストンは右のような図表を作成し、「政治システムのフロー・モデル」と題している。そして、この図表について、このような説明をほどこしている。

図表で示されるとおり、政治体系はその環境で形成された「要求」と「支持」をとり込み、それらによってアウトプットと呼ばれるものを産出する。しかし、われわれの関心はこのアウトプットの産出で終わってはならない。つまり、アウトプットは、体系成員が体系に対してもつ支持感情、および体系に対する後続の「要求」の性格にあたえる点に注目すべきである。このようにしてアウトプットはいわば再生した形で体系に還流する。(39)

こうした立論はその細部に目を向けるとき、ルーマンの社会システム論、ロールズの正義論、ハートとネグリの〈帝国〉論との相似がより一層に明瞭になってくるだろう。

(38) 同書、上三七 - 四〇頁。
(39) 同書、上四一 - 四四頁。

何よりも、イーストンの理論において前景化しているのは、システム内におけるコミュニケーション回路である。たとえば、インプットである「要求」について、それは「ある下位体系から他の下位体系に達する通信文ないし情報である」とし、そうしたメッセージないしは情報としての「要求」の「流れの通路」を、イーストンは「回路」といい、そうした「回路全体」を「回路ネットワーク」と名づける。すべての体系がもつこの「要求」のネットワークは「コミュニケーションの構造」であり、「各構成部分はその性格に応じて異なった「要求」伝達能力をもつ」のだというのだ[40]。

また、「体制はどのようにして動員可能な支持の蓄積をはかるのだろうか」と問うイーストンは、「正当性感情」と彼が呼ぶところのものを体制内の回路に位置付ける理論的作業もおこなっている。イデオロギーの問題でさえ、体制の外側の問題というよりも、体制内に回収しうるもの、つまり、システムが受信するアウトプットのひとつの形態としてのストレスとその吸収という定式化のなかで論じられるのである[41]。

さらにいえば、「国際生活は国際社会という形で認識可能」であり、「本書で展開した体系論の枠組みのなかで、十分な妥当性をもってわれわれの考察対象にすることができる」と主張するイーストンの論構成は、ルーマンやロールズの論を理論上呑み込んでいるともいえ——次章でみるように必ずしも十分呑み込みつくせないところは重要な争点なのではあるが——「国内類推」の無効性を揺さぶって出現したハートとネグリの「国際秩序」をめぐる論立てにおよそ三〇年の時を経て響き合うのである。

急いで付け加えておけば、イーストンのこの仕事がまとめられて刊行される前、一九六三年九月にアメリカ政治学会において彼が主宰する政治理論のパネルが催されている。後に著書『現代政治理論の構想(Varieties of Political Theory)』としてまとめられることになるこのパネルで、もっとも重要な——イーストンの言葉では「理論的母岩」として提供された――ペーパーがハーバート・サイモンの「政治研究――決定作成の枠組」である。そこでサイモンは、意思決定のプロセスを、最適な「行為方途（コース・オブ・アクション）」を選ぶための選択肢の系列として定式化し、さらにはコンピュータ言語で翻訳されうる可能性について論じ、それが国際政治（外交問題）の場面でも活用できることを強く示唆してもいる。(42) 政治的構想力は、すでに、整流化の措置を折り畳んでいたのである。

ボルタンスキーとシャペロが施す「資本主義の新たな精神」に関する論立てが失効するのもこの点である。彼らは、新しい資本主義に対して、制度設計によって対処しようとする「カテゴリー化のレジーム」と、より柔軟な運動性の地平を目指す「移動のレジーム」の接合において現在の状況を捉えようとしているが（『資本主義の新たな精神』第二部第五章）、それは「行為」に関与する意味合いでイデオロギーが動力源となっているレジームとして見立てられている。すなわち、それは、精神と身体の範型において、主体の側の位相において把捉されている。がゆえに、そこにある種の解放の可能性の契機も定位される。だが、そうした二つのレジームは、「人工世界」においては、モデル化のモデル化、さらには、アルゴリズムの設置と解除を通して、臨機応変に主体の外側から整流していくのが、「制御」概念の目指すところなのである。

(40) 同書、上一六八－一六九頁。
(41) 同書、下四〇八頁。
(42) デヴィッド・イーストン編『現代政治理論の構想』大嶽秀夫、青木栄一郎、大森弥訳、勁草書房、一九七一年、二一七－四四頁。

制御政治論と制御テクノロジーの間

これまでの議論を次のようにまとめておこう。まず、少なくとも時系列的には、このように整理しておくことができる。

1　イーストンらの政治体系（システム）論が登場する（『政治生活の体系分析』の出版は一九六五年）。

2　ルーマンの社会システム論、ロールズの正義論が出現する（『手続きを通しての正統化』の出版は一九六九年、『正義論』の出版は一九七一年）。

3　ハートとネグリの〈帝国〉論が登場する（『〈帝国〉』の出版は二〇〇〇年）。

むろん、こうした時系列的な整理をおこなった意図は、誰が先取的であって誰がその応用版にすぎないなどといった浅薄な評価をしようとするものではない。そうではなく、政治的な立場も哲学的な立場もおそらくは異なりながらも、こうした決定的な影響力をもった言説が重なり合うなかで、あるタイプの思考様式とそれへの批判が生まれ出たのだということを明確化しておきたかったからである。

さらにいうならば、この時系列的な整理に加えるべきは、戦時中から一九五〇年代にかけて構築されていったフォン・ノイマンの通信理論およびウィーナーのサイバネティックス理論であり、また、一九九〇年なかばから二〇〇〇年代にかけて大規模にそして急速に広まったインターネットを中心とした意思伝達システムの実現態である。

0　シャノンとウィーバーの通信理論が登場する（『通信の数学的理論』の出版は一九四九年）。
1　イーストンらの政治体系（システム）論が登場する（『政治生活の体系分析』の出版は一九六五年）。
2　ルーマンの社会システム論、ロールズの正義論が出現する（『手続きを通しての正統化』の出版は一九六九年、『正義論』の出版は一九七一年）。
3　ハートとネグリの〈帝国〉論が登場する（『〈帝国〉』の出版は二〇〇〇年）。
4　情報社会が日常に登場する（WWWが無料で提供されたのは一九九三年。グーグルが検索エンジンでシェア世界一となるのが二〇〇二年、グーグルマップとグーグルアースを提供しはじめるのが二〇〇四年）。

注意しておかなくてはならないのは、ハートとネグリの『〈帝国〉』であってさえ、ネットワークの重要性をあれほど論じつつも、そのメディアに関する論述は驚くほど素朴なものにとどまっているという事実である。おそらくは、〈帝国〉の構想の過程にあっては、いまだインターネットやそれを通した意思伝達システムの爆発的浸透とその帰結は視界に浮かび上がってきてはいなかったのかもしれない[43]。

(43)　本書を執筆中、『〈帝国〉』の訳者代表である水嶋一憲が、ドゥルーズの「管理社会」を「制御社会」と訳し直すという筆者の方向に賛同を示しつつ、他方で、〈ポスト〉メディア論的な観点から、〈帝国〉論におけるネットワーク論を読み拡げる、きわめて刺激的な論文「そこに一緒に存在すること――ポストメディア時代の政治的情動と一般的感情」（『現代思想』二〇一三年七月号）を発表していることを知った。筆者の関心とも非常に近い論稿でもあり、本書でも組み込む重要性を感じたが、時間的な問題からかなわなかった。これについては、稿を改めて取り組むことにしたい。

しかし、歴史分析的にはその点こそがわたしたちの関心をもっとも強く引く。なぜならば、来たるべき社会の姿かたちをめぐって言説のレヴェルで構想されていたもの、そしてその現実的な現れに関して批判的に検証されはじめていたものが、強固なシステムとして、そして強固な回路として、つまりは強固なメディアとして、わたしたちの生をまさしく制御しはじめることになったのではないかと判断するからである。

とはいえ、わたしたちが制御の政治として考察すべきことがらは、制度を概念の上で言説化していた段階での実際と、制御がメカニカルに具現した段階での実際との差異をめぐるものといえるかもしれない。だが、直接的な原因は、そこではないように思われる。実のところ、冷戦期においては、シミュレーションという概念が、それが出自をもつ軍事研究をはるかに超えて、言説空間や思考様式自体において大きな影響力をもっていたという(44)。わたしたちの観点からするならば、シミュレーションなる概念の方が、制御なる概念よりも、政治戦略上の構想力において優位に立っていたということだ。世界のあり様についての一次的なモデル化、ないし描像=世界像が、像を不断に更新していく制御概念よりも優勢だったのだ。逆にいえば、冷戦の終焉とともに、制御の動態化と整流化は、シミュレーションという概念を超えて、自らを全面化していくのである。

そして、改めて引く次のドゥルーズの言葉は、いま、その点においてこそ読み拓く必要がある。

社会のタイプが違えば、当然ながらそれぞれの社会に、ひとつひとつのタイプの異なる機械を対応させることができます。君主制の社会には単純な力学的機械を、規律型にはエネルギー論的機械を、そして制御社会にはサイバネティックスとコンピュータをそれぞれ対応させることができるのです。

しかし機械だけでは何の説明にもなりません。機械をあくまでも部分として取り込んだ集合的アレンジメントを分析しなければなりません。近い将来、開放環境に不断の制御という新たな制御の形態が生まれることは確実ですが、これに比べるならこのうえない監禁ですら甘美で優雅な遺産に見えるかもしれません。「コミュニケーションの普遍相」を追求する執念には慄然とさせられるばかりです。[45]

次章では、制御の構想と制御の実体が交差し、ときに融合しときにすれ違うさまを、より丁寧に理論的に整理していく。また、そうすることで、近年、制御の時代であるにもかかわらず、しかし制御の時代であるからこそ出来するのかもしれない「暴力」という事象と、それに関わる問題系に関しても考察したい。というのも、制御は、設置と解除、さらに局限と放置まで、その機能のうちに含んでいるからである。斜め上方からの存在論的再措定もまた、その技法として携えていることを付け加えておいてよい。

(44) Paul N. Edwards, *The Closed World: Computers and the Politics of Discourse in Cold War America*, The MIT Press, 1996.

(45) ジル・ドゥルーズ「管理と生成変化」、『記号と事件』宮林寛訳、河出文庫、二〇〇七年、三五二頁。

第3章　二つの統治術といくつかの情動

これまでわたしたちはいわば通時的な視点から、制御なる概念が関わる政治経済《ポリティカル・エコノミー》をめぐる言説の布置と構造を辿り考察をすすめた。本章では、むしろ制御なる概念の振る舞いを、共時的な布置、つまり同時代状況のなかで星座がごとく構成されている言説布置を視野に考察してみたい。

第一節　制御と情動、あるいは局限と放置の暴力

手続という魔法

政治的立場や哲学的立場にこだわらず、直接的間接的を問わず、制御概念となんらかの像を切り結んでいる諸言説をとりあげながら、広く今日の状況（conjuncture）がかたちづくっている星座のなかでの制御なる思考が放つ諸効果、諸帰結を浮かび上がらせる道筋はどこにあるだろうか。

搦め手にも映りかねない変化球のようなアプローチからはじめたい。

制御なる概念の振る舞いについて計測することを旨としているわたしたちの目にとって、ロールズの

『正義論』には、実のところ、「制御」ないし（わたしたちがもともとその原語として位置づけている）「コントロール」という語があまり登場しないという点は少なからず興味を駆り立てるものだ。「制御」の語はまったく見当たらないというわけではないのだが圧倒的にその頻度は少なく、論述における配置もそれほど重要なものとはいえない。

これは、制御なるものは正義論にはまったく関係をもたないということを意味しているのだろうか。本書で執りおこないたい星座的な考察は、そのようには考えない。むしろ、正義論におけるこの希少さが、理論的興味を強く引き込むものとなっている。「制御」の語の不在あるいは希少は、それと際立ったコントラストをなす、別の言葉の配置へと読む者の目を誘っていくからである。

たとえば、ロールズの場合、「統制（regulate/regulation）」という語が重要な機能を付託されてあちらこちらで書きつけられているだろう。「秩序だった社会を統制しうる正義の諸原理の検討に本書の大半を割いている」といった具合に、あるいは正義の諸原理「がそれ以降のあらゆる合意を統制するものとなる」といった具合に、その語は頻出する。[1] 少し踏み込んでいうならば、この語が指し示す正義の諸原理の働きを下支えするのが、異なる意見が交わされ合う「熟議」の個別場面において作動するとされる、「反照的均衡」というロールズの選択的手続論においてよく知られた合意をめぐる概念である。「熟議」にあげられる特定の審議問題に関して、それらを「正義」諸原理と照らし合わせる作業を通して、判断はなんらかの均衡状態に辿り着くだろうという考えがそこにはある。さらに付け加えておけば、これを説明する際に、ロールズは当事者間で働くいまひとつの興味深い説明用語である「相互調整（mutual adjustment）」に訴えている（そして、日常の思考実践における「調整」機能に着目しながら、推論の遂行をラディカルな帰納論の観点から論じたネルソン・グッドマンの哲学を援用しているのだ）。[2]

ルーマンの『手続を通しての正統化』にもよく似た用語の使用が認められる。ルーマンの場合——邦訳に合わせて「制御」ではなく「コントロール」としておこう——「コントロール」という語は、ロールズに比して多少なりとも用いられてはいるものの、それはかなり興味深いかたちで用いられることになっている。「コントロール」という語は、「コントロール可能」あるいは「コントロール不可能」というフレーズで、個別具体的な意思決定の場面における決定可能性の構造的条件の診断に関わって用いられているのである。

具体例をあげておこう。コンフリクトに対して手続なるものはどう働くのかを論じる箇所である。ルーマンの論展開においては、「コンフリクトそれ自体は一般化される傾向を有し、敵対者のいっさいの属性、情勢、関係、手段にまで拡張されていく傾向性を有している」ので、十分に複雑な社会においては「コンフリクトを構造変換させてそれを下されるべき決定をめぐるコンフリクトへと転換させる必要に迫られる」必要がある、という。これは「決定不可能なコンフリクトに決定可能なコンフリクトが取って代わらねばならない」ともいい換えられもしている。つまりは、「社会状況がコントロール可能となる状況が実現される」という、「一種のコンフリクトの制度化」なる社会の構造化の整備が、正統化の機能を内包する手続プロセスを履行するための最優先の前提となっているのである。[3]

この構造化の整備において鍵となっているロジックは、ルーマンのいまひとつの高名な概念、「縮減」

(1) ジョン・ロールズ『正義論(改訂版)』川本隆史、福間聡、神島裕子訳、紀伊國屋書店、二〇一〇年、一三一-一四頁、一六頁。
(2) 同書、二九頁。
(3) ニクラス・ルーマン『手続を通しての正統化』今井弘道訳、風行社、一九九〇年、一〇六-一一〇頁。

をめぐるものである。「縮減」という働きこそが、コントロール可能な状態へといたる手続の円滑な進行を支える理論的根拠となっているのだ。もちろん、「縮減」という語はルーマンのシステム論全体にわたっての最重要タームのひとつであるが、『手続を通しての正統化』においてこのタームはとくに、手続が十全に機能するための理論的担保として前面に押し出されている。

手続システムの構造は、当初より、普遍的で多くの手続に対して妥当する法規範によって予め型どられている。かかる規範は手続そのものではなく、それによる正当化は手続による正統化ではない。しかし、それは無限に多数の可能的な行為態度様式を縮減する結果、一堂に会することの意味と目的についての状況的予備折衝なしに個々の手続をシステムとして進行させたり、そのテーマとその限界とを定義し、当事者に意識せしめたりすることが可能となる。(4)

強引にまとめればこういうことだ。ロールズのいう正義とは、手続内容の中身の正しさを担保する手続形式ともいえ、ルーマンの正統性とは手続自体の正統性を手続形式のなかに織り込む形式ともいえる。これらの手続的意思決定理論は、そうした内部における担保、外部からの担保を、「統制」や「調整」あるいは「コントロール可能／不可能」や「縮減」といった用語を巧みに配しながら、あたかも手続プロセスそれ自体において自生してくるかのごとくに説明されているのである。

ハートとネグリの『〈帝国〉』における「ネットワーク」にも似て、ロールズの場合は「統制」「調整」が、ルーマンの場合は「コントロール可能／不可能」「縮減」が、魔法の言葉のように論述において機能している。わたしたちは、ロールズの鮮やかな論展開、ルーマンの緻密な論構成に目を奪われながらも、これらの語の度重なる登場に、どうしても読みすすめる思考回路がもたついてしまいかねない。というのも、これらの言葉の魔法の杖のような振る舞いには、彼らの論構成における独特な偏向が透けてみえてくるようなところがあるからである。魔法の杖は、意思決定と本質的な関係をもちながらも（精神分析的な意味合いで）否認された何かを回収する働きももちあわせているようにみえるのである。どういうことだろうか。

「妬み」と「失望」

実のところ、ロールズにせよルーマンにせよ、彼らはそれぞれの仕事において、手続へと折り返された「正義」や「正統性」の内包化の理論的定式化に関する限界について、鋭敏に感知していたふしがある。端的にいうと、手続的な意思決定のプロセスがいかに実効的に遂行されようとも、参加者にぬぐい去りがたい情動がまとわりつくことになってしまう可能性を否定できないという点に、二人の学者は気づいていたようだからである。

ロールズの『正義論』の最後、つまり第三部の後半は、ほぼそうした疑念に対する防御線をいかに張るかということに尽くされているといってもいい。選択よりなる意思決定プロセスには、どうしても「妬み」が発生してしまうことを、事実としてロールズは否定できない(5)。また、ルーマンの場合は「失

（4） 同書、三三三頁。

（5） ロールズ『正義論』、六九六頁。ロールズには、その哲学史の理解においてヒュームを重点的にとりあげ、「諸情念の体系を変容させるものとしての熟慮」の可能性まで探っている（ジョン・ロールズ『ロールズ 哲学史講義（上下）』坂部恵監訳、久保田顕二、下野正俊、山根雄一郎訳、みすず書房、二〇〇五年、上七七－八二頁）。

望（Enttrauschungen）」への強い関心において、選択に関わる合理的推論のプロセスに張り付いている同じような心理的傾向に注目している[6]。

ここで、ロールズとルーマン双方にとって前提となっているのは、選択から成る手続を遂行する主体は、合理的な思考をなす者であるという判断である。しかしここでは、いかんともしがたい他者に対する関係が合理的な判断の隙間から漏れ出てしまうことに、そして手続的意思決定の行方において看過できない重要性（それは嫉妬なり禍根を醸成してしまう）を孕んでしまうことに、両者は気づいていたということだ。

これは、英語圏の政治哲学学界におけるロールズ批判、とりわけその正義論にアグレッシブに嚙み付いたいわゆるコミュニタリアンの批判にみてとりやすい。コミュニタリアンは、合理的判断を遂行するという『正義論』の人間観に対して強い疑念を示す。彼らの議論の骨子はこうだ。すなわち、人間の思考と行動には、（必ずしも本人が意識しないものも含め）目的がある。つまりは、善いこととは何かという問いが不可避的に滑り込む思考経路が、つねにすでに関与している。それらの関与は、長い時間をかけて事実の積み上げのなかで、つまりは慣習のなかでこそ指針が与えられるものだろう。そのかぎりにおいて、そうした目的や善が関与するフェーズを捨象して、無垢な合理的判断能力を前提として善と正義の種別上の区別を唱えるロールズは、人間理解に関してあまりにも偏向しているといわざるをえない。正義を目指す論議は、不可避的に個々人の生活に根ざし積み上げられた善をめぐる認識の蓄えを抜きにして考えるわけにはいかない。それが共同性を強調するコミュニタリアンの発想である。

昨今日本の知的ジャーナリズムを賑わしているマイケル・サンデルはこうした発想の急先鋒である。慣習論的な主体性理解に軸を置くエドマンク・バークを彷彿とさせるチャールズ・テイラーによるポストモダン主体批判や、一時期リベラルなオピニオンリーダーとして名を馳せたマイケル・ウォルツァーも同型の批判を共有している。

議論の水準が少し変わるといいえ、一般に、合理的選択理論が一九九〇年代、経済学と連接し新自由主義ともグローバリズムとも呼ばれる動きを加速したといわれることが多いなかで、ロールズの正義論は功利主義的な道徳観を徹頭徹尾批判したが、合理的判断能力を基礎とした人間観自体についてはむしろ共通している部分が大きい。後述するように、そうした人間観がかえって正義の名のもとに、正義とは到底いえない実践を呼び起こすことを許容するものになってさえいるだろう。そうしたこともあって、合理的選択理論が想定する人間観は、一九九〇年代なかばより急速に疑問に付されはじめることになる。

とはいえ、ロールズやルーマンの選択的手続論に対する、主体が非合理な行動をおこなう可能性を考慮していないという観点からの批判を、ここでおこないたいわけではない。それは、なかば後だしジャンケンのような、現時点での知見からの批判にすぎない。そればかりではない。第II部第1章でも少し触れたが、制御の思考は非合理的に行動をおこなう人間という観点を己の作動設計にすでに折り込んでいるからである。考察の舵取りを変える必要がある。少し横道に逸れることを承知でいえば、認知心理学ないし認知科学の展開や、それを組み込んだ行動経済学（もっといえば行動ファイナンス論にいたるまで）が前提としているのは、形式論理のとおりに人間は思考しないという前提である。さらにいえば、コンピュータにも似た情報処理システムと当初捉えられていた人間が、実体として金属ではなく有機物からなる生物体であったという再確認から、人工知能論が一気に後景に退くことになったのは記憶に新

（6）ルーマン『手続を通しての正統化』、第五部。

しいところだろう。いい換えれば、今日においては、物質的な諸条件（つまり諸制限）のなかで思考と行動をおこなわざるをえない人間を科学する脳科学が時代をリードするようになったということだが、制御の思考はそうした諸限界もすでに己のうちに柔軟にとりこみはじめている。ギブソンのアフォーダンス理論がD・A・ノーマンにより、人間の行動特性をあらかじめ組み込んだかたちでのアルゴリズム・デザイン論へと捉え返され、それが各分野で流行している点にも読み取れることだ。

しかし本論がすすんでいきたい道筋は、そうした方向ではない。そうではなく、合理的選択理論が、隠しながら胚胎していた、つまりは、（精神分析的な意味合いで）否認していたものこそがここで注視したいものである。なかば察知されつつも、全体として議論の枠組みにおいては隠蔽されているもの——おそらくは上述の考察でいえばロールズにおける「妬み」やルーマンにおける「失望」と類縁関係にあるだろう——そこにこそ、着目したい。

「効用」ではなく「満足」を称える時代

古典派経済学あるいは新古典派経済学におけるような、「効用」を最大化するということが人間行動を駆動させる動機づけであるという発想が、今日、有効な考え方としてはすでに失効してしまっていることはそれほどの困難なくみてとれるだろう。あらゆる消費者行動から従業員の査定、はては教育機関における各種アンケートにいたるまで「満足」度を問うというやり方がごく一般化しているからである。「効用」ではなく「満足」こそが時代のキーワードとなっているわけだ。とはいえ、この「満足」という語の覇権は、いったいどこからはじまったのだろうか。

本論の観測からいえば、それは、ハーバート・サイモンらの手続的意思決定論のあたりからはじまり、そこを起点として、システム論的な探求の系譜のなかで理論的整備がすすんだとさしあたりいっておくことができる。サイモンの意思決定論を改めてみておこう。

サイモンは、「効用関数」の最大化という従来の考え方を斥けるかたちで、「手続的合理性」を提示した。生産だけでなく資源調達やマーケティング、広報から消費者嗜好にいたる多数の変数を考慮に入れなくてはならない現代社会において、経営上の意思決定は複雑をきわめる。そうした社会においては従来の経済学が旨としていたような、「正しい行為に関わる選択肢を見出すこと（実質的合理性）からしだいに、妥当な行為に関わる選択肢がどこにあるかを計算するその方法の発見（手続的合理性）へと」、意思決定主体の関心事は移動するだろう。というのも、こうした複雑な社会にあっては「企業の論理は、不確実性下の推定の理論とな」らざるをえないからである。サイモンがいうには、だがそれは、今日にあっては技術論的に接近可能なもの、つまり「コンピューテーションの理論」が担いうる。「何千何百という多数の変数が存在する場合、コンピュータが妥当な計算量の範囲内で最適解を見出せるように」なるからである。いわば、ルーマンの論における「縮減」が――もっといえば、ルーマンの意図はともかくとしてひとつの可能態として――アルゴリズム的制度設計において具現化されうることをサイモンは提示しているのである。(7)

多様な変数が複雑に群れをなす推論を遂行するこのような意思決定が軸となる社会にあっては、経済主体の新たな心理学、「選択の心理学」とでもいうべきものが駆動をはじめるとサイモンは続ける（それ

(7) ハーバート・サイモン『システムの科学（第三版）』稲葉元吉、吉原英樹訳、パーソナルメディア、一九九九年、三四－三五頁。

はそうした意思決定が前提とするものともいえるのだが）。そして、いう。

人は、どんなにしたいと思っても、できないことをやろうとはしないであろう。現実の複雑さに直面して、企業は、最善の解が得られない問題に対し、十分に良い解を与える手続に頼るのである。コンピュータを使おうが使うまいが、現実の世界で最適解は不可能である。そのため現実の経済主体は、多いよりも少ないほうが良いからではなく、それ以外に選択の余地がないがゆえに、「十分良好な」代替案を受け容れる、そういう人間すなわち「満足化を追求する人（satisficer）」なのである。(8)

サイモンの考えが、時代をリードしたのか時代の先触れであったのかはわからない。だが、示唆的なのは、新自由主義への一貫した批判者でもあり制度学派の泰斗ともいえるジョン・ガルブレイスが、一九九二年に、満足なる感情が跋扈しはじめた同時代の社会心理に警鐘を鳴らす『満足の文化（The Culture of Contentment）』と名づけられた著書を出版するほどに、「満足」という語ないしそれに類した語は時代のキータームとして闊歩していたということだ――サイモンとガルブレイスが使用している英語の言葉は異なるものの、ここでの考察の関心事からすれば大きな差異ではない。「満足せる多数派を支配する気分とは、まずは自己に対する配慮であり、それが行動の基準となる」というガルブレイスは、この新しい経済心理を次のように特徴づけている。(9) 第一の特徴は、「個々の構成員が所有し享受したいと望んでいるのは、個人としての力や知性や努力の成果である」。したがって、「自分が稼いで得た財産や実力に対する報酬を損なうような措置」、あるいはその可能性に対する許容度は低く、「憤りをもって反応する」。第二の特徴は、「たとえ困った結果を将来もたらすことになろうと、とりあえずは何もしない政策の方が、長期的な保護措置よりも」受け入れることが容易だという、時間に対する心的態度である。第三の特徴は、政府の役割に関わるもので、基本、納税などを「重荷」と捉える見方である[10]。

ガルブレイスは、(少なくとも「先進国」と呼ばれる国々において)二〇世紀末から二一世紀はじめにかけての時代を貫く心理のあり様を摘出したといえるが、念頭にサイモンらのシステム論的思考があったのかどうかはわからない。しかしながら、本論の考察において重要なのは、そうした時代精神の観測結果の実証主義的妥当性ではない。そうではなく、往時の言説空間の星座的配置のなかで、こうした具合に跋扈する「満足」という語は、先にみた「妬み」や「失望」とセットにして考えられるのではないかということだ。制御なる概念が促す思考実践が表面上得意とするかにみえる合理的選択理論あるいは新種の合理的思考に、「満足」「妬み」「失望」といった語が指し示す心理的様態への注視が見え隠れしているのである。なかば、否認したものが現前しつづけているかのように。少なからず暴力的な括りであることをおそれずにいえば、「満足」「妬み」「失望」といった語はひとまずまとめて「情動」といっておくことができるが、合理的選択理論は、情動の亡霊から離れられないのである。いったい両者(合理的思考と情動)の関係は、どのようなものなのだろうか。それが問われなければならない。

そのためには、角度を変えて、合理的思考と情動双方が関わる、特異な事象にしっかりとまなざしを送っておく必要がある。

(8) 同書、三五頁。
(9) J・K・ガルブレイス『満足の文化』中村達也訳、新潮文庫、一九九八年、三〇頁。
(10) 同書、三一－三五頁。

グローバリゼーションと暴力

制御の思考が少なくとも先進国と呼ばれる国々を中心にその浸透度合いを増していった一九九〇年代以降、サイモンがどこまで楽観的あるいは確信犯的であったのかと邪推してみたくなるほどに、あるいはまた、ガルブレイスの警告は穏当すぎて的外れであったのではないかと難詰してみたいほどに、凄惨な光景があたりを埋め尽くしている。わたしたちの目の前にあるのは、合理的な意思決定への仮託などとまったくもって対立する夥しい数の激烈な暴力の光景だからである。目を覆いたくなる暴力が、新聞や雑誌の紙面、テレビやインターネットに溢れていることをおそらくは誰も否定しはしないだろう。純朴なメディア・リテラシーの分析など吹き飛んでしまうくらいに、暴力はメディアを通して現前しているのだ。さらにいえば、メディアに媒介される前の、剝き出しの暴力はいったいいかなる事態となっているのか。

こうした光景と事態を前に、消費社会と結びつくかに見えたポストモダニズムに対していかなる批判的思考が可能かといった問いに携わっていた現代思想の批評家たちが、近年こぞって暴力に関する論考を発表している。それらの論考が共通して、暴力をめぐる新しい論立てを試みようとしているのだ。それらの論立ては、「新自由主義」や「グローバリゼーション」といった語はもちろんのこと「正義」「システム」といった語も誘い込んでいる。いくつかの代表的な論考を手に取ることからはじめよう。(11)

前章でも触れたアパデュライは、現在ではその立場を一八〇度転換している。メディア・テクノロジーの発展と拡大が人類史的な可能性を孕んでいるといささか楽観的な考え方を披瀝していた彼が、世紀が変わるとともに、自らの楽観に反省の意を表するとともに、暴力に焦点をあてた論考を次々と発表しそれらをまとめた著作まで刊行するにいたっている。

アパデュライはいう。「いま振り返ってみると、「高度グローバル化（high globalization）の時期」と呼べるような一九九〇年代に、なぜ多くの社会やさまざまな政治体制下で激しい暴力がおこったのか」を問わざるをえないのだと。「冷戦終結後に数多くの国々・政府・公共圏を魅了した、ひとまとまりのユートピア的な期待やプロジェクト」、これらの期待やプロジェクトに端を発した「市場の開放と貿易の自由化についての理論、民主制と自由主義憲法の広まりについての理論、インターネット（とそれに関連したサイバー・テクノロジー）のもつ大いなる可能性についての理論」が、「もっとも貧しい社会や孤立した社会においてさえも、自由化が進んで透明性が増して良い統治が広まる、と信じられていた」のに、である。(12)

アパデュライは、こうした新しい暴力の問題の原因を、文化をめぐる力学の変化に読みとろうとする。もう少しいえば、暴力は、文化の力学を内包せざるをえなかった国民国家なるものの輪郭が、グローバリゼーションがすすむなか根本的な変容を被りつつあることに起因しているというのである。国民国家が、多彩な人々を統合していく過程のなかで、不可避的に「マジョリティ」と「マイノリティー」の区

(11) 以下でとりあげるアパデュライとジジェクのほかに、たとえば、スーザン・バック＝モースの『テロルを考える』（村山敏勝訳、みすず書房、二〇〇五年）やジュディス・バトラーの『生のあやうさ――哀悼と暴力の政治学』（本橋哲也訳、以文社、二〇〇七年）、『自分自身を説明すること――倫理的暴力の批判』（佐藤嘉幸、清水知子訳、月曜社、二〇〇八年）などがある。
(12) アルジュン・アパデュライ『グローバリゼーションと暴力――マイノリティの恐怖』藤倉達郎訳、二〇一〇年、世界思想社、三―四頁。

別をさまざまな法的、制度的実践を通して構築していった点は、一九七〇～一九九〇年代にカルチュラル・スタディーズやエリック・ホブズボームらの歴史研究があきらかにしてきたとおりだが、アパデュライはそうした水準での議論を展開しているわけではない。グローバリゼーションは、マイノリティーをめぐる法的／制度的実践を通した区別のあり様を解放する、というよりも激化、もしくは破壊的に解体させているというのだ。

国民国家の「強制と失敗の痕跡」として、「国民の純粋性と国家の公正さについてのあらゆるイメージを損なう」ものとして、マイノリティーは「スケープゴート」にされてきたとアパデュライはいい、「しかし、このようなスケープゴートの、グローバリゼーションの時代に特有の位置とは何だろうか」と問いを仕切り直そうとするのである。

異邦人・病者・宗教的異端者などのマイナーな社会集団はいつでも偏見と排除の標的になってきたではないか。これに関して、わたしは、単純なひとつの仮説を提案したい。グローバリゼーションの論理はその必然的な結果として、国の経済的主権を体系的に切り崩していく。これによって、国家が、領土によって定義され、限定された「国民」の利益の受託者としてふるまうことがますます難しくなってきている。経済の流れが荒々しく変動し、主権が脆弱化するこの世界のなかで、ほんの二、三の超大国が権勢をふるい、多くの国家自体が、現実であれ想像上であれ、力を失い弱者として周縁に追いやられている。マイノリティーとは、そのような国家の不安を転化させる格好の対象となっているのである。一言でいえば、マイノリティーたちは、古典的な国民国家プロジェクトが裏切られたというこの暗喩であり、形見である。この裏切りはそもそも、国民国家が、国の主権を保障するという誓いを守れなかったことに由来する。その裏切りが、マイノリティーたちを追い出しまたは抹消しようという、世界的にみられる衝動を支えているのだ。国内の民族殺戮に国軍が関与している場合が多いという事実も、ここから説明できる。(13)

主権をおびやかされた国家が、その不安をマイノリティーへと「転化」しているという捉え方は、今日の紛争や内戦に関わる多くの報道を目にするとき、一定程度は頷くことができる論法ではある。しかし、この「転化」という言い回しは、説明として十分にクリアーな像を結ぶわけではない。「古典的な国民国家プロジェクトが裏切られたということの暗喩」という修辞的な言い回しにもそれはあらわれている。グローバリゼーションのなかの暴力はさらに被写界深度の深い分析が必要である。もっといえば、「インターネット（とそれに関連したサイバー・テクノロジー）のもつ大いなる可能性についての理論」から、暴力が現出しはじめたとさえいえるのかもしれないのだ。

政治経済システムが引き起こす暴力

ラカン派の精神分析的ツールを武器に、同時代状況に活発に批評的介入をおこなうポストモダン論者スラヴォイ・ジジェクも近年暴力論を著しているが、ここではそれが役に立つかもしれない。ジジェクは、まず「主観的暴力」と「客観的暴力」を区別する。「じかに目に飛び込んでくる」、つまりは「誰によってなされたかが明確にわかる」、そうした暴力を「主観的暴力」と呼び、これに対置して

(13) 同書、六二一－六二三頁。

ふたつの「客観的暴力」を定義する。言語においてなされる暴力（わかりやすものとしては象徴権力）と、「円滑に作動する経済的、政治的システムが引き起こす」暴力である。

わたしたちがいま注意を向けるべきは、みてとりやすい主観的暴力の発露ではなく、あるいはそれのみであってはならず、むしろ客観的暴力の働き具合であるとジジェクはいう。なぜなら、「主観的暴力が経験されるのは、無‐暴力というゼロ・レベルを背景にしたときであ」り、「それは、平穏な「正常が」状態の乱れとして、了解される」、しかし、「客観的暴力とは、まさにこの「正常」状態に内在する暴力のことである」からである。「客観的暴力は、われわれがなにかを主観的暴力としてとらえる際によってたつ、無‐暴力というゼロ・レベルを支えるものであるため、目に見えない」のだが、それこそわたしたちが考察しなければならないものだというのである。(14)

こうした二種の暴力の区別をもってジジェクは、9・11から二〇〇五年秋のパリ郊外での暴動、アメリカ・イラク戦争からホロコーストそしてイスラエル・パレスチナ紛争にいたるまで次々と、それらにおいて出来した暴力をめぐって、暴力に関わる主体／客体の入り組んだ関係を巧みな手さばきで分析していく。ここでとりわけ注意を引きたいのは、グローバリゼーションのなかで強く主導されてきたリベラリズム――本論の観点からするならば、選択のリベラリズム――がどうしても内包してしまう暴力の契機について、繰り返しジジェクが言及している点である。

ジジェクがいうには、「リベラルな世界観全体」には「基本的な対立図式」があり、それは「文化に支配されたひとたち、自分の生れ落ちた生活世界に完全に規定されたひとたち」と「文化をたんに「エンジョイ」しているひとたち、文化の上に立って文化を自由に選択するひとたち」との対立である。これを踏まえ、これらの二項のあいだで繰り広げられる「野蛮」についていて鮮やかといっていい説明を与える。(15)

例として「ヴェールをかぶるムスリム女性に対する、リベラリストの標準的な態度」についてジジェクは語る。リベラリストの観点からは、「女性がヴェールを身につけることがゆるされるのは、それが夫や家族から強いられた選択ではなく、女性自身の自由の選択の場合である」。「しかし」とジジェクはいう。当該の女性が自分の自由選択をおこなうとき、「たとえば、自分の精神を表現するためにヴェールをつけた瞬間、ヴェールをつける意味はまったく変わる」のではないか。なぜなら、「それはもはやムスリム・コミュニティへの所属のしるしではなく、自分の特異な個性の表現となる」からである。「自由選択を基礎にした、われわれの世俗的な社会において、宗教に実質的に帰属しつづける人々がおとしめられる理由は、ここにある」。リベラルな社会においては信仰をもちつづけるのをゆるされるのは、その信仰が「あくまで個人独自の選択あるいは意見として」存在するときだけなのだ。もし彼らが「信仰とは実質的な帰属の問題であると表明」する場合には、「その瞬間、彼らは「原理主義者」だと非難されることになるのである。

ジジェクはこう断言する。「西洋の「寛容な」多文化主義でいうところの「自由選択の主体」が現れるには、特定の生活世界から引き剝がされるという、つまり、自分のルーツから切り離されるという、きわめて暴力的な過程をへなければならないのである。」[16] こうした「特定の生活世界から引き剝がされる」あるいは「自分のルーツから切り離される」暴力に関して、ジジェクは、グローバリゼーションの進行

(14) スラヴォイ・ジジェク『暴力――6つの斜めからの省察』中山徹訳、青土社、二〇一〇年、一〇‐一一頁。
(15) 同書、一七五頁。
(16) 同書、一八〇‐一八一頁。

に関わる「普遍性の形式の出現」という局面に一般化した理論的な定式を与えている。少し長いが引用しておこう。

わたしがなんであるかということ、すなわち、わたしの具体的な文化的あるいは社会的な素性は、偶発的なものとして経験される。というのも、わたしを最終的に規定するのは、抽象的で普遍的な思考能力および／あるいは労働能力だからである。（中略）近代的な職業概念には、わたしという個人はその社会的役割にふさわしく「生まれた」わけではない、という自己経験が含意されている。わたしがなにになるかは、偶発的な社会的状況とわたしの自由選択のあいだの相互作用によって決まる。現代の個人が職業をもつのは、この意味においてである。彼は電気技師になる場合もあるし、大学教授になる場合もあるし、ウェイターになる場合もある。だが、中世の農奴は職業的に小作農であったと主張するのは、無意味である。ここで決定的に重要なポイントは、やはり、商品交換とグローバルな市場経済という特定の社会的状況においては「抽象化」が現実的な社会生活の特徴となる、ということである。抽象化は、具体的な個人がどうふるまうかに、そして、自分の運命および自分の置かれた社会的環境とどうかかわるかということに、つよく影響するのだ。個人が自分の存在の核と特定の社会的状況とを、もはや完全には同一視しなくなってはじめて、普遍性は「対自」の状態になる――マルクスはこのヘーゲルの明察を受け継いでいる。これに付随しておこるのは、自分は自分の置かれた状況から永遠に「脱臼した」状態にあるという、この個人の自己経験である。効力をもって具体的に存在する普遍性は、グローバルな組織のなかに固有の場所をもたないそうした個人を生み出すのだ。所定の社会構造において、普遍性は、その構造の内部に固有の場所をもたないそうした個人を通じてのみ、「対自」の状態にいたる。このように、抽象的な普遍性が現れるときの様態、いい換えれば、その普遍性がアクチュアルな存在になることは、暴力を生み出す。そうした普遍性の現れ・存在は、それに先立つ有機的なバランスを暴力的に破壊するのである。(17)

システムへの参入は、ルーツの切り離しという暴力をともなうということだ。むろん、このような引き剝がしを疎外論的なトーンでのみ捉えることは控えなければならない。というのも、暴力を駆り立てる情動のエネルギーは、先にみたように、選択的合理性とペアーなのかもしれないからである。下手をすると、合理的な思考のなかで当の暴力は選択されているというのがわたしたちの目の前の光景かもしれないのである。なんとなれば、制御は、設置と解除を己の技法として操りうるし、もっといえば、局限的な適用や放置まで、操作的に扱いうるダイアグラムをもつのである。制御の思考が操作する〈局限〉と〈放置〉は、効率性を追求するという美名のもと、他方では、暴力を出来させかねないのである。

「フロー」のなかの「例外状態」

わたしたちの考察に引き戻して、ジジェクの論を定式化し直そう。

むろん、ジジェクのいう「自分のルーツから切り離される」という暴力は、この場合、隠喩的な意味合いから文字通りの意味合いまですべてを含みうるものだ。つまり、国民国家という規模の水準でだけ起きていることではない。たとえば、前章でとりあげたデヴィッド・ハーヴェイをはじめとするポスト

(17) 同書、一八四‐一八五頁。

モダン地理学者があきらかにしてきたように、資本による空間の開発は、そのフレキシビリティを加速させている。今日機能しているものが、かつてであれば資本がその運動において基礎的な所与とみなしていた「土地」から、資本の不断の関与においてこそ成立が可能となる「空間」へと変化したという点こそが、ポストモダニティの本質であったのだというのだ。

資本家たちが、世界の地理を構成している空間的に差異化された質にしだいに敏感になっているのだとすれば、その空間を支配している人たちや権力が、きわめて可動的な資本をいっそう引きつけることができるようにその空間の開発の性質を変えることもできるのである。たとえば、地域での支配的エリートたちは、彼らの特定の空間の開発を誘致するために、労働を統制し、技術を高め、インフラストラクチャーを整備し、税制や国の規制の面での戦略を用いたりすることになるだろう[18]。

知的言説のみならず、現象面でも、ジェントリフィケーションはその最たるものであり、一九九〇年代ニューヨークのマンハッタンでこの名のもとでおこなわれた再開発のゲームには、文字通り警察システム側からの暴力が行使されている。あるいは、ジャック・ドンズロが指摘するように、二〇〇五年に生起したフランスの暴動もまた、土地再開発の都市計画のなかでの移民労働者の苦境から生じたものである[19]。

しかし、ハーヴェイらがそうした論を精力的に展開した一九八〇年代よりも、事態はいっそう進行しているのかもしれない。情報とコミュニケーションの爆発的な展開によって「空間的障壁」が一気に減少をはじめたこの時代にあっては、フレキシブルな資本主義とでもいうべき金融主義の台頭と密に連動するような、絶えざる再開発こそが、いかなる意味においても場所に根付くという想像力を失効させてしまうからである。そうした不断の開発可能性の跋扈のなかでは、プラン上の開発設計を語る投機的「戦略」が蠢き、いま現在の生活世界の見通しさえあらかじめ遮断しているだろう。ゲーティッド・コミュニティや新しいスラム化がさまざまな偏差を含みながらも地域社会を急速に崩壊させているが、それらがこうした状況から生じてきているのはもはや誰の目にも明らかである（その意味で地方が「ファスト風土」化し画一化してきているという指摘は、むしろ楽観的な物言いである）。暴力という現象は、いま、テロや侵略、内戦や紛争という次元から、都市開発から生じる空間の再編制にいたるまで、噴出することになっているのだ。

ともあれ、こうした不断の再布置化を、わたしたちの考察のなかで捉え返さねばならない。ここではまず、こうした不断の再布置化という事態を、デジタル技術以降の社会論のなかで定位する試みをおこなう必要がある。もちろん、不断の再布置化は、デジタル技術の一般的な普及以前よりはじまっており、両者を直結して捉えることは強引すぎる論法だ。とはいえ、先に触れたように、サイバネティックスをはじめとした思考方法は、国家的規模の施策においては軍事分野を越え出て、すでに大規模なプロジェクトを取り込みつつあった。ともあれ、ここで具体的な参照点となりうるのは、ハーヴェイらの議論を

(18) デヴィッド・ハーヴェイ『ポストモダニティの条件』吉原直樹監訳、青木書店、一九九九年、三八〇頁。

(19) ジャック・ドンズロ『都市が壊れるとき——郊外の危機に対応できるのはどのような政治か』宇城輝人訳、人文書院、二〇一二年。だが、この仕事におけるドンズロは、グローバルな資本の動きについて言及しているものの、むしろ、フランスにおける国家の都市計画をめぐる諸施策の変遷に焦点が定められており、そのかぎりでは本論とはやや視座を異にする。

踏まえ、今日の社会像を理論的に炙り出そうとするマニュエル・カステルの議論である。
カステルは、一九七〇年代より資本主義は新たな段階へと再編制されたという——これは前章でのわたしたちの考察と軌を一にするものだ。国境を越える金融資本の運動、情報技術の発展、そして新たな経営形態の出現と拡大により、資本主義は「情報的生産様式」の段階に入った。そこでは新たな組織調整の原理が求められ、主たる社会的行為の形態は「ネットワーク」になるという。わたしたちの考察に引き戻していうならば、不断の再開発の運動においては、今の開発を維持するために、あるいは次の開発における主体になるために、コミュニケーションを通したネットワーク化とネットワーク化を通じたコミュニケーションこそが主たる組織化原理となるということである[20]。そして、「情報的生産様式」の段階にある社会における社会実践を、カステルは、「フローの空間」という言葉で特徴づけるのである。

ここまでの章でわたしが議論してきたことは、わたしたちの社会は数々のフローを旋回しつつ構成されているということだった。資本のフロー、情報のフロー、技術のフロー、組織的相互作用のフロー、イメージ、音、シンボルのフロー、である。フローは、社会組織のひとつの要素であるというのにとどまらない。フローは、わたしたちの経済的、政治的、象徴的な生活において優勢を占める諸プロセスを表現しているものである。事態がこういうものであるといえるなら、わたしたちの社会におけるそれら優勢なプロセスに関わる物質的な支持体は、こうしたフローを支え、そしてそれらの分節化(articulation)を同時性において(in simultaneous time)物質的に可能とするような、諸要素から成る集合体であろう。これゆえ、ネットワーク社会において優勢であるとともにそれをかたちづくってもいる社会実践を特徴づける、新しい空間形式が存在するという考え方を提示する。フローの空間は、フローのなかで働く時間共有（time-sharing）的な社会実践に関する物質的な組織化のことである、という考え方である。[21]

ネットワーク化がエンジンとなる社会では、弾力的に履行される「フローの空間」がコミュニケーションを支え、また主たる社会実践の様態となっていくということだ。「同時性において」あるいは「時間共有」という言い方が意味しているのは、電子的情報技術を指してのことであるが、その瞬発性、迅速性には、フローのなかのコミュニケーションのもっとおぞましい潜勢力が隠されているようにも思われる。

わたしたちの観点からするならば、「フローの空間」には、常に暴力の契機が孕まれているのではないかということになる。あるいは、このようにいっておくこともできるだろう。「フロー」とは、例外状態が常態化するパラドックスを孕ませる、流動性の高いコミュニケーションの様態が全面化した社会を特徴づけた謂いにほかならないのではないかと。フローを実現する制御の概念は、動態化のみならず整流化という特性ももち、絶え間なく自己の作動図式を更新しつづける。そうした両価的ベクトルにおいてこそ、フローは捉えられなければならない。

すでに触れたように、ロールズのいう正義とは、手続内容の中身の正しさを担保する手続形式ともい

（20） Manuel Castels, *The Information Age; Economy, Society, and Culture, Volume 1, The Rise of the Network Society*, second edition, Blackwell, 2000, p442.
（21） ibid, p152.

え、ルーマンの正統性とは手続自体の正統性を手続形式のなかに織り込む形式ともいえる。

しかし、手続的意思決定のプロセスが不断の再設計のなかに投げ込まれた場合、複数の設計主体がこのような内部における担保や外部からの担保を声高に奉じつつ、競い合うことはさけられない。いわば、フローの流動性のなかで、己のシステムの真理を主張する者たちがありとあらゆる手練手管をおこなうことを、手続的意思決定は許してしまいかねないのではないか。電子技術によって実現される「同時性」や「時間共有」が弾力的におこなわれるコミュニケーションにおいてはなおさらである。ネットワークにおける手続的意思決定は、いつでもすぐに、別のネットワークにおける手続的意思決定において交替可能となる。それが、「フローの空間」ではないだろうか。

第二節　存在論的に行使される暴力

「神話的暴力」と「神的暴力」のもつれ

だが、「フロー」の世界が到来させてしまったものは、そうした認知処理のレヴェルでの困難な諸課題だけではない。そこでは、これまでにみたように身体がまさしく物理的に穿たれる暴力が絡み合っている。

ふたたび、ジジェクの暴力論に戻っておくべきかもしれない。というのも、ジジェクは、客観的暴力をさらに精緻な手つきで整理することを通して、現在わたしたちが触知する殺戮のなかから、二種類のタイプの暴力を理論的に剔出している。二つの暴力はときに相即しときに対立する。そうすることで、なんとか、現代という時代にあらわれた夥しい数の暴力を理解する方途を探ろうとしている。その際の分析ツールがここでの補助線となりうるからである。

主としてヴァルター・ベンヤミンの『暴力批判論』（と『歴史哲学テーゼ』）を参照しながら、客観的な暴力についてジジェクが整理するのは、国家ないし法を措定する暴力――ベンヤミンにならっていえば「神話的暴力」――と、悪しき国家ないし法に対して振り下ろされる、超越的な根拠付けのなかで作動する（と意識される）暴力――同じくベンヤミンにならっていえば「神的暴力」――の区別である。

ジジェクにならうならば、システムによる「自分のルーツから切り離される」暴力は、この「神話的暴力」と「神的暴力」の錯綜したもつれが繰り広げられる危険を宿している。システムは言語を弄して神話的暴力を行使し、ルーツから切り離された者は「神的暴力」の名の下にそうしたシステムに暴力を返すだろう。運よく、権力を奪還したとしても、今度は自らが「神話的暴力」を弄し、敗者を選別し排除するだろう。そして、それはまた「神的暴力」への動機付けを生み出すこととなる――ジジェクは、この錯綜したもつれに対して、「神的暴力」から物理的暴力を抜く方向を探り出そうとしている。

わたしたちの観点からするならば、フローの世界が常態としてもつ不断の再布置化の運動は、質と量において多彩な暴力の絡み合いを生み出す契機ももつ。近年、さまざまな場で、ジョルジョ・アガンベンによる「例外状態」が喧しく引かれることにはなっているのは、こうした法の外と内との絶えざる運動を、あるいは絶えざる運動の空隙にみえるような場所を、生み出してしまっていることにあるからではないか。法（あるいは法的な規定）が排除しつつ包摂する「秩序の閾」は今日、ありとあらゆるところに登場しうるのである。

昨今、あちこちで叫ばれている公共圏の危機も、こうした「フロー」と「例外状態」の問題機制から把捉することができるだろう。公共圏の衰退あるいは消滅に、ノスタルジックに反応することの有効性のなさはあきらかだ。それと対概念である親密圏もまた衰退し消滅の危機に瀕しているからである。わたしたちは、それぞれが生きる、構造的に安定した生活世界を失いつつあるのだ。

生活世界は、制御なる概念が可能にした「フロー」の世界を更新しつづけるが、それは、現実的な存在者としての人間を存在論的に再措定しつづけるという事態にまで及び、ときとしてそれは物理的な力を巻き込む。心的活動の面においても、こうした再措定は、現実存在としての人間の許容力を超える自己更新を強いることにもなるだろう。暴力は、この時点で、存在論的な強度をもって生み出されるものとなるのである。

正義と犠牲のあいだ

さらに掘り下げてみてみよう。

システムが不断に再設定される「フロー」の世界は、現実として「神話的暴力」と「神的暴力」の錯綜したもつれを引きおこす。人々は「自分のルーツから切り離される」暴力に、つねに晒され続けることになるだろう。しかし、この暴力とはいったいどのようなものなのか。

ここで、補助線になるのは、フランス的、あるいは大陸哲学的なフレームから、ロールズらの社会正義の理論についての論考をものしたジャン＝ピエール・デュピュイの着想である。ロールズの正義論やリベラリズムを議論の俎上にのせる際に、デュピュイが引いてくるのは、分析哲学系の政治学のなかで討議されるようなサンデルやウォルツァーのコミュニタリアニズムやノージックらのリバタリズムではない。ルネ・ジラールの犠牲をめぐる理論である。

他者の欲望の模倣のなか羨望に突き動かされる不特定多数の人々からなる共同体は、そうした欲望の混沌を押さえ込むため、供犠の名のもとに聖なる暴力を執りおこなうとジラールはいう。デュピュイはこれを受け、近代社会においては、こうした犠牲（そして羨望）の論理は抑圧されつつもどこかしかで回帰するものだという前提に立っている。それはたとえば、二人の子どもが二人とも殺されることを選ぶか、どちらかを助けることを選ぶかという選択肢のみを与えられた母親の解決不可能なジレンマに関する「ソフィーの選択」に端的にあらわれているだろう。デュピュイによれば、犠牲の論理を受け入れることができる場合にのみに、なんらかの解決が示されうる。

こうしてみてみるとあきらかなように功利主義（最大多数の最大幸福）は、犠牲の論理とひそかに手と手をとりあっているわけだが、デュピュイによれば、それはむしろ、全員一致の原理においてこそ（その表面的な倫理性にもかかわらず）作動するものだと解すべきものである。犠牲は、全員一致という集団的意識の統合のなかでこそ、その意味と価値を獲得しうるとさえいっていいかもしれない。ロールズが打ち立てる正義論においても（その見かけの功利主義に対する反駁の論立てにもかかわらず）、この点で変わるところがない。「ジョン・ロールズの正義の諸原理は、犠牲に関わる状況に適用された場合、犠牲の論理を正当化する」可能性を孕んでいるのである。[22] 確かに、ロールズの正義論は、その高名な格差原理の構成要件のひとつ「不平等はもっとも不遇な立場にある人の利益を最大にする場合に限る」という文言において犠牲の論理を形式上排除している。だが、にもかかわらず、格差原理は、それが具体的な場面で実践されるときには、全員一致という手続プロセスを許してしまうであろう。そのかぎりにおいて、

(22) ジジェクもまた先の著書で、急ぎ足ではあるが、この点でデュピュイのロールズ批判に言及している。前掲『暴力』、一一三頁。

（明示的暗示的を問わず本人の承諾という手続が踏まれるときには）犠牲の論理を誘い込んでしまう理論的陥穽がそこにあるとデュピュイは分析するのである。[23]

しかも、ロールズが構成員に与える合理的思考を可能にする基礎的所与（基本財）をなす諸自由に関してまで、全員一致の裁可は及ぼされうるかもしれないのである。公正な手続のなかの犠牲行為をめぐる意思決定である。例をあげれば、アパデュライのいうような、マイノリティーを位置づける法的制度をマジョリティが設計し直す場面が現実において、ごくまっとうともいえる手続きにおいてあるかもしれない。ごく合法的に正当性あるいは正統化を踏まえると、手続において意思決定された排除の制度や施策を許してしまいかねないのだ。そうした排除が強制手段をもって、つまり、暴力をもって執行されないとはかぎらない。

デュピュイの論運びはいささか強引であるかもしれない。だが、その示唆するところは、少なくとも、先に触れたような、テロや侵略、また紛争や内戦における暴力、あるいは都市開発競争のなかで繰り広げられる強制執行や反動としての破壊活動に対して、手続的公正が無策なままであることを思えば、今目の前にある現象のレヴェルにおいてはきわめて示唆的であるといわざるをえない。しかし、だからこそ、あえて留保を引いておきたい。デュピュイの人類学的な着想は、きわめて示唆的である一方で、ジラールの理論立てをあまりにも実体的に捉えすぎているきらいがある。もう少しいえば、犠牲をめぐる抑圧と回帰を、近代社会において固定的に適用しすぎている向きがあるのだ。下手をすると、犠牲の正当化を自ら引き寄せてしまいかねないというあやうさだけではない。むしろ、犠牲の論理が成立しうる共同体の集団的意識の統合は、（少なくとも制度において神という超越的審級を配していない）近代においては不可能であるからだ。

別言するならば、デュピュイがロールズの正義論の批判的考察において指し示すことになっているのは、犠牲という聖なる暴力になりえないにもかかわらず、犠牲と似たかたちで共同体成員への暴力を呼び込まねばならない論理が、ロールズの正義論のなかにはあやういかたちで潜在している、ということではないか。羨望についても、それが激しく抑圧されて後に噴き出すとき、それはいつ激烈な暴力へと転化するかは合理的選択理論では定めようがない。つまりは、合理的選択理論が無視しているわけではなかったものの決定的に軽視してしまっていた近代社会における情動の領分は、手続的意思決定の拡大化と柔軟化のなかで、暴力の醸成へと回帰したといえるかもしれない。

ロールズらの手続論に合理的選択理論の系譜の内側から強い疑義を呈しているアマルティア・センも、そうした情動への軽視が孕む危うさについて懸念をもっている。センが、現実のコンテクストにおける人間の行動に理論的に先行する合理性の概念に疑義を投げかけ、「共感」や「コミットメント」の概念を打ち出すのも、具体的な状況のなかで人間が発揮しうるかもしれない「ケイパビリティ」の概念を打ち出すのも、こうした懸念からであるともいえる(24)。

とはいえ、センは、いわゆるコミュニタリアニズムの立場に近いわけでもない。コミュニタリアニズムは、人間の行動が共同体においてこそ醸成されるという点を重視するがために、特定のアイデンティティに人が固定的にとらわれてすぎてしまい、ひいては相容れない他者に対しては暴力の行使にまでいたりかねないという可能性に鈍感だからである(25)(ウォルツァーが「正義の戦争」なる理論を打ち出し、さら

(23) ジャン＝ピエール・デュピュイ『犠牲と羨望――自由主義社会における正義の問題』米山親能、泉谷安規訳、法政大学出版局、二〇〇三年、一八七－一九一頁。

には近年のいくつかのアメリカ合衆国の戦争を正当化しようとしたことは記憶に新しい)。「共感」や「コミットメント」あるいは「ケイパビリティ」などの概念は、顕在的にも潜在的にも複数だといえるアイデンティティの弾力性、さらには、そうした多様なアイデンティティの揺れのなかでの合理的選択の可能性を救いとろうとする努力であるといえるだろう。急いで付け加えておけば、さらに興味深いのは、センは、サイモンのいう「限定合理性」は、合理的選択理論のような統一理論が現実的に対応できないような「一時的な不完全性」に対する対応策となりえても、それが根源的に抱え込む不完全性に向き合うものではないとしている[26]。

極端な言い方をすれば、手続的正義の内側で、正義の名のもとに、しかし正義の論理では予想されていない暴力への加担が発生する可能性が示されているのではないか。いわば、手続的意思決定プロセスが結果として生み出してしまう情動の抑圧が回帰するとき、情動そのものが手続的意思決定プロセスのベクトルを錯乱させてしまうことになりかねないのである。

自己と他者の制御が孕む無意識

この点は、先に触れたアガンベンのいう「例外状態」がなぜ、制御の時代における合理的選択論が志向する現実態にあって常態化するのかということを一定程度説明するものとなっている。よく知られているように、アガンベンは、カール・シュミットに「主権者とは、例外状態に関して決定する者のことである」という主権の定義を引きつつ、次のようにいう。

そこで(シュミットの主権の定義において——引用者)本当に問われていたものは、国家や法権利に関する教義の限界概念、つまりその教義が生の圏域と接し、これと区別されなくなる場としての概念（というのも、あらゆる限界概念はつねに二つの概念のあいだの限界だからだ）にほかならない。国家という地平が共同性に関わるあらゆる生のうちで最も広大な円をなし、これを支えていた政治的、宗教的、法的、経済的な教義の数々がまだ堅固であるうちは、この「最も極端な圏域」は明るみに出ることができなかった。そこでの主権の問題は、誰が秩序の内部でこれこれの権力を備給されるのか、ということであり、その秩序の境界線そのものはけっして問題にされることがなかった。今日、国家というものの諸限界とその原初的構造がもつ問題を新たな視点からあらためて措定する時期が熟している。(27)

この「最も極端な圏域」があらわになり問題化されつつある今日の事態とは、上述した、正義の論理

(24) たとえば、わかりやすいものとしては、アマルティア・セン『正義のアイデア』池本幸生訳、明石書店、第八章、第一二章、第一三章。また、彼の名を一躍有名にした、数学的厳密さでもってリベラル派が主張する選択理論（とはいえ、ここでターゲットになっているのは功利主義的なものに近い）の陥穽を批判した「パレート派リベラルの不可能性」や、「共感」と「コミットメント」の概念から合理性を批判した「合理的な愚か者」を含む論集『合理的愚か者――経済学＝倫理学的探求』（大庭健、川本隆史訳、勁草書房、一九八九年）を参照のこと。あるいはまた、センと協同路線をはっているともいえる、マーサ・ヌスバウムの仕事なども参照のこと。

(25) アマルティア・セン『アイデンティティと暴力』大門毅監訳、東郷えりか訳、勁草書房、二〇一一年、とりわけその第二章。

(26) セン『正義のアイデア』、一七二頁。

(27) ジョルジョ・アガンベン『ホモ・サケル――主権権力と剝き出しの生』高桑和己訳、以文社、二〇〇三年、二一頁。

がそれが拒んでいるはずの非正義を手繰り寄せる理路を潜在させている、そのなかで生じる事態と呼応するものではないか。

さらに付け加えれば、シュミットが論じた、領土に対してなされる原初的な主権の行使による秩序形成（「ノモス」）よりも、脱領土的な収容所の空間を「例外状態」の範型として重視するアガンベンの論立ては、ある意味でよりいっそう、制御の時代の暴力を捉えるひとつの理論装置として有効なのかもしれない(28)。

制御の思考が可能にし実施も担う、存在論的再布置化は、「正義」や「正統性」に関わる論理までをも絶え間ない更新のなかに引きずりこむが、それこそが現代における「例外状態」なのかもしれない。いや、「例外状態」が常態化し、ベンヤミンにならってジジェクが用いる「神話的暴力」と「神的暴力」のもつれ合いという事態までもが出来しているのだ。あえて穿った言い方をするならば、正義や正統性の名のもとに、人々はいま、公然と暴力を許すのである。

わたしたちがおこなってきたこれまでの考察に沿って理論化しておこう。自己と他者それぞれの属性と作動範囲が安定的な布置にあるシステムであれば、自己の制御と他者の制御はそれらの機能だけで、システムの安定は保たれるかもしれない。だが、自己と他者の関係の制御が可能となったとき、事態は変わる。自己と他者の布置関係も、下手をすると自己、他者のそれぞれの属性と作動範囲も、さらにはそもそもの自己、そもそもの他者という設定も、すべて変更可能な地平が現れるという事態となるのである。

むろん、物理的な機械において具現化されるオペレーションであれば、それこそさまざまな物理的な制約が外部性として働き、システムの安定性をどこかで支えるかもしれない。が、人間の意思決定の水準でのアルゴリズムの作動においては、システムは変幻自在の状態を許してしまう弾力性を備えるかもしれないのだ。こういうことだ、自己と他者の関係を制御するフィードバックの回路は、いかようにも展開しつつ、自己も他者も制御しえない、原理的に反秩序的ベクトルを潜在的に抱えこむことになる。端的にいえば、自己と他者の関係を制御する政治上のフィードバックなるイデオロギーでは、「例外状態」を制御しうると過信する回路付けを潜在的に志向する無意識をもつのではないだろうか。

ホッブズ、カント、スピノザ

グローバリゼーションが進む一九九〇年代に、ハンチントンの「文明の衝突」論そしてフクヤマの「歴史の終焉」論に続いて、世界中の耳目を集めたのは、これもまたアメリカ発ということになるが、ロバート・ケーガンの『ネオコンの論理（Of Paradise and Power: America and Europe in the New World Order）』である。ネオコン（ネオコンサーバティズム）とも称されるアメリカ政府の内部にまで浸透した一群のイデオローグによる、対ヨーロッパ、対世界に対する、度肝を抜く強硬論である（フクヤマも少な

(28) したがって、わたしたちは、少なからず指摘される、アガンベンの歴史的考察の甘さについて強い関心をもつものではない。現在の状況に対する理論的介入のための分析装置として評価しているからである。たとえば、エファ・ゴイレン『アガンベン入門』（岩崎稔、大澤俊朗訳、岩波書店、二〇一〇年）における「例外の論理」に関わる部分などを参照のこと。他方、本論の論旨は、こうした理論化の努力に論展開の範囲をかぎっているという意味において、アウシュヴィッツや広島がもつ歴史における極限性を減じようという意図はいささかもない。アウシュヴィッツや広島については、「例外状態」を理論化し適用する以前の問題として捉える必要があるという認識に立つ。

くとも当初はネオコンのメンバーだったといわれている)。この物議を呼んだ書は、まさしくいましがた述べたような論理のコンテクストのなかでこそ読まねばならない。

とはいえ、あえて確認しておきたいが、ここでネオコンの思想をとりあげるのは、彼らの思考実践がアメリカをリードした、リードしえたというありがちな臆断からではない。アメリカ政府内の権力ゲームにおいて、ネオコンは一時期の日本のジャーナリズムが騒ぎ立てたような力は実のところもちえなかったという観測の方が強い。したがって、ここでネオコンの思想をとりあげるのは、むしろ、こうした一定程度の影響力をもちえたとされる思想が言説として出来したこと自体を、制御の時代のひとつの症候として計測したいのである。

国際関係、とりわけ安全保障における場面でのヨーロッパ的な協同を前提とした考え方をカント的なフレームと位置づけたうえで、今現在における軍備の質と量双方における欧米間の圧倒的な非対称を鑑みるとき、そうしたフレームは実践的にも理論的にも有効性を失ったと真摯に受け止める歴史的段階に入った、ケーガンはそう論陣をはったのである。アメリカは、その圧倒的な軍事力のため、もはや協同歩調をとる必要がない、いや、一国による世界の監視をおこなった方が実践においてもより効率的で、しかも歴史上理論的な妥当性をもつというのである。それは、カント的なフレーム以前に支配的であったとケーガンが考えるホッブズの政治哲学において擁護されるという。

ヨーロッパは軍事力への関心を失った。少し違った表現を使うなら、力の世界を越えて、律と規則、国際交渉と国際協力という独自の世界へと移行している。歴史の終わりの後に訪れる平和と繁栄の楽園、一八世紀の哲学者イマヌエル・カントが『世界の平和のために』に描いた理想の実現に向かっているのだ。これに対してアメリカは、歴史が終わらない世界で苦闘しており、一七世紀の哲学者、トマス・ホッブズが『リバイアサン』で論じた万人に対する万人の戦いの世界、国際法や国際規則があてにならず、安全を保障し、自由な秩序を守り拡大するにはいまだに軍事力の維持の行使が不可欠な世界で力を行使している[29]。

留意しておきたいのは、実はカント対ホッブズの対立が、思想の対立ではなく、規則／力の対立へと還元されている論法である。しかも自由を守るのは、規則ではなく力であるという論立てがそこにともなっている。そして、それが正義でもあり根拠としても正統でもあるというのが、この小さな書全体にわたってケーガンが主張しようとしていることである。要するに、規則を制定する、つまり自らは神的暴力の主体なのだというのが、ここでの主張にほかならない。アメリカが実行する暴力の正当性と正統性を謳うために、ホッブズ的な自然状態を理論的ツールとして用いようとするケーガンの論運びそれ自体が、すぐれて制御の時代の思考フレームのなかにある論法ではないか。規則を奉じるフレーム自体をシャッフルしてしまう力（暴力）の論理の駆動に、力（暴力）が渦巻く現況における新たな秩序形成のためという名目で妥当性を付与しようとしているからである。

ケーガンのカント対ホッブズの図式は、左派的な捉え返しのなかでさらに整理される。つまり、ハートとネグリの〈帝国〉論を典型として、カント以前の政治哲学におけるもう一人の知の巨峰スピノザに

(29) ロバート・ケーガン『ネオコンの論理――アメリカ新保守主義の世界戦略』山岡洋一訳、光文社、二〇〇三年、七-八頁。

立ち返ることで、「万人による万人の戦い」を出発点とするホッブズ的な世界理解ではない理論的典拠を手にいれようとするのである。よく知られているように、マルチチュードの概念はスピノザ由来であり、この言葉を用いるスピノザは、多数の人々（マルチチュード）の情動に政治的可能性を託していたのだ。汎神論的な立場から主張された徹底した外部の否定からなる内在性の擁護により、ラディカルに柔軟で自発的な潜勢力をもつ地平を、現代の多くのスピノザ論者は唱えることとなる。

ともあれ、情動と理性がその根源性、少なくともデカルトやスピノザといった近代の幕開けの思想にまで立ち返らずにはいられない程度にまで根源的にシャッフルされる、いやシャッフルされつづけている世界にわたしたちはいま生きているのである。

「政治経済学」の政治性、あるいは二つの統治性

第Ⅱ部第1章および第2章で論じたように、政治経済学における知の実践において、制御なるものは、合理的選択理論あるいは手続的意思決定論において代表的に現れる。本章では、それらのまわりを旋回する同時代における言説群を、星座的な観点から照らし出し、その諸帰結、諸効果を考察することを試みた。この章の最後に、合理的選択理論あるいは手続的意思決定論を生み出した政治経済学という知の営み全体を相対化する視野にも少し触れ、人間なるものと制御なるものとの関係を探る次章へとつなげていく布石としておきたい。存在論的な地場にさえ、新たな「フロー」の場、「例外状態」が常態化している場が立ち現れているのだ。

すぐれて示唆的であるが、先にも触れたデュピュイは、近代の知の営みにおける実践に二つのベクトルを認めている。自己愛と自尊心である。いい換えれば、自己の保全をはかろうとするベクトルと、他

者との関係において優位に立ちたいというベクトルである。前者は思考に関わるものであり知性の力線といってもよいかもしれず、後者は妬みや嫉妬あるいは失望が関わる情動の力線であるといってもいいかもしれない。

これら二つのベクトルを、多くの論考はこれまで別々のものであり、前者を近代のもの後者を前近代のものとすることで、歴史発展論や疎外論、そのほかの論立てを構築してきた。しかしデュピュイの発想はまったく異なるのだ。近代において、自己愛は自尊心とともに、知性はつねに情動とともにあったというのである。デュピュイがいうには、アダム・スミスにおいてもまた、国富論が前提としている人間観のなかには他者の模倣、つまりは羨望が前提としてもぐりこんでおり、それがゆえに道徳感情の出来が担保され、最終的には市場の公平性が確保される。

デュピュイの論の背景には次のような判断がある。まず、知の営為に下される最終裁可、情動の混沌を安定化させる最終裁定は、近代においてはもはや外部（神＝超越的審級）からの回路ではなく、内部において整備されなくてはならない。そうした内部の整備を中核において担ったものは、知的実践の集合体としての「政治経済学」ではないか。政治経済学という知の営為こそが、理性と情動をセットにしつつ、そしていつしか後者を脇に追いやりつつ、近代の安定を担ってきたのだと、デュピュイはいう。

この発想は、わたしたちに、「制御社会」という概念をドゥルーズが打ち出すときに対比項として参照していた、フーコーの「規律社会」の概念に立ち戻ることを強く促すだろう。なぜか。フーコーが晩年、コレージュ・ド・フランスの講義において、「規律社会」を統治性というより広いフレームのなかで論じ直しているからである。しかも、興味深いことに、フーコーはデュピュイと同じく、近代社会が作動させる国家理性について論じる際に、「政治経済学」という知の社会的装置がはたす働き、すなわち、法権利が外部（超越的審級）からではなく内部において構成されることになる場合に「真理」を担う社会的装置がはたす働き、に注目してもいるのである。

急いで付け加えておけば、政治経済学が関与する統治理性が携わるのは、内的に捉えられた、人口と物資の増大という自国における課題だけでなく、諸国家間の競争と均衡というフレームのなかでどう振る舞うべきかという自他をめぐる課題でもあったという位置づけもフーコーはおこなっている。デュピュイとともにフーコーの統治性に関する考察は、したがって、国家主権が経済を中心に溶解しつつある現在の状況を広い歴史的パースペクティブから計測する上でも大きな補助線となるものである。

そうした大きな理論的パースペクティブのなかで、フーコーは鮮やかに新自由主義経済学を分析していくわけだが、本論の考察の観点からみるときにきわめて興味深い次のような指摘をおこなっている。

新自由主義的分析による認識論上の本質的変異、それはやはり、その分析が、それまでの経済分析の対象、その対象領域、その一般的参照領野を実際に構成してきたものに対して変化をもたらそうとしている点にあります。アダム・スミス流の経済分析は事実上、二〇世紀初頭まで、おおざっぱに言って、所与の社会構造の内部における生産のメカニズム、交換のメカニズム、消費の事実を、それら三つのメカニズムの相互干渉とともに研究していました。ところで、新自由主義者たちにとって、経済分析とは、そうしたメカニズムの研究を行うものではなく、彼らが置換可能な選択と呼ぶものの本性とその諸帰結に関する研究を行うものでなければなりません。すなわち、経済分析は、競合する諸目的、つまり二者択一的諸目的、互いに重ね合わせることのできない諸目的に対して、希少資源が割り当てられるやり方に関する研究と分析を行うものでなければならないということです。別の言い方をするなら、希少資源があってそれが使用される場合、そこには唯一の目的あるいは累積的な諸目的があるのではなく、そのなかから選択しなければならないような諸目的があるのだということ、そして経済分析は、個々人がそうした希少資源を二者択一的な諸目的に対して割り当てるやり方についての研究を、その出発点とし、参照の一般的枠組みとしなければならないということです[30]。

こうした構えで、「統治性（gouvernementalité）」というより広い理論的パースペクティブから捉え返し、具体的な「統治術（art de governer）」の検討をすすめていく。そのなかで「規律社会」にあらわれる新たな統治術にフーコーは触れている。フーコーはいう。「そこに現れるのは、決して、徹底的に規律化された社会の理想ないし計画では」なく、「差異のシステムが最適化されているような社会」である。「揺れ動くプロセスに対して場が自由放任されているような社会」であり、「個々のゲームのプレーヤーに対して作用するのではなく、ゲームの規則に対して作用するような社会」であり、「個人を内的に従属化するというタイプの介入ではなく、環境タイプの介入が行われるような社会」であると[31]。

しかも、こうした社会において実行される法権力について、犯罪に対処する統治術をとりあげながら、英語圏で一九七〇年代あたりから活発に用いられるようになってきていた「エンフォースメント」という言葉についてフーコーは時間を費やして論じ、「規律社会」以後の統治に関わる技術についての素描

(30)　ミシェル・フーコー『ミシェル・フーコー講義集成　一九七八-一九七九　生政治の誕生』慎改康之訳、筑摩書房、二〇〇八年、二七三-二七四頁。
(31)　同書、三一九頁。

を提示している。法律を適用するために活用される一連の道具を指して用いられる「エンフォースメント」に対して、フーコーは次のように述べるのである。

それは以下のようなものになるでしょう。各犯罪に対して定められた処罰の量。犯罪の探知をまかされた機構の重要性、その活動、その熱意、その能力。犯罪者に罪を認めさせ、犯罪者が確かに犯罪を犯したという証拠をもたらすことを引き受ける機構の重要性、その質。裁判官の裁く迅速さの大小、法律によって定められた余白における裁判官の厳格さの大小。処罰の効力の大小。刑務行政が変更したり、緩和したり、場合によっては重くしたりすることも可能であるような、科された刑罰の固定性の大小。こうしたすべてが法律のエンフォースメントを構成している。(32)

フーコーはこうした事態を、デジタル技術が思考や制度にまで浸透した制御社会の到来の前段階で議論している。だから、わたしたちはこう問わねばならない。「政治経済学」という知的実践の群れの機能を揺るがしながら、エンフォースメントが「フロー」の状態に入った社会とはどういう社会なのかと。そしてこういっておこう。そうした問いこそが、制御社会のひとつの重要な相をめぐる問いであり、本章がもたつきながらも旋回してきた問いだったと。

ともあれ、制御概念の作動が、存在論的再措定を招き込んでいるのであれば、こう問いかけることも肝要だろう。「存在論的」といった哲学用語であれば、すなわち、哲学的思考であれば、制御の怪物性を思考において対象化し、相対化することができるのだろうか。いささか穿った言い方をすれば、哲学という言辞にいまだまとわりついているような深淵さをもってすれば、制御は手なづけうるのだろうかという問いだ。制御は哲学的思考をも呑み込みはじめている、という怖れをわたしたちはもつべきではないだろうか。わたしたちが次に考察したいのはそうした問いである。

(32) 同書、三一三頁。

第Ⅲ部　存在の制御、制御の存在——アプリケーション no. 2

第1章　制御と実存、制御のなかの生活世界

第Ⅱ部では、「制御」という言葉が新たな相貌をたたえつつ、政治経済に関わる言説空間において強い磁力を放ち活性化されていること、またそうした新たな活性化を通して政治経済「学」において一種の渦を生じさせつつあることをみた。そして、そうした渦に晒されつつある生が、新しくも危うい事態に置かれつつあることにも少し触れた。

だが、政治経済学と呼ばれる領域における新たな渦が予見させる生をめぐる困難は、いっそう厚みのある記述と分析を要請しているのかもしれない。というのも、生そのもの、存在そのものを扱う思考の場にもまた、制御なるものが、その言葉とともに、活性化し浸透をはじめているからである。

第一節　制御概念と〈わたし〉の再編成

制御という神

制御概念は、いささか大仰にかまえていうならば、従来哲学的な問題の圏内と思われていたような生

活世界の存在条件にまで、その振る舞いの作用を拡張しつつあるように思える。いくつかの特徴的な言説群を測定しながら、その有り様を観測しよう。

さしあたり、「リスク社会」の到来を謳い時代の寵児のひとりとなった社会学者ウルリッヒ・ベックの次のような言葉をみてみよう。

危機の時代において、ネオリベラリズムは、いかなる政治的な答えも明らかに持ち合わせていません。崩壊が差し迫ったり、崩壊が進行しているときに、グローバル化の結果生じる問題を修正するために、経済学的な苦い薬をさらに苦くしようとする試みは、幻想的な理論で、今そのつけを払っています。テロの脅威は、反対にネオリベラル的な凱旋が抑圧してきた基本的な次の真理を意識させています。それは、世界経済を政治から引き離すことは不可能だということです。国家と公共サービスなしに、安全はありません。制御というものなしに、国家はありません。制御というものなしに、職業教育や支払い可能な健康保険や社会保障はありません。制御というものなしに、民主主義はありません。公共性や民主主義や文明社会なしには、正当性というものはありません。逆に、正当性なしには安全性というものはありません。(1)

ベックのここでの文章は、簡単にいえば、ネオリベラリズム批判といえるものだ。だが、ここでベックは、そうしたネオリベラリズムに対して、その傍若無人ぶりを難詰する類いの批判をおこなっているわけでも、また経済に対する構えの持ち方において批判をおこなおうとしているのでもない。ベックがここで示しているのは、今日の状況にあっては、視点のスケーリングを世界にまで拡大したような、一層強力な、そしてもしかすると質的にも異なるかもしれないような物差しでの、「政治」経済的な現象に介入する制御の重要性である。具体的には、調整や交渉、討議や合意といった作業が重要性をもつものをどのように組織化していくことができるかということが問われている。

それがどういう理論的姿勢からなされているのかについては、のちに詳しくみていくとしていまは措いておこう。さしあたりここでわたしたちが注意を促しておきたいのは、いささか強迫的なまでに「制御」という語が繰り返し用いられているというその書きぶりである（ベックが別の箇所で現代社会においては「「治安のために」コントロールされることを甘受しなくてはいけないようになります」[2]と述べてもいるので、いささか自己矛盾とさえ映りかねない文章ではあるが）。いったい、この制御なる語へのベックの読む者を立ち止まらせる身振りは、いったいどこから来るのか。

ベックの基本的な論立てを振り返っておこう。

よく知られているように、彼のキーワードのひとつは「再帰的近代」である。超越的審級による裁可の回路づけをもはやもたない近代とは、己が生の指針――真理に関する認識、善悪に関する倫理・道徳感、美醜に関する判断などにおいて――を己で決めねばならぬ世界であるととりあえずはいえる。だが、それは切り詰めていえば懐疑的精神を動力源とする、思考における反省メカニズムの駆動にほかならない。近代は、当初産業化を主たる対象領域にして社会体の再編成をすすめたが、一定程度の達成段階において、近代化プロセスが積み上げてきた知的蓄えそれ自体を「反省」、つまりは「再帰的な思考」に付

（1） ウルリッヒ・ベック『世界リスク社会――テロ、戦争、自然破壊』島村賢一訳、平凡社、二〇〇三年、四八頁。
（2） 同書、四一頁。

す段階にいたる。その段階以前を「第一の近代」、その段階以後を「第二の近代」と区別して考えるべきだというのが、彼の基本的な理論的かつ歴史解釈的な姿勢である。「反省性」「再帰性」といずれの意味をも含んだ reflexivity という用語が、彼の論のキーワードとなっているゆえんである。

そうした近代の様態に関する形式の区別をおこなってこそ、わたしたちがいま住まう社会、第二の近代としての現代社会の特質を剔出することができる、ベックの論はそう組み立てられている。すなわち、第一の近代がつくりあげてきた、生世界に関するさまざまな前提が再考され再びダイアグラム化される際に意識に浮上する、社会体の構成に関わる特質である。

こういうことだ。神などの超越者による裁可を欠く近代においては、人間の懐疑精神の作動を通してそれまでの諸前提を精査しつつ人為的に構成していく作業プロセスがすすむが、それは、社会運営をおこなうにあたっての共通理解や慣習的同意を積み上げるプロセスともいえる。だが、そうしたプロセスが一定程度すすんだとき、それら共通理解や慣習的同意自体が再び反省的＝再帰的な思考に晒される段階が訪れる。第二の近代とはそうした段階にほかならない。第一の近代が到達した共通理解や慣習的同意自体の妥当性、その耐久性、その適切性が問われる懐疑作業の段階といってもいい。そうした人為的構築へのさらなる人為介入の段階、一種のメタレヴェルでの人為的介入という認知の地平にせり出してこざるをえないのがリスクという現象であり、それこそが現代社会の特質であるとベックは論じるのである。ベックの名を一気に押し上げた「リスク社会論」の骨子はおおよそ、そのような論立てだ。

わたしたちのこれまでの考察に即して捉えるならば、素朴に措定された対象世界に対する制御が中心であった段階から、そうした対象レヴェルの制御の作動そのものを制御する、いわば、思考におけるフィードバック回路が、生が営まれる世界全体に広がるとともに、そこでいったん安定したかにみえた成立根拠がふたたび懐疑に付されるというフェーズを、ベックは「第二の近代」と呼んでいるのである。制御的な思考による存在論的な再措定の始動といってもいいかもしれない。

ベックの論が目を引くのは、以上のような、一見、社会形態をその理念型において剔出しようとする典型的な社会学的な方法論から組み立てられているようにみえるにもかかわらず、既存の社会学の発想法を大きく逸脱する議論展開においてこそ、彼の中心命題――とりわけ、「第一の近代」「第二の近代」――が仕立てられているところである。というのも、ベックは、社会体を理解する理論的図式が国家ないし国民の範囲内で措定しえたという「第一の近代」の共通理解もまた、いま現在溶解しつつあると述べているのだ。それとは対照的に、「第二の近代」における社会なるものは、ナショナルなものとナショナルを超え出たものとの複層性に、その本質があるとしている。社会なるものは、直感的そして理性的なレヴェルでの対応物をいま変化させつつあるということだ。

敷衍しておこう。ネオリベラリズムが推進する国境を越えた企業体の活動を中心に、国家を超える視野を必要とする環境問題や資源問題、さらには9・11以降「テロ」と名付けられている国境を越えた反国家活動など、国民国家の主権では対応できない諸問題が立ち現れつつある。それら諸問題への対処のために、企業体への応答や妥協、国家間での協議、複数国家間での安全保障体制といった、新たなタイプの権力ゲームが出来することになっている。そうした、国家権力を超えた「メタ権力ゲーム」のなかに世界は投げ出されているのだ、それがベックの時代観測の要諦となっている。(3) がゆえに、国民国家を前提としたアダム・スミス以来の政治経済学ではなく、こうした「メタ権力ゲーム」を視野に収めた「世界政治経済学」こそが、いま求められるところのものだとベックはいうのだ。一枚岩的な社会を前提にした読解では、ベックの論ずることを逃してしまうといっていい。

続けよう。ナショナルな視点に軸足を置いた分析姿勢や行動規範を超えて、「コスモポリタンな視点」へと世界理解の地平を押し広げていかざるをえないのが現代なのだとベックは諭している。いま、ナショナルなものについて論じようとすればコスモポリタンな観点を招き入れざるをえず、逆に、コスモポリタンな視点を欠く場合にはナショナルにさえなれないという、いささか逆説めいたことにわたしたちは敏感にならざるをえない。ベックはそういう。

だが、そうであるとしてもだ。では、「コスモポリタンな視点」とベックがいうとき、国家やそのほかの制度組織の水準における発想法や姿勢の刷新、分析方法や行動基準に関わる転換などという、公的制度の設計の方向性という水準での提言に関わる営為はともかく、個別具体的なこの〈私〉の生はそのときいったいどうなるというのか。すなわち、現実的かつ具体的な存在としてのこの〈私〉の生の条件に対して、以上のような逆説は、どのような帰結を生むというのか。いかなる思考転換を必要とするのか。

そうした問いに対しておこなったベックの回答は、少なからずひとをたじろがせるものである。わたしたちは〈私〉自身の「神」を創出していくしかない、というからである。現実存在としてのこの〈私〉はいまや、一種の神のような何かを召還しなくてはならない。冒頭で引用した「制御」をめぐる矛盾とも映りかねない書きぶりも、こうした「〈私〉だけの神」への実存的希求を、しかし、制御という冷めた形態のなかで具現化しようとする企図につなげようとするアクロバティックな論法のなかでなされたものなのである。

「わたし」を聖化する

そのロジックを掘り下げてみておこう。

ベックは、この「〈私〉だけの神」の必要性を、近代における「個人」とは何かについての歴史的な跡づけ作業からはじめている。まずベックは、一九世紀における二つの革命として捉えうる「国民国家的デモクラシー」と「企業家的資本主義」に着目し、「個人」なる概念の登場とその概念の現実化を目指し推移した歴史的経緯を巧みに説明したエリック・ホブスボームの論を引く。そして、こういうのだ。自らの周囲への関係を自らが創出したものと考える「個人化」の過程がそこにはある。逆をいえば、個人なるものは歴史的に形成されたものであり、制度化された上で成立しているものにすぎない。したがって、「自己自身という着想にまとわりつく神のようなユートピア性とは、西洋世界の制度化された深層構造に焼き付けられているという事実」について、わたしたちは意識化しなおさなければならない。(4)

そのようにとらえるとき、カントが考えていたような「行動者の主観性から切り離された行動」のみを成立根拠とするような「善」に対する考えや、ルソーが想定していた「特殊利害を洗い流した一般化可能な意志だけが社会契約の基盤」とした「高級道徳」の考えは失効するだろう。「個人化はこうした高級道徳を超える何かを意味している」のであり、つまりは、「制度化された個人化」は「一連の歴史的闘争の成果として解読されなければならない」からである。踏み込んでいえば、「個人化」の過程とは、「宗教的寛容を、あるいは市民的、政治的、社会的基本権を、そして何よりも一般的人権を求めてきた闘争の成果として」こそ存在するものなのだ。

（3） ネオリベラリズムに軸足を置いた議論としてはウルリッヒ・ベック『ナショナリズムの超克——グローバル時代の世界政治経済学』（島村賢一訳、NTT出版、二〇〇八年）、「テロ」に軸足を置いた議論としては前掲『世界リスク社会論』など。とりわけ「メタ権力ゲーム」については、前者の七五頁以下の論述をみよ。

（4） ウルリッヒ・ベック『〈私〉だけの神』鈴木直訳、岩波書店、二〇一一年、一四二頁。

このような思考の系譜を自覚することは、個人化の達成を「決してアナーキズムに流れ込むことのない」仕方で把握することにつながるだろう。諸個人の、個人レヴェルにおける欲望や権利の主張は、こうした個人化の歴史的過程が実現してきたものにほかならず、その達成の土台の上ではじめて成立しうるものなのだ。であれば、「ナショナルな防壁に抵抗し、国境を越えて道徳的統一性を保証しうる価値体系となり、信念体系」として肯定できる審級として、個人という概念を捉え返し方向付けしていくこともできるはずだ(5)。

逆方向から整理すれば、こういうことだ。「個人」のなかにこそいわば聖なるものがあり、一見バラバラに拡散しているかにみえる存在のユニットには、ある共通の意識と関心のもとで協同しうる地平が隠されているのだと。そうした協同の可能性にこそ、ベックがいう「コスモポリタンな視点」の理論的根拠がある。「リスク社会」の到来を告げその克服の理路を提示しようとするベックの論展開は、したがって、個人の生の聖性を意識化しなければならないと結論づける哲学的議論の系譜に、独自の彩色を施したものとなっている。個人化の歴史的過程をしっかりと了解し、個人なる存在に潜在する聖なる協同性への可能性を自覚するときにこそ、ナショナルな視点を超える「コスモポリタンな視点」が立ち上がる。強引にまとめれば、こういうことになるかもしれない。

ベックの見方においては、宗教はナショナルなものを超え出ていく特性をもつということだ。個人化のプロセスのさらなる進行は、ナショナルな視点への執着を超克するものになるかもしれない。のみならず、複数の宗教が出会う場において、「真理」への執着がもたらすかもしれない衝突の召還ではなく、個人に潜む聖性の自覚から呼び起こされ志向される「平和」を構築していく道筋を開拓する契機をもつかもしれないのである。「世界宗教の間の真理の間の関係のなかでは、宗教の世界市民的コスモポリタニズムが求められるところのものとなろうということだ。このコスモポリタニズムは、人間に最初から与えられた変更不能な真理に立脚するのではなく、人間同士の合意に、最終的には規則、契約、手続き（人権、法治国家、その他）に立脚する」のである。[6] ポスト近代とはいわずに「第二の近代」とベックがあえていうのは、こうした構えから近代の理性的自我のポテンシャルにこそ未来を見いだそうとする企図によるといえる。

しかしながら、ひとが、「個人」という存在論的に措定されたユニットのうちに聖性、すなわち超越的審級を見出すというのは、なんと大胆な物言いなのだろう。この「わたし」のうちに、自らを救うとともに他者を救う神を見出すというのは、一瞥するより、はるかに苛酷な作業ではないだろうか。現実問題としてすでに、ここ日本にあっても、わたしたちの日常は、生を営むにあたってのナショナルな水準での諸前提と、ナショナルを超えた（グローバリゼーションとさしあたりひとがいう）水準での諸思想とのズレやすれ違いや衝突のなかで、たじろぎ、戸惑い、身震いがはじまっていることは実感的にも了解できるものではある。だが、だからといって、「わたし」に聖なるものを見いだし、そこにナショナルなものを超え出ていく契機を見いだすというのは、なにがしかの希望や救いというよりも一種の諦念こそが、その言辞に漂っていないだろうか。

アウシュヴィッツ収容所のなかでしたためられたエティ・ヒレスムの日記を引き、「〈私〉だけの神」の出現の可能性と実現性に言及するベックの言葉の運びは、確かに深く心を打つ。しかし、アウシュヴ

（5） 同書、一四四－一四五頁。
（6） 同書、二八九－二九〇頁。

イッツ収容所をメタファーとして用いて現代社会の窮状を捉えてしまうというのは、現代社会が収容所化しつつあることをなかば諦念をもって認め、それを引き受けることを促してはいまいか。異なる角度からいえば、アウシュヴィッツの唯一無二の有り様を短絡的に現代社会論につなげる危うさ（リスクではない⁉）はないだろうか。神の名を口にせねばならぬほどの窮状であるとしても、神の名を口に出すことで救われる窮状であると論じてもいいのだろうか。もっといえば、神の名を持ち出すことは、目の前にある現状をなし崩し的に受け止める態度の要請に横滑りしてしまいかねないのではないか。個人に、超越性を仮託することで、理路の探求を諦めてしまう危うさこそを、この論立ては抱え込んでしまってはいないだろうか。

「セルフモニタリング」のジレンマ

しかしながら、こうした危うさは、ベックにおいてのみ看取されることではないように思われる。というのも、ベックと酷似した論法において現代社会をリスク社会と特徴づける、今日世界的に影響力のあるもうひとりの社会学者アンソニー・ギデンズが、自身の社会観測と来るべき社会について、同じように際どいスケッチをおこなっているからである。制御なる概念の振る舞いに関心をもつわたしたちの考察の観点からするならば、ギデンズの論もまた、パワフルな説得力を発するその文章の反面で、危うい論理を駆動させているのではないかという懸念が頭をもたげる。

「再帰性」という概念は、ギデンズにとっても中核をなすものである。だが、ベックにおける「再帰性」が近代という構造としての実態における再帰メカニズムに多くの比重を置いているのに比して、ギデンズにおいてはむしろ、個人あるいは集団における反省的思考のメカニズムにより多くの比重が置かれている。ギデンズはいう。

再帰性が人間のすべての行為を規定する特性であることには、根元的な意味がある。人はすべて、行為の不可欠な要素として、日常的にみずからがおこなう事柄の根拠と不断に「接触を保ちつづけている」。わたしはべつのところで、この過程を、この過程が絶え間なく生ずるものである点に注意を促す意味で、「行為の再帰的モニタリング」と称してきた。人間の行為は、一群の相互行為と理由が鎖状につながったものではなく、行動とその行動の生じた脈絡に対する一貫した――そして、とりわけゴッフマンが明示したように、つねに緊張に満ちた――モニタリングを具体化している。(7)

ギデンズは続けてこう述べている。「伝統的文化では、過去は尊敬の対象であり、また諸々の象徴は、それが幾世代もの経験を内包し、経験を末代に伝えるもので」あった。つまり、伝統とは「行為の再帰的モニタリングを共同体の時空間組織と結びつけていく様式」であるといえる。そこでは、「個々の活動や経験をいずれも、過去、現在、未来からなる連続性のなかに挿入していく」。それは、「時間や空間を、社会の実際の営みの繰り返しによって構造化していく」形態をもつものだといえるだろう。(8)

しかしギデンズによれば、近代においては、再帰性は異なる特質をもちはじめる。それは「システムの再生産の基盤そのもののなかに入り込み、その結果、思考と行為とはつねに互いに反照し合うように

(7) アンソニー・ギデンズ『近代とはいかなる時代か――モダニティの帰結』松尾精文、小幡正敏訳、而立書房、一九九三年、五三頁。

なる」のである。行為は、新たに手にした知識や情報に照らしその適切性を判断されるものとなるのであり、その点において「過去とは本来的に何の結びつき」をもたなくなるのである。近代社会においては、行為は、新たに得た知識や情報によって「つねに吟味、改善され、その結果、その営み自体の特性を本質的に変えていく」。

この再帰性に加え、さらに二つの分析概念「時間と空間の分離」「脱埋め込み」をツールにして、ギデンズは近代社会を説明しているが、それらもあわせて概観しておこう。

「時間と空間の分離」とは、標準時間設定と時計普及を用いた時間管理体制の確立が、それ以前の社会体の生の現場において実現していた、時間と空間の結合を溶解させてしまったことを指す。また、「脱埋め込み」とは、ローカルな場に定着していた社会関係がそこから離脱し、さらにはローカルを越えた拡がりのなかで再分節化されることを指す。そこでは、生の遂行において、従来の神と大地による決定論的に構成された世界観とは異なる世界観があらわれる。すなわち、まったく新しい二つの信頼に関わるシステム――貨幣に代表されるような標準化された価値をもった象徴交換システムと、特定の分野における技術的知識に通じる専門家システムによってできあがっている信頼のシステム――が、機能しはじめる。これらこそが「制度的再帰性」を喚起するものだという。人々は、計測された時間的、空間的な区切りを指標としながら、自らの営む営為において新たな（とされる）情報や知識によって修正や更新をおこなうことが常態となる。それが、近代の特徴を露わにしているだろう。したがって、経済学から措定されるような分業体制、これまでの社会学が主張していた分化、あるいは政治学が措定するような市民型民主主義といったアプローチとは異なる仕方で、ギデンズは近代を特徴づけるわけだ。

これらの前提を踏まえ、現代社会に対する自らの診断を展開していく。ギデンズによれば、「時間と空間の分離」「脱埋め込み」「制度的再帰性」はもともと生をめぐる世界を拡大していくベクトルを内包している。であるので、グローバル化と情報化は、近代の自己展開ベクトルのひとつのフェーズとして位置づけうるとギデンズは解釈する。そうした近代の自己展開ベクトルは、しかし、自らの諸前提（「信頼」のシステムを含め）を再編成していく段階に至らざるをえない。その自己展開がナショナルな地場を越え、また情報化がメディア・テクノロジーの発展によって爆発的に拡大した段階を指して、ギデンズは「ハイ・モダニティ」もしくは「後期近代」と呼ぶだろう。ベックのいう「第二の近代」とほぼ重なる論だといってよい。

ギデンズの後期近代論は、行政に携わる者たちの仕事の水準にまで落とし込んでいくことができるほど精妙に設計されており、現実社会の多くの側面で多大な変革を促した。机上の空論を振り回す社会論とは違って、よくも悪くも現実世界に斬り込んだその知的努力は、しっかりと評価されてしかるべきだ——とはいえ、こうした理論評価は行き過ぎると対案を出せないならそれは社会理論として効力がないと難詰する身振りとなり、それこそが、後期近代の再帰性のゲームに踊らされているような気配も強いが。

ともあれ、いずれにせよわたしたちが注意を促したいのは、これら三つのフレーズ「再帰性」「時間と空間の分離」「脱埋め込み」から、現代社会の特徴を剔出しようとするその筆さばきが、ミクロなレヴェル、すなわち、現代社会のなかで営まれる個的な生に対しては、どのような処方箋を与えていくのかという部分である。

（8）以下、基本的には、同書、第一章。

ここでもまた、ギデンズはベックと似通っていて、ナショナルな発想法の有効性の限界に言及し、「コスモポリタン」な視点の組み込みの必要性を強く主張している。ギデンズは、時代は「グローバル・コスモポリタン社会」に入ったのだという。「さまざまな変化の相乗作用の結果、グローバル・コスモポリタン社会の構築という、未曾有の一大変革がなし遂げられようとしている」のだ。しかしながら、「その輪郭はいまだにおぼろげなままである」。それはいまを生きるわたしたちが「グローバル・コスモポリタン社会に住む第一世代」ゆえのことだからである。加えていえば、現段階ではまだ、「人間の総意を結集してできあがっている」ものではなく、わたしたちはまだ「さまざまな変化の相乗作用の結果として、無目的かつ無原則的にできあがっている」程度の秩序のなかにしかない[9]。そうした留保をつけつつも、ギデンズは、よきグローバル・コスモポリタン社会を構築していくことが「できる」と断言している。そして、「私たちが無力感にさいなまれるのは、個人の能力の欠如ゆえではなく、現存する制度がグローバル・コスモポリタン社会に適応できないからである」とさえいうだろう。だが、彼がそれに続けて次のように述べるとき、読む者にどこか戸惑いを与えざるをえないようにも思われる。

日常茶飯事を超越する道徳律（モラル・コミットメント）を、私たちのだれしもが渇望している。そうした道徳律が十分に根付いていないところでは、またその存在が脅かされているところでは、それらの価値を守るべく行動する覚悟が私たちに求められている。
コスモポリタンの道徳律の原動力は情熱にほかならない。命がけで手に入れたいものがなければ、私たちは生きがいを見いだせないはずである[10]。

では、具体的にはどうすればいいというのか。そう問うとき、ギデンズが導入するのは、ベックのように「神」ではない。一見はるかに世俗的な審級に映る「セルフモニタリング」という生存方式である。個人におけるセルフモニタリングの力能の可能性に、重要性を置こうとしているのである。だが、それは一瞥するよりも、かなりハードなものだ。(11)

ギデンズは、その論立てにおいて、先のベックに――さらにいえばルーマンにも――似ているところがある。「近代」においては、世界の理解方法のなかに、分業体制と効率化の回路が不可避的に入り込む。すでに触れたことだが、特定分野ごとに信頼性の高いかたちで理解方法を提供する専門家というシステムと、貨幣などの抽象化された媒体の流通可能性に、集団が信頼性を付託し（それがなかった場合の）複雑な行動工程を効率化する。これらのシステムでは、考えられたものを反省的＝再帰的に懐疑するという近代の思考様式が生活世界に全面化したときに、それら従来の信頼性のメカニズム自体の妥当性、適切性、正当性も問われ直すことになる。それらが単に信頼という意識的な働きにおいてのみ成立しているものであるならば、現在依拠しているなんらかの信頼関係が充分確実な度合いで信頼に足るものかどうかという、一段上の水準での近代的懐疑精神の作動がはじまるということだ。そうした信頼性の基礎付けに対する再帰的思考の始動は、予期的なシミュレーションも巻き込みながら、個人が生きる生にま

(9) アンソニー・ギデンズ『暴走する世界――グローバリゼーションは何をどう変えるのか』佐和隆光訳、ダイヤモンド社、二〇〇一年、四五頁。
(10) 同書、一〇四‐一〇五頁。
(11) 以下、アンソニー・ギデンズ『モダニティと自己アイデンティティ――後期近代における自己と社会』秋吉美都、安藤太郎、筒井淳也訳、ハーベスト社、二〇〇五年。

つわる不安を最大化するだろう。どういうことか。

個人は、その際に、世界に関する理解や自己が世界と結ぶ関係のみならず、自己自身の現実的な存在の仕方についても、絶えざるチェックと更新をおこなっていく必要に迫られるとギデンズはいう。自己を形成しているさまざまな考えや感性が次々と刷新されていく日常にさらされ、それに自身を適用させていかざるをえないからである。時代は、「セルフモニタリング」の時代へと突入したのであり、「カウンセリング」から「占い」にいたる、近年観察しうる流行は、「セルフモニタリング」の必要性の高まり（と不安）を示すわかりやすい例になっている、ギデンズはそう論じる。

しかし、「セルフモニタリング」という行為は、字義どおりの意味合いがほのめかすほど、自己のみによるものではないだろう。ギデンズ自身、わたしたちがすでに第Ⅱ部でみたような、現代社会において「選択」の手続きが軸となっていく状況を、「日常の活動の基本的な構成要素とは、単純なことだが、選択の活動である」というフレーズにもみれるように、なかばなし崩し的に認めている。だからこそ、いうのだ。「ポスト伝統的な秩序においては、自己は再帰的プロジェクトとなるのだ」と。(12)さらには、そうしたポスト伝統的な秩序である近代の第二段階、つまりは、後期近代においては、自己はさらなる変化、彼の言い回しを借りれば「多大な変化を被る」という。

日常のものごとにおける選択をまったく排除した文化などは明らかに存在しないし、すべての伝統は事実上無限の可能な行動パターンからの選択である。しかしながら定義上、伝統や確立された習慣は、生活を比較的固定的なチャンネルの内部で組織する。モダニティは個人を複雑多様な選択に直面させ、さらにそれは根拠づけられていないゆえに、どの選択肢を選ぶべきかについては、ほとんど助けてくれない。さまざまな帰結がここから引き出される。(中略)ハイ・モダニティという条件下のもとでは、私たちはすべて単になんらかの生活様式を追求するのではなく、そうするように強制される——私たちは選択するしかないのである。[13]

こうした選択行動に関わることを承知した上で、ギデンズはあえて「セルフモニタリング」という生存方式を唱えその対処法を説く。もう少し掘り下げてみよう。

コントロールの流動化

そこで、どうしても目が引きつけられるのは、ギデンズもまた、「コントロール」という言葉をかなり高い頻度で、しかもかなりアクロバティックな仕方で書き付けているという点である。

モダニティが全体として重きを置いているのは、コントロール——世界を人間の支配に服従させることであるとよく言われる。この主張は確かに正しいが、このようにぞんざいに言われるのであれば、相当の修正が必要になる。コントロールが意味することの一つは、未来の植民地化を通して自然を組織することによって人間の目的に服従させることである。この過程は一見「道具的理性」の延長、つまり人間が組織した科学や技術の原理を自然の支配のために適用することのように思える。しかし、

(12) 同書、三六頁。
(13) 同書、八九頁。

> より詳細にみれば、私たちが目撃していることは、知識や権力の内的準拠システムの出現なのである。「自然の終焉」というフレーズは、このような観点から理解しなければならない。社会的活動や経済的活動のグローバル化に直接関与しながら、人間の自然に対するコントロールは顕著に加速し深化してきた。「自然の終焉」が意味していることは、自然的世界が大部分「創出環境」になったということだ。「創出環境」とは、その動力と力学を、人間活動にとって外部的な影響からではなく社会的に組織された知識-主張から引き出しているような、人間が構成したシステムから成り立っているものである。[14]（強調原文）

ギデンズは、「コントロールの力学の流動化（the mobilizing of dynamics of control）」という修辞まで用い、現代社会の制御のあり方をめぐる困難、あるいは新しい段階の見えにくさ加減について言及している。[15] 示唆的なのはこうした診断のもと、ギデンズが「監視能力の拡張（the expansion of surveillance capabilities）」と「運営的コントロール（administrative control）一般の強化」を区別している点である。[16] 監視型制御と、管理型制御の区別をおこない、後者においてこそ、後期近代の安定したシステムはめざされるものとなっているという議論になっているのだ。

そうした議論立てにおいては、個的な生、すなわち実存がさらされる境遇は、相当程度に不確かなものになるだろうと推測せざるをえない。それは、上でみた「コスモポリタンな視点」や「セルフモニタリング」といった言葉が示す方法論で果たして対応可能なのだろうかと、足をすくませるような不確かさを帯びているとさえいえるだろう。

ドゥルージアンと称される人々の一部による同時代批判が有効性を疑われるのはこのためだ。ハートとネグリが、そうした批判の身振りに対し「絶え間ない運動と絶対的な流れへと向かう傾向だけしかない」ように時代を測定するもので、具体的な実践としては「カオス的で不確定な地平において、その場かぎりの皮相な仕方で分節化することしかできない」と警鐘を鳴らすのも、ギデンズが指摘する圧倒的な「流動化」の光景を目の前にするとき一理あるといわざるをえない。[17] なにせ、「コントロール」でさえ「流動化」していくのだ。逆の角度からいえば、ドゥルーズの「コントロール」をどう読むかは、こうした「流動化」の光景をまなざしに受け止めた上でなされるか否かにかかっているだろう――少なくとも、構造として認識された社会体への闘争として読むことの滑稽さはあきらかだ。

というのも、だ。ギデンズ自身、次のような矛盾に直面させられることが現代社会の特徴であると論じているからである。すなわち、「統合対断片化」「無力さ対専有」「権威対不確実性」「個人化された経験対商品化された経験」といった、相矛盾する二項といっていい二つの志向性にさまざまな局面で同時にさらされるのが、現代において生を営む個人の状況なのだと彼も認めているのである。[18] そうした状況があるからこそ、セルフモニタリングというメカニズムを個人は引き受けざるをえないのだ。さらにいえば、生きることをめぐる諸前提が以前とは格段に異なるスピードと深みにおいて、日々更新され刷新されていくことが常態となった後期近代においては、迅速かつ適切な社会適用を随時おこなわなければならない。つまり、人は、自ら生の政治学の担い手にならなければならないのである。

---

(14) 同書、一六三頁。
(15) 同書、一六四頁。
(16) 同書、一六九頁。

そうした生政治の引き受けを、ギデンズはまさしく「ライフポリティクス」として名付けている。そこでは、フーコーが激しい批判性において告知した生政治の到来を、なかば諦念の調子を漂わせつつも――社会学的思考は「社会学的事実」という物謂いにあらわれているように、現象を（それはかならず生成のプロセスのなかにあるはずなのだが）どこかしら客観性の強い事実のように扱ってしまうところがあるからだろうか――自ら引き受けていく近代的主体の可能性を信じている向きが濃厚であるといってよい。公平を期していうならば、ギデンズもその危うさに気づいていないわけではない。身体の改造にまで及びかねないセルフモニタリングをとりあげ、過食症や拒食症を、一九世紀末から二〇世紀始めにかけて精神分析学が接近した「ヒステリー症状」――それ自体は、公式には（たとえばアメリカ合衆国においては）消滅したものとされる――の現代版として位置づけようとしているからだ。

ベックとギデンズは共に、一方で、前世紀末の国民国家批判がその徴候であったかもしれないともいえるようなナショナルなものの機能不全に対処しようという軸において、「コスモポリタンな視点」の重要性を謳い上げようとしつつ、他方では、控えめにいっても相当程度超人的な力能を個人の生に仮託する、そうした論を織り上げようとしている。ベックは、第二の近代においては生を営む個人は「自分自身の神」を見出すことで一般化へと拓かれる可能性を探ろうとし、ギデンズは、生政治を主体的に引き受ける可能性を「セルフモニタリング」という物言いに籠めることで西洋近代の懐疑精神の持続を図ろうとしている。だがそれは、現実存在としての〈わたし〉の行方への諦念に似た何かに穿たれたような危うい言明である。興味深いのは、両者ともに、その危うさが、コントロールないし制御という言葉のアクロバティックな使い方に看取されるという点である。

第二節　デジタル・メディアと多層化する生活世界

「第二の近代」とは何か、あるいはハーバーマスの修正

　「第二の近代」あるいは「後期近代」という表現が、意識的にせよ無意識的にせよ、現代世界においては具体的には何を参照するなかで構築されていた概念なのか、それを問うことで、ベックやギデンズの論立ての立ち位置を炙り出すことができるかもしれない。

　こうした方向に舵を切り直すとき、ハーバーマスが補助線となる。ベック自身が自らを位置づけてい

---

(17)　マイケル・ハート、アントニオ・ネグリ『〈帝国〉』水嶋一憲ほか訳、以文社、二〇〇三年、四七頁。ただし、ここでブライアン・マッスミが直接名指されているわけではないし、そもそもマッスミの『潜勢的なものの寓意』(二〇〇二年)の出版は、『〈帝国〉』より遅い。しかし、『潜勢的なものの寓意』の骨格となるマッスミの論は、Brian Massumi, "The Autonomy of Affect" (*Deleuze: A Critical Reader*, edited by Paul Patton, Blackwell, 1996に所収)で発表されていたものであるし、もっといえば、*A User's Guide to Capitalism and Schizophrenia: Deviations from Deleuze and Guattari* はさらに早い段階で出版されている(The MIT Press, 1992)。
　ちなみに、近年、マッスミら英米圏の第一世代のドゥルーズ研究者のそうした抽象性を批判的に顧みるかのような、新しい世代のドゥルーズ系の哲学者で、しかも、生政治に関心を寄せる論客があらわれつつある。そのうちのひとりに、ジョン・プロテヴィがいるだろう。メディアによって行動の複数のパターンが住居民に配分される、その差異の意味合いについて鋭く分析している。John Protevi, *Political Affect: Connecting the Social and the Somantic*, University of Minnesota Press, 2009.

(18)　ハート、ネグリ『〈帝国〉』、二〇五－二二六頁。

るように、彼の論は基本、いわゆるフランクフルト学派に通じているからだ。もう少しいえば、第Ⅱ部でも触れたハーバーマスの論を批判的に継承しながら自らの論を練り上げているところさえある。それは周知のとおりである。それを踏まえ、ハーバーマスの論をいま一度参照点としつつ、ベックの「第二の近代」についての具体的参照項が何なのかを考察してみよう。そうすることで、ベックの「第二の近代」は、本論が主題としてあつかっているトピックにいっそう近づくものとなると思われる。

すでにみたように、ハーバーマスの重要な論点のひとつは、近代の合理的思考の腑分けをおこない、必ずしも資本に呑み込まれてしまうわけではない思考のライン、すなわち「討議的理性」の可能性を掘り起こそうとするものであった。その際、具体的な歴史的検証をハーバーマスはほどこしており、それは『公共性の構造転換』(一九六二年)という著作にまとめられている。

『公共性の構造転換』における議論のあらましは、暴力的に単純化すれば次のようなものになる。近代のはじまりにおいて、ブルジョアジーが自らの個別利害関心を表明し合う討議の場が、カフェなどの具体的な場として登場する。神なき近代においては、理性をもって国をマネージメントする主体は国家であり行政とみなされていたが、そうした国家のメカニズム(戦術的理性)に対抗するベクトルとして、ブルジョアジーあるいは私人が、自分たちの個別利害に関わって意見表明をおこない討議する場が歴史的に浮上したということに注目したのだ。そうした場では、討議のプロセスから互いを了解し合う(戦術的理性とは異なる)協同的理性が現出していた。ハーバーマスが賭けていたのは、そうした討議の場が生じさせる理性の有り様がもつ批判的可能性である。というのも、彼は、一九世紀後半より組合から労働党あるいはそれに類似した政党が生まれたり、参政権などが制度的に整えられていくなかで、そのような国家を批判しうる私人による討議的理性は、むしろ国家の機構に回収されていくことになるといううパースペクティブにおいて、近代の歴史を跡づけているからである。だからこそ、可能性としての討議的理性の回復をハーバーマスは唱えるのだ。

ともあれ、こうした「討議的理性」は歴史的な経緯を参照し担保されることになっていたわけだが、そのいわば唯物論的条件として、討議の場としてのカフェが言及されていたことには十分な留意がなされてよい。そこでは、勃興期にあった新聞や雑誌といったメディアもまた回覧され、人々の討議を支援するものとなっていただろう。つまりは、メディアによる言論空間の構成が、ハーバーマスの「討議的理性」を実現する条件となっていたのである。そうした言論空間が、資本に回収され道具化していく過程についてもハーバーマスは言及しており、であるからこそ、討議の場の回復が謳われたのである。

しかし、そうした討議空間の可能性について、ハーバーマスが二〇世紀後半における実態をしっかりと視野に収めていたのならその観測はもっと厳しいものになっていたかもしれない。そこでは、新聞や雑誌はもちろんのこととして、映画やテレビそしてラジオといったメディア・テクノロジーが社会を覆い、さらには新しいかたちのデジタルメディア（コンピュータ）が世界史に登場する気配もそこここに立ちこめていたはずだからである。討議の場は、いっきに複雑化し、また同時に資本との関係も複雑をきわめるものになりはじめていたのである。

とはいえ、ハーバーマスもそのことにどこかしら気づいてはいたようで、一九九〇年代に入り刊行された『事実性と妥当性』においては、「公共性」あるいは「公共圏」の変遷についての自身の議論を微妙にではあるが軌道修正することになっている。

公共圏とは、マスメディアと大規模な広告代理店により支配され、市場調査と世論調査の諸機関によって研究され、政党やさまざまな団体の広報活動、プロパガンダ、広告宣伝が蔓延しているのであり、それゆえたしかに連帯的諸関係が公共圏の一番特徴的な要素であるとはいえない。[19]

公共圏を具体的に担うものが、少なくとも現時点においては、資本と相当程度に結びつき連動さえはじめた巨大化したマスメディアであることを認めるのである。ハーバーマスは、それを視野に収めた上でなお、そうした公共圏であっても国家を批判しうる社会権力としての討議的理性コミュニケーションが発生する実現性はあるのだと、さまざまな角度から考究しようとしている。詳細は立ち入らないが、見過ごすことができないのは、ハーバーマスが、こうした現状を踏まえた上で「自由意志による連帯的結合のための基本的枠組み」について、表現の自由、選挙権や被選挙権とならんで、次のような制度的保証について述べるときである。

最終的に、連帯的結合のための制度は、それが生活形式・二次文化・信念の自然発生的多元性に依拠しうるその度合いに応じてのみ、自律性を主張し、自主性を維持することができる。私的生活領域を傷つけないように保護するためのものが、「私事性」の基本的保証である。[20]

ハーバーマスは、『公共性の構造転換』において、「生活世界」そして「親密圏」において討議的理性の基盤となる了解可能性の醸成がなされることの重要性について注意を促していた。そのことはよく知られているとおりだ。だが、一九九〇年なかばに出版された『事実性と妥当性』においては、それよりはるかに強い調子で、親密圏のなかで涵養される個人の思考のうちに期待される力能と、それを維持しうる制度的保障との双方に、討議的理性の根拠を見いだそうとしているのである。

このことは次の点を鑑みるとき、わたしたちにいっそうの注意を喚起するものとなる。すなわち、『事実性と妥当性』に賭けられた眼目のひとつが、ルーマンのシステム論とロールズの正義論への批判でもあったという点である。主要な論点をあげれば、ルーマンのシステム論的な観点からの行政制度の設計に対しては、それが分化されたシステムごとに自己充足的コミュニケーションの内部循環を招くという点を批判し、ロールズの正義論に対してはその原初状態という理論的設定はフィクションにすぎないし畢竟正義の理解は原理的にモノローグに終始することになるだろうと批判している。それらに対して「私事性」の確保をもって（もちろんそれだけではないにせよ）対抗措置にあてるという仕立ての議論を組み立てようとしているのである。

こう整理するとき、ハーバーマスとベックが近似してくるのも不思議ではない。両者ともに、「第二の近代」と呼ばれるかもしれない、マスメディアを含めたコミュニケーション行為が過剰化するという事態を踏まえ、議論を方向付けようとしているからである。そのなかで、「私事性」や「〈私〉だけの神」という対処法を提案しようとしているといっておいてもよい。蛇足を承知でいえば、ギデンズの「セルフモニタリング」も、言説布置のなかでいえば、よく似た相貌をもっているということができるし、同じコンテクストのなかでその議論を位置づけることができるだろう。つまり、三者ともに、「後期近代」なり「第二の近代」なりという言葉で指し示すことになっているのは、意図的にせよそうでないにせよ、

(19) ユルゲン・ハーバーマス『事実性と妥当性（上下）』河上倫逸、耳野健二訳、未来社、二〇〇三年、下九七頁。
(20) 同、九九頁。

メディア社会なのである。だが、それらの語が指し示しているのが巨大化したメディアが跋扈する時代であるかもしれないものの、実質的にはメディアなるものが付随的にしか扱われていないようにみえるところもある。そうであるからこそ、抽象化された近代論の理論的フレームでは、視野におさめ損なっているものがあるかもしれない。そして、わたしたちの考察の立場にとっては、その点こそが、じつのところ、デジタル技術以降の「制御」が社会、そして時代と切り結んでいる関係を探り出す糸口かもしれないのだ。

生活世界の多層化とモバイル・プライヴァシー

日々の生活に即して制御の現実を振り返ってみよう。いま、プライヴァシーなるものは、どのようなかたちで存在しているのだろうか。電車のなかで、携帯電話でインターネットに繋げられたメールソフトを通して、家族や友人とコミュニケーションをとるとき、あるいはまた、家の居間で珈琲を飲みながらタブレットPCの画面でスカイプを起動させ会社の同僚と打ち合わせをするとき、わたしたちはプライヴェートな圏域にいるのか、それともパブリックな圏域にいるのか。

生環境はいま、急速に多重化している。そして、その多重化のベクトルは、従来の公共／私的といった区分けをなし崩し的に溶解させているだろう。

蛇足を承知でいえば、すでに一九世紀あるいは一八世紀に、情報またはコミュニケーションに関わるテクノロジーが、そうした公共／私的領域の編制過程に絡み合い、生活世界と公的空間の相即と分離に働きかけていた。手紙は家に帰ってゆっくりと読むものであり、通信文は仕事場で正確に読み伝えるものといった、公と私に関わってのコミュニケーション行為の時空間上の配分布置が慣習化し一定程度のバランスをもって機能していたことは、ここ数十年のさまざまな研究があきらかにしてきたものだ（さらなる蛇足をすれば、それ以前であれば、手紙も、親しい身内やら仲間内やらの間で音読されるのがごく普通の振る舞いであって、声の文化が慣習化されていたのだ）。

だが、そのような慣習化したコミュニケーション行為の配分布置は、今日、機敏な移動性を確保したコミュニケーション・テクノロジーの出現にともなって、一気に溶解しつつある。二一世紀のいま、このわたしの親密圏は素早く動き回るだろう。くり返すが、カフェで珈琲を飲みながらブログ上の日記をつけているとき、いったい人はどのような性格の場にいるのだろうか。オフィスで書類整理をしていて、傍らに置いてあるスマートフォンで友人達の今夜の飲み会の店を伝えるソーシャル・アプリのプッシュアップに気づくとき、わたしは公的空間にいるのか、私的領域にいるのか。

それればかりではない。ソーシャル・メディアが実現した生活世界では、ある数のメンバーから成立するグループ内でのコミュニケーション行為が、水面下で作られたサブグループによって、一種のメタ批判がなされるようなことさえあるだろう。すなわち、階梯がひとつ下るコミュニケーション行為平面（「プラトー」?!）のポジションから、その意味作用空間そのものをときに脱臼させるかのような言葉が発せられるのだ。下手をすれば、それは、リアルタイムで現動されうるのである。

公共圏と親密圏に関わってこれまで形成されてきた腑分けの構図が雪崩がごとく溶解し、コミュニケーションを発生させる行為空間が際限なく仕切り直されるのが、今日の状況である。わたしたちの生活世界はどこへむかっているのか。

社会像を希求する社会

実際の状況としては、こうした多層化過程の進行にさらされた日常生活の錯綜とした状況を、二つのツールがとりあえず「支援」してくれている。パッケージ化した社会像と多層化されたグリッド型整序ツールである。

多重化した生活世界は、わたしたちの日常を錯綜としたものにする。自分はどこに立っているのか。どこへ向かっているのか。どのような作業に従事しているのか。今日ほど、社会がみえづらいときはないのではないか。わたしたちは、コミュニケーションに関わるいくつものレイヤー、しかもたやすく生まれたやすく消えるレイヤーが重なる生活世界において生を営んでいるのだ。だが正確にいえば、今日ほど社会がみえづらいという物言いが人々に不安をかきたてる時代もない、ということなのかもしれない。畢竟、そうした、わかりやすいかたちで流布するみえづらい社会という不安に襲われる時、さしあたり了解可能な、なんらかの方向性を可視化する像をわたしたちは希求するだろう。当座の間だけでも活用しうる、役立ちうる指針が与えてくれる安心にすがったとしてもおかしくはない。

そう考える時、今日ほど、少なくとも先進国の多くにおいて、社会学者がかくも求められ、評価され、発言の機会を与えられ、世間を賑わす時代はなかったのではないかという観測にも納得がいく。

だが、それは、次のような点を視野に入れるとき、いくぶん奇妙な相貌を呈する。メディアが与えるさまざまな世界像は、いまや、国境を軽々と越えたものとなっている、すなわちグローバル化した世界情勢を伝える夥しい像が巷間に溢れ返っているのだ。にもかかわらず、多くの国々で人々は総じて、国別のかたちで、現代社会とはいかなる社会かを論じる言説群を探し、求め、もてはやしているのだ。国別のかたちでというのは、ヒト・モノ・カネのグローバルな流通がかくも進行しているにもかかわらず、たとえば日本でいえば、アメリカとの比較、フランスやドイツとの比較、韓国と中国との比較などといったものからみえてくる現代日本の社会像を映し出す言説群にエネルギーを注ぎ、自身が属する社会の輪郭の明瞭化に勤しむのである。加速度的にグローバライズされつつあるメディア・テクノロジーの意味空間へのなかば防衛反応かと思われるほどではないだろうか（面白いのは、マスメディアが、同時にそうした防衛反応の一端を担うケースが少なくない点である）。

人々は自らが生きる社会のわかりやすい、しかもパッケージ化されたといっていいほどのスローガン化された像を手元に引き寄せようとやっきになっている。

あえて付しておけば、一九世紀から二〇世紀にかけて世界の基底的な単位となった国民国家においては、垂直的な超越性に貫かれたような仕方で主権（sovereignty）を付与された国民なるものを土台に敷いていた。集団的紐帯の強化に寄与するためにドメスティックに欲望された自己像もそこにあったわけだが、今日の社会像の希求の心的メカニズムを走らせる原動力は、それとは異なっているようにみえる。発生因において、ずいぶん異なる位相をもつからだ。メディア・テクノロジーのグローバル化にもかかわらず、いや正確にいえば、グローバルなメディアスケープが加速度的に現前の機会を増やしつつあるからこそ、その水平軸における対抗的な防衛反応として、自らの社会像への希求が生じているからである。

多層式グリッド型整序ツールの装備

広い意味での知的ジャーナリズムにおける社会学の隆盛と平行して生じているのは、個別の生の場面における多層化されたグリッド型整序ツールの全般的な浸透である。職場で、アルバイト先で、イベントで、学校や子育ての場で、スプレッドシートに典型化される多層式グリッド型整序ツールはわずか数十年の間に一気に広まった。自らの関与している現場がどのような過程において生じたものなのか、そこではどういった工程でいかなる作業をおこなうべきなのか、その作業はいかなる目標や目的を掲げどれくらいの到達度が見込まれているのか。そうした不安を解消するよう穏当かつ合理的に行動するための支援ツールとなっているのは、整然と並び見やすく可視化された設問を記載したブツとしての、表計算ソフトで作成され配布されたプリントアウトである。そこには、全体の目的とその達成のための各作業工程において細分化された目標と、それを構成する細分化された作業ブロックでの行動、各々のブロックごとで遂行されるべき成果が手際よく、かつみてとりやすいレイアウトで記されており、わたしたちはそれを手に自らがするべきことを黙々とこなしていけば目の前の仕事はすすんでいくのである。

今日目の前にあるのは、強い権力体からの命令や贈与でもなく、討議され練り上げられた理念でもなく、磨き抜かれた合理的精神でもない。いま、わたしたちの役に立つのは、分かりやすく可視化され（とはいえ、その可視化が完遂しうる難易度を軽減することへと必ずしもつながっているわけではないのだが）、目標、行動、成果が整理されたスプレッドシートである。

洗練されたものであれば、認知心理学や認知行動学の知見にしたがって、誤謬や判断ミス、行動パターンや生理学的傾向を含んだ人間の各種習性をも折り込んだグリッド型の行為系列が整然と並んでいるだろう。ひいては、推定どおりにプロセスがすすまなかった場合の対処法までマニュアル化されて記載され、全体の作業工程が無理なく円滑にすすむように整えられてさえいるかもしれない。

わたしたちは、生活世界の多層化がすすむにつれて、目の前の状況に関して、スプレッドシートで重層的にすなわち立体的に作成されたものを代表とする立体グリッド型整序ツールを求めるのである。欲望されているといってもいい。そうしたツールを常時装備することさえ欲望されるだろう。オフィスや自宅のパソコンのみならず、スマートフォンに、タブレットPCにまでも装備されることがのぞまれる。携帯電話のGPS機能や車載ナビゲーションをみてもわかるように、わたしたちは、自分が今どこにいるのかを知ろうとする行動にさえ、多層式グリッド型整序ツールの助けを借りはじめている。それが与えてくれる快楽は、テレビや映画の比でさえないかもしれない。文字通りの意味合でも隠喩的な意味合いでも、いま自分がすすんでいくべき道筋を自分にアドバイスしてくれるのだから。

だが、その欲望においてこそ政治的なものが作動している。というのも、わかりやすい社会学的な社会像も、多層式グリッド型整序ツールも、それらが主体に欲望されているという反面、それらが駆動されることにおいて個々の欲望が喚起され、特定のかたちで配分され組織化されているかもしれないのである。もっといえば、主体の間でなされると仮定されるコミュニケーション行為は、パッケージ化された社会像や整序ツールによる布置化を求め、自らを委ねているのだ。わたしたちは、役立つ社会像や支援する整序ツールを欲望しているのだが、その欲望群が形成する平面が逆にわたしたちの欲望を方向付けていくのである。

では、このような今日の欲望は、理論的にはどのように対象化することができるだろうか。

二人のハンナ・アーレント、二つの「社会的なるもの」

ここで、ハンナ・アーレントの仕事を参照しつつ、公共圏と親密圏、さらには「社会的なるもの」の布置関係の歴史的変更について、理解のチャートを整えておこう。とりわけアーレントが『人間の条件』においておこなった議論を手がかりに、メディア・テクノロジーの働きとコミュニケーションの存在論的な位相について、レンズの焦点を合わせたい[21]。

周知のように、アーレントによるならば、人間の活動は三つの類型に分類される。労働（labor）、仕事（work）、活動（action）、である。おおざっぱにいえば、労働は生物として生きて行くための行動、仕事は世界に対しての自らの痕跡をとどめるための行動、そして活動は他者との関わりに積極的に携わる行動、である。

このいちばん最後の「活動」の水準を現代社会において再生しようとすることに、この著作の賭金があるといえる。その点においてこそ、アーレントにおける公共的領域と私的領域の区別に関わる理論的装置が作動する。というのも、活動こそが、公共的領域に関わるものといえ、他方で、労働は、私的領域の範囲の話と捉えうるからである。もう少し言葉を足していうならば、労働という生存に必要な手当ては、古代ギリシャでいえば家（オイコス）の内側という意味合いでの私的領域内で営むべきものであり、活動なるものこそが、広場でなされる政治的なもの、すなわち公共的領域の場でなされるものと位置づけることがとりあえずは可能である。

立論のなかでアーレントが懸念しているのは、古代ギリシャとは異なって、近代においては、本来私的領域に関わるはずの労働が、経済的なもの（オイコノミー）としてその版図を拡大し、公共的領域へと浸食し、本来の意味での活動が織りなす政治的な営為を利害調整の場へと変容させつつあるという点である。

ここで議論の方角をより明瞭にするために、ハーバーマスの公共圏との対比をおこなってもよい。すなわち、ハーバーマスにおいては、私的な利害関心を持ちつつも、公開の場で自立した近代的な個人が熟議に積極的に参画する場こそが公共の場なのであり、がゆえに、そうした熟議の場を支える新聞や雑誌といったメディアが重要視されていた。それらの場やメディアが資本主義化もされていく一九世紀を通じた公共圏の構造的な転換こそが問題とされていたわけだ。

しかし、ストレートに読むとき、アーレントの批判の矛先はまったく逆方向を向いている。そもそも、ハーバーマスがいうような意味での公共圏の成立それ自体が問題に付されていたとさえいってもいい。すなわち、新しいメディアである雑誌や新聞によって資本主義上の私的な利害関心が醸成され、そうした利害関心から社会的なるものが構成されるわけだが、それが逆に、公共的領域という本来的には政治活動が営まれるはずであった場を浸食しはじめたことこそが問題化されているからである。

たしかにアーレントの論は、近代以前のエリート、とりわけ政治的エリート——極端な言い方をすれば、奴隷を所有するがゆえに経済活動すなわち労働に直接携わらずとも政治活動だけに専心することのできるエリート——による政治活動の遂行の重要性を、懐古的に訴えているトーンさえ帯びている。その復活を企図し、こうした論を組み立てたと解することができる余地さえある。

とはいえ、アーレントを別の方向から読み拓くこともできるだろう。経済活動の公共活動への浸食を論じる際に、彼女は、ハーバーマスと同様、多数の人間との関わりのなかで発展するコミュニケーション回路の拡大——すなわち、彼女の言葉でいえば、社交的な交流の質的かつ量的な変容という意味での「社会的なもの」の拡大——に注目している。社会的なるものは経済活動を促進するだけではなかった。むしろ、ある種の雑多なコミュニケーションの可能性を孕む契機であっただろう。にもかかわらず、フ

---

(21) 以下、ハンナ・アーレント『人間の条件』志水早雄訳、ちくま学芸文庫、一九九四年。

ァシズムが煽動したような強力な統御の政治がそれを抑え込んでいくことになったのではないかという、『全体主義の起源』以来の問題意識が見え隠れするのである。むろん、ここでの本論の関心は、アーレント哲学の吟味にあるわけではない。そうではなく、彼女が言う、社会的なるものの拡大は、コミュニケーションに関わるテクノロジー、すなわち、メディアに関わる問題系をただちに巻き込まざるをえない、という点にこそある。

すなわち、「社会的なるもの」に関して、アーレントは両義的な意義を見出しているようなところがあるのだ。本来的な政治行動がもつ共同体運営に関わる当事者責任の溶解を促すかもしれないという懸念を示す一方、「社会的なるもの」が政治的空間のなかへと現出されていく点にも大きな注意をはらっていたからである。社会的なるものを、ラディカルな民主制の実現過程として、沈黙を強いられてきた声なき声へと政治空間が己を開いていくプロセスとも捉えうるということだ——これは今日の多くのアーレント研究者が注視する点でもある。

アーレントの仕事に対する哲学的、社会学的評価がいかなるものであるにせよ、そのゆらぐ「社会的なるもの」に、おそらくメディアの問題が骨がらみになっている。もしかすると、メディアをめぐる問題とマスメディアをめぐる問題とを等価のものとして考える趨勢のなかで、それらが折り重なる部分とすれ違う部分を分けて捉える理論的営為の力線を探ることの困難や、現代の多層的生活世界で生じるややこしさもそこにあるのかもしれない。だとすれば、社会的なるものの変容こそが問われなくてはならず、従来の社会的なるものを梃子に新しいデジタル環境を解析することは、方法論としてはまったく失効している。

デジタル空間における表象をめぐる欲望は、一般のコミュニケーション行為におけるそれと、どう違うのか、その測定は慎重であるにこしたことはない。たとえば、オンライン環境での自己表象とオフラインのそれとの対比を含め、デジタル技術によるメディアに媒介されたコミュニケーションとそうではないコミュニケーション行為の差異をどう考えるべきなのか。海外でも現在頻繁にとりあげられる問題でもあり（にもかかわらず、訳語を定めるのはむずかしいのだが）、そうした問いをさしあたり「媒介されたコミュニケーション（mediated communication）」の問題と呼んでおきたい。

媒介されたコミュニケーションの存在論的もつれと綻び

この媒介性について、和田伸一郎が鋭い存在論的な解析を加えている。メディア・テクノロジーが、人間の存立に関わる存在論的な立て組みを変容させてしまうことに、和田は注意を促しているのだ。単純化していえば、ディバイスに接続された間主観的なコミュニケーションの場と、自らの身体の大半が物理的に在する場との間で、ユーザーは己の存在論的位置をうまく配分することが要請される。携帯電話での会話において、わたしたちは遠く離れた声に自らを奪われてしまう。つまり、携帯電話に耳を傾け会話するこの〈わたし〉のこころが投げ出される〈いま・ここ〉と、携帯電話をもつこの〈わたし〉の身体が占める場の〈いま・ここ〉との間に折り合いをどうつけるのか。メディア・テクノロジーが介在することで、世界の内に投げ出されている現実存在としてのこの〈わたし〉のあり様と、〈いま・ここ〉の固有性を拡散してしまう事態が生じてしまうということだ。媒介とは、そうした現存在における世界内存在のモードを変更するものにほかならない、そう考えることができるだろう[22]。

本論はそうした発想に漸近するものである。だが、ソーシャル・メディアというさらにヴァージョンアップされたメディア環境が整備されつつある今日、こうした解析を一歩先にすすめなくてはならないようにも思える。すなわち、〈世界‐メディア‐現存在〉の存在論的構図は、多層化した生活世界のなかで、そのフォーマットをバージョンアップする必要がある。生活世界が多層化している以上、世界内存在としてのこの〈わたし〉の存在の仕方はいったいどのようなものなのか、ということだ。多層化した生活世界では、本来的な配慮のあり方に軸足を置くようなハイデッガー的な発想では、十分に捉えきれないのではないか。

ここでは、近年積み上げられてきた地道な調査研究の知見から、「媒介されたコミュニケーション」とは、コミュニケーション行為に関わる「選択的に透過された回路」からなるものであるという知見を活用したい。人類学などでは長らく「非言語的（ノン‐ヴァーバル）コミュニケーション」として位置づけられてきた、広い意味でのコミュニケーションに関わる行為論的な解釈から組み立てられた知見である。[23]

対面的コミュニケーションにおいては、発話されたシンボル記号のやり取りにとどまらない、さまざまな情報が交換される。目や鼻の動き、首の傾き、手の動作、体の構え、多種多様な身体所作が当該コミュニケーションにおいて発され認知される。それらの非言語的コミュニケーションに関わる情報群が、シンボル記号の交換を実質的にも論理的にも支えているところがある。それは、本書第Ⅰ部で、コミュニケーションがそもそも成り立っているということの基盤の条件を、コミュニカビリティとしてみなす方向を確認したとおりだ。非言語的コミュニケーションはいわば、そうしたコミュニケーション行為の基盤を安定的に成立させ維持させるものとして作動している場合が多い。コミュニカビリティという語を案出した山内志朗がハビトゥスをその実質的な形態としているのは、無意識のものや本人にさえみえていないものも含めて言語・非言語的コミュニケーションの推移をまるごと捉えようとしているからである。

そうした多種多様な情報流通の回路の場のなかから、コミュニケーションに携わるものは特定の回路を選択し、自身が居合わせる意思伝達過程に同じく参加する者へと応接する。電話は音声を中心に、電子メールはテクスト文字を中心に、写真は視覚刺激を中心に、といった具合にだ。だが、そこで作動している情報流通に関わる回路はじつは、意識に上がっていないものも含め多様である。じっさい、意図的に選び取られた情報回路が十全に機能しない場合、人々はその欠落を補塡しようと追加的な措置をとり、己が携わるコミュニケーション行為を安定的に遂行しようとするだろう。電話では言語以外の刺激の意味作用、声の調子や高低はもとより、笑い声や溜息、咳払い、息づかいや漏れ出るノイズまでもが多用されるだろう。電子メールには絵文字をはさみこみ、写真にはキャプションをつける。媒介されたコミュニケーションには、媒介された以外の回路も含め、多重機能の情報回路が連結している。

対面的コミュニケーションが、必ずしも完全な情報回路であるわけではないことにも注意しよう。対面的状況においても、大きな声が出せない場合、文字が書かれた紙でやりとりをせねばならない場合、互いの顔がみえない場合、などなどなんらかの拘束性がかかる場合が少なくない。いや、詳細に検討すれば、大半の、もしかするとすべての対面的コミュニケーションにおいても、循環する情報の回路は限定的なものになっている可能性が高いだろう。そのかぎりで、媒介されたコミュニケーション行為とそうでないコミュニケーションに差異はない。

---

(22) 和田伸一郎『存在論的メディア——ハイデッガーとヴィリリオ』新曜社、二〇〇〇年。とりわけ、第二章。
(23) たとえば次がある。Nancy K. Baym, *Personal Connections in the Digital Age*, Polity, 2010.

そうした点を踏まえるとき、「選択的に透過された回路」という視点が指し示しているのは、いわば、人は、「媒介されたコミュニケーション」ととりあえずは捉えうる間主観的な多重回路のなかで、いくつかの回路を選択するというかたちで推移する、メディアによる意思疎通の実態にほかならない。選択するという行為自体が、一種の媒介の謂いであるなら、要するに、媒介されたものが媒介され直し、そうした回路が折り重なっていくプロセスの多重化こそがそこで生じていることだろう。ツイートするわたしのつぶやきはフォロワーへと伝送されるだけでなく、さらにそこから転送されもするだろう。それを受けとった者は、もともとのメッセージを受け取るのか、転送主体の意図も組み込んで受け取るのか。受け取られる転送者の意図を先読みして折り込んだ、もともとのツイート主体の複層的な企みを受け取るのか。

単純にいっても、大規模な仕方でコミュニケーションに関わるディバイスが多岐化し浸透し、人々のコミュニケーション行為が複雑化していくプロセスのなかで、多重化と複雑化は、伝えられているとされるメッセージの〈もつれ〉と〈綻び〉を不可避的に孕むだろう。いわば、電気ショートが高頻度で起きるのであり、伝わらないこと、誤送されてしまうこと、届かないこと、が当たり前の光景として生まれる。当たり前である以上、すぐさまそれにユーザーは慣れ親しみ、そうした〈もつれ〉と〈綻び〉を予期し自らの戦略のうちに折り込みはじめるだろう。存在論的再措定にともなう具体的なかたちを、〈もつれ〉と〈綻び〉、まずそう呼んでおこう。いま、実存は、そうした、コミュニケーション行為の多重回路と複雑な系列のなかにある。

デザインのなかの生活世界

というのも、デジタル技術そして「制御」という概念の振る舞いは、この「わたし」の実存、あるいは生活世界にまでに作用を及ぼすものであるといわざるをえないからだ。そうであるとするならば、ベックの「わたし」のなかで終始する信仰も、ギデンズの「セルフモニタリング」も、ハーバーマスの「私事性」も、かなりクリティカルな相貌をもった審級として視界に映し出されるものになるだろう。たとえば、ジェームズ・J・ギブソンのアフォーダンス論を、認知科学と情報工学の観点から読み直し日常の人間行動への適用を提案したD・A・ノーマンの『日々のモノ・コトのデザイン（The Design of Everyday Things）』の頁を繰ってみよう。[24] 一九八八年に刊行されるや、認知科学関係全般にわたって世界各国で爆発的に読まれることとなった書物である。

ノーマンによれば、「アフォーダンス」とは、「事物の知覚された特徴あるいは現実の特徴、とりわけ、そのものをどのように使うことができるかを決定する最も基礎的な特徴の意味で使われ」る。「椅子は、支えることをアフォードする（支える）もので、それゆえすわることを可能にする（すわることをアフォードする）」という具合だ。こうした発想は、「物をどう取り扱ったらよいかについての強力な手がかりを提供してくれる」とノーマンはいう。[25]

おそらくは「二万個」ほどあると考えられる、毎日使う道具のことを考えるとき、このようなアフォ

(24) 邦訳では次のような題となっている。『誰のためのデザインか——認知科学者のデザイン原論』野島久雄訳、新曜社、一九九〇年。

ーダンスの発想は、その重要性を際立たせる。日常、すなわち生活世界をより快適に過ごすことができるように整え、デザインしていく際の基本コンセプトになりうるというわけだ。「道具は単に私たちが何かをするのを簡単にしてくれるというだけではなく、私たちが自分自身や社会や世界を理解する見方に多大な影響を及ぼ」すからである。「紙と鉛筆、活版印刷の書物、タイプライター、自動車、電話、ラジオ、テレビなどの毎日使っている道具の発明がどれくらい大きな変化を社会に及ぼしたか」は誰もが知っている。[26]

ノーマンはこのような発想のもと、具体的にはどのようなメソッドにおいて日常のコトとモノをデザインしていけばよいのかについて丁寧な説明をすすめていくが、詳細には立ち入らない。ここでは、次の点を確認しておくだけで十分だ。すなわち、ノーマンの論立ての基本線は、対象を制御する回路をさらに制御するという方向にあるという点である。

たとえば、ノーマンは、現代社会における日常と技術の関係について、「付加機能の上に付加機能（functions and more functions）」が重ねられ、結果「制御スイッチ、それに覆い被さる制御スイッチ（controls and more controls）」のように設けられていることに注意を促す。それは、ユーザーの生活を便利にするどころか混乱させることになっているだろう。[27]

これに対するノーマンの応答は、彼のいう「日常のコト・モノに関わるデザイン」における核心をなすといってもいいものだ。ノーマンによるならば、「どんな作業にもいくつかのコントロールの階層がある」。つまり、低次なもののデザインもあるが、高次のもの、すなわち「全体的な作業の構造やゴールを選んだり監視したり、コントロールしたりする」ものもあり、デザインはそれら双方に関わるというのである。[28]

デザインされる快と不快

こうしたノーマンの言葉は、この著作の刊行時（一九八八年）、技術開発の分野で取り組まれていた「未来の家庭」の二つの方向性に関わる彼のコメントとあわせて読むとき、いっそう関心を駆り立てるものとなる。その未来の方向性とは、「ほしいものは、賢くてなんでも了解している電化製品によって処理される」ことになる「賢い家（smart house）」、そして「ありとあらゆる図書館」、すなわち「電話・テレビ・家庭用コンピュータ・屋根の上の衛星用アンテナなどを通して世界の情報源が手に入る」ことになる「知識の家」、というものだ（それより四半世紀ほど経とうとしている今日にあってはなかば現実化しているという意味でも面白い）。

これらに関わってノーマンが見解を示している。これら「未来の家庭」が現実化される際の道具に関する「コントロール」、そして「マスターコントロール」にどう留意するべきかという問題が、そこにはあると彼は指摘するのだ。そして、先に述べたようなアフォーダンスの発想を駆動させ、オブジェクト・レヴェルの「コントロールスイッチ」をメタレヴェルで「制御」するデザインができるかどうかにそれはかかっているというのである。

ノーマンのアイデアの妥当性はともかくとして、こうしたデザインの拡張案をうけとめるとき、わた

(25) 同書、一四 - 一七頁。
(26) 同書、三四五 - 三四六頁。
(27) 同書、一一頁。
(28) 同書、三二五頁。

したちの関心は次の問いに焦点化される。デジタル技術、あるいは制御の思考の浸潤にとっては、政治経済などの公共的領域と、日常、家庭といった私的領域は、選ぶところがないのではないかという問いである。系譜学的な観点からいっておけば、ノーマンは、自身がハーバート・サイモンの影響下にあることを率直に認めてもいる。私も公もまるごと、制御デザインの対象世界となるのである。

さらに付け加えておくと、一六年ほどのちに、つまり二〇〇四年に、ノーマンは『エモーショナル・デザイン（Emotional Design）』という著作を発表している。便利か便利でないかという意味合いで先の著作で提起され取り組まれた今後のデザインの方向性をめぐる問いの立て方が変更され、心地よいかどうかという問いのレヴェルにまで踏み込む必要を唱えるのである。認知科学の観点からのデザインの方向を打ち出したといってもいい[29]（ここでいわれているエモーションには若干の注意が必要だろう。ノーマン自身が解説しているように、それは、意識下において捉え返された「感情」というよりも、身体全体にわたる生体反応的な構え、あるいは現在世界の脳科学をリードするアントニオ・ダマシオやジョセフ・ルドゥーがいう「情動（affect）」に近い[30]）。

ノーマンの提案を受け、色やかたち、匂いや音響にも配慮し、情感にフレンドリーなデザインが競って開発されはじめていることは、身の回りを眺めれば納得がいく。このわたしの生は、その機能性の便宜性というベクトルからだけではなく、快・不快というベクトルからも、デザイン（設計）されうるものとして位置づけがすすみはじめているということである。もちろん、認知科学の情報理論との本質的な結びつきはよく知られているとおりであり、デジタル技術による制御の対象としてもつ、こうした便宜性と情動のデザイン（設計）の方向性が主張され、じっさいに現実化されはじめているということだ。

「生活世界」＝「環境」＝「人工物」の時代、その制御の時代

さらには、ノーマンもまたここで、制御に関して二つの類型の示唆的な区別をおこなっている。すなわち、中央集中型制御（centralized coordinating and control system）と、分散型制御（distribute control）という二つの類型の区別である。前者はアシモフやオーウェルがそのSF小説において描き出した巨大な「ビッグブラザー」としての制御センターのことであるとひとまずは了解してよい。後者は、当該作業にかかわる複数のメカニズムに関与する複数のモデュールを通して、遂行される制御であると説明されている。

強引に単純化していえば、制御に関わっているのは、権力なのか個々の欲望なのか、そうした問いを失効させるような境位において、デザインのベクトルは強度を高めつつある。

先にみた議論に立ち返りながらいえば、こういういい方も可能だ。ノーマンの二つのタイプの制御の区別は、「後期近代」におけるあるべき人間社会の理念を論じるなかで提示された、ギデンズの「監視能力の拡張」と「行政運営的コントロール（administrative control）」の区別と、ゆるやかに応対すると。ただし、ここで重要なのは、ギデンズにおいてはいわばコスモポリタンな人間の知性の可能性として捉えられていたが、ノーマンにおいては、新しい時代における（デジタル技術あるいはそれと連動するシステム

(29) Donald A. Norman, *Emotional Design: Why We Love (Hate) Everyday Things*, Basic books, 2004.

(30) 「情動」については、たとえば、拙著『映像論序説』（人文書院、二〇〇九年）の第二章において脳科学との関連において論じている。

的なもの）制御作動の対象となるものとして考えられているという点である。

ノーマンおよび彼に続くデザイン論では、このわたしの日常は、行動の便宜性からも、快・不快の情動性からも、分散型制御が作用するなかで推移していくものとなるといわれているに等しい。乱暴を覚悟でいえば、ハーバーマスの討議的理性も、ギデンズの「セルフモニタリング」も、ベックの「〈私〉だけの神」も、日常生活のデザイン論においてはあらかじめ、折り込まれ整序され、先読みされたものとなっていくといえばいいすぎだろうか。

ノーマンが作動させているのは、生きられる世界、すなわち生活世界を、生物学でいうような環境世界、さらにはその独特な仕方での再定位である「アフォーダンス」世界とみなす考え方である。そして、それは、第Ⅰ部でみた、「制御」の思考と親和性の高い、サイモンらのいう「人工物」の世界とほぼ重なっている。

それこそが、「後期近代」であり「第二の近代」である。つまりは、このわたしが生を営んでいく際の行動領域あるいは心的機制にまで制御は入り込んでいく。「セルフモニタリング」にせよ「生活世界」にせよ、制御は浸透する。もっといえば、わたしがわたしだけの信仰をかたちづくらざるをえない段階に入ったとしても、その作業のための情報資源、すなわち言葉もヴィジュアルも音も声も、制御のデザインを通過して、このわたしに届けられるということだ。

公共的領域と私的領域の区別自体、少なくとも従来の意味合いでは、制御をエンジンとする社会にとっては意味をなさなくなりつつある。もしかすると、わたしたちは、ハンナ・アーレントがいう「人間の条件」からはるか遠くの場所で生きているのかもしれないのである。

第2章　制御、偶発性、相互主観性

この章では、制御概念と、個人の欲望、そしてその欲望の組織化に関わる問題系についてさらに掘り下げて考察をおこないたい。

とはいえ、針路はいささか迂回的なものとなる。直截的に欲望に関わる「制御」概念を扱うというよりも、広い意味での主体の内面における制御論的な思考の作動を軸にして、考察をすすめるからである。そうした戦略において、制御へと向かう主体、欲望（それは不安の裏返しでもあるかもしれない）のなかにある主観に今日何が起きつつあるのかに焦点をあてる。

第一節　ポストモダン思想の論理的帰結としての偶発性

誰もが発信できる時代の自己表象

現代社会を論じる思想の系譜、とりわけ、前世紀後半に世界を席巻したポストモダン思想と、制御の思考の流れをまずはスケッチしよう。

これは時代状況の観測になるが、今日、人々が自己の表象に自らのエネルギーを相当量注ぎ込んでいることはよく指摘されるところだろう。見渡す光景に溢れているのはヒトと組織を問わず、企業から行政官庁、国会議員から芸能タレント、大学からジャーナリスト、そして多くの老若男女の、「己」の表象である。その噴出についても、「媒介されたコミュニケーション」の多重化におけるもつれと綻びの文脈からみておくことができる。分かりやすくいえば、デジタル技術が可能にしたパソコンという発信装置と、出来上がったテクストなりイメージを流通させると同時に受容の場ともなるインターネットの実現のおかげで、誰もが発信できる時代が到来したのだという。そうしたキャッチフレーズのようないいっぷりは、なるほど人を納得させるものがあり、前世紀末より飽くことなく繰り返されている。

だが二〇世紀におけるテレビは、「普通の」人々の声と姿を拾いあげ「普通の」視聴者に届けうると喧伝したし、遡れば、一九世紀にはミュージアム（美術館や博物館）が世界各国の「普通の」人々の生活や風俗について展示し伝えた。いや、もっと遡れば、一八世紀に爆発的に拡大した活版印刷においても、それまで王族や貴族をはじめとする特権的な人々に限られていた、公共の場への声の現出を一気に拡大したと多くの人が歓喜しただろう。ハーバーマスが公共圏を、アーレントが社会的なるものを論じる際に前提となっているのは、そうした歴史の過程である。だとすれば、今日のデジタル技術の時代の発信と受容はそれらとどこがどう違うのか。(1)それが問われなければならない。

混乱のないよう確認しておこう。ここで論じているのは、狭義の意味でのソーシャル・メディアがもたらした状況ではない。つまり、この語によって形容されるFacebookやTwitter、LINEなどの特定のアプリケーションの集合を指し示しているのではない。パソコンが普及しWWWを通してインターネットへの接続が社会のインフラストラクチャーとなった前世紀末から今世紀初頭にかけて一気に拡散した、いわばユーザーの強い参加を折り込んだデジタルコミュニケーションを考えようとしているのだ。であるので、次のようなフレーズ群が捉えようとしている多彩な、けれどもどこか重なり合い接合し、拡散しつつある今日の現象群を広く包含する事態を扱っている。

すなわち、ある会合でオープンソース運動の提唱者ティム・オライリーが「ウェブ2・0」と呼んだ新しいプログラミングの未来の方向性に対する呼称の意味するところ。メディア学者ヘンリー・ジェンキンスがメディアに関わる産業の観点から特徴付けようとした「コンバージェンス・カルチャー」。コンピュータ業界がより好む用語でいえば「ユーザー・ジェネレイティッド・コンテント」。ハーバード大学ロースクールの碩学ヨーカイ・ベンクラーが描き出す「ピア・プロダクション」。さらには名を馳せたメディア評論家ジェイ・ローゼンの「かつては「観客」として知られていた人々」というややレトリカルなフレーズがアプローチしようとする状況。「参加型メディア」といったジャーナリズム用語が捉えようとしているもの[2]。

こうした新種のコミュニケーション行為が生み出しつつある現象の目新しさを、むやみに評価することは慎まねばならない。それは、承知している。だが、ソーシャル・メディアという言葉自体が孕む不可思議な様相、つまり、コミュニケーションがつねになんらかのメディアにおいて媒介されてきた長い人類史を考えるとき、そこであえて「ソーシャル」と付し直されているのは、もともと社会的なるもの

(1) こうした点について手際よくまとめているものとして、Nancy Thumim, *Self-representation and digital culture*, Palgrave Macmillan, 2012 がある。
(2) *The Social Media Reader*, edited by Michael Mandiberg, New York University Press, 2012, p1-2.

をつくりあげることに与ってきた「媒介されたコミュニケーション」を、さらに「ソーシャル」にしようとするメタレヴェルからの仕切り直しのベクトルがある。

メディア・テクノロジーは、他のメディア・テクノロジーと相互に連結し、作用を接合しはじめるだろう。ハイブリッド化し、コミュニケーションは、メディア間の相互作用のなかでうごめくものとなるのだ[3]。いまや、社会的なるものを糾合するかたちで社会的なるものは構成されていく。ほつれや綻びは、常態となってもおかしくない。いや、正確にいうと、社会的なるものは、つねに再編されるプロセスにある以上、安定した素地となる特定の構図をもはやもたない。公共圏と親密圏のもつれは、その一端である。だからこそ、わたしたちは、つねに〈わたし〉を表象し、流動的なコミュニケーション環境のなかで、〈わたし〉自身を常時つくりあげていかなくてはならない強迫にとらわれるのである。

別の角度からみてみよう。生活世界の多層化のなかで、自己表象をめぐるコミュニケーション行為でさえそれらの層の間を効率的に、円滑に、そして効果的に移動することを欲望する。アルゴリズム用語を用いれば、自己を表象する場面も含め、人々の欲望を集める多岐にわたるディバイスが駆動させる「媒介されたコミュニケーション」はいわば、うまくフレキシブルに状態遷移することを欲望するのである。

この欲望の折り重なりには、表象せずにはいられないという大きな不安がつきまとうともいえるかもしれない。じっさい、現代社会における芸術をめぐって近年刺激的な提言を続けているボリス・グロイスは、今現在わたしたちは誰もが発信という「義務」へと誘導されることになっていると述べる。誰しもが表現し発信しうる社会とは、誰しもが表現し発信しなければならない社会であり、さらにいえば、誰しもが、己を表現し発信することではじめて世界のなかでの自らの生を確保できる社会でもあるというのだ。[4]

ジョナサン・クレーリーが最近指摘しているように、かくも肥大化した映像メディアに埋め尽くされた世界においては、映像（文字映像も含む）によるものが中心となっており、端的にいえば、わたしたちは自らが映し出されるイメージを日々つくり続けねばならない、いや、日夜送り続けねばならない、そんな事態の只中を生きている。[5] 己自身がある種の表現物となって、他者に提供され続けなければならない世界の登場である。

もっといえば、コミュニケーション行為は、増殖するメディアの環境において自らの欲望の赴く先の多層化を前提として折り込みつつあるだろう。コミュニケーション行為が主体間でなされてはじめて成立しうることを考えた場合、メディアのなかで交換されるメッセージではなく、そうしたメディアこそが、各主体がコミュニケーションを怠りなく作動させるために自らを委ねる先となりつつあるのかもしれない。

他者から与えられるアイデンティティの表象、集団のなかで位置づけられるアイデンティティ表象はもとより、自己により自己を表象する営為、すなわち、自分が誰であるのかを表明するアイデンティティ表象の行為にいたるまで、わたしたちはどのコンテクスト、どのコミュニケーション回路の層にいるのかに随時依存しつつ生を送ることになっているということだ。

（3） Matthew Fuller, *Media Ecologies*, The MIT Press, 2005.
（4） Boris Groys, *Going Public*, e-flux/Sternberg Press, 2010, p21-37.
（5） Jonathan Crary, *24/7: Late Capitalism and the Ends of Sleep*, Verso, 2013.

そのなかで、不可避的に立ちあらわれる、〈もつれ〉と〈綻び〉。もちろん、誤作動の修正というかたちで、それは適宜対処がなされ、円滑なコミュニケーション行為への回復が促されるだろう。けれども、それでもこぼれ落ちる出来事のために、デジタル技術の時代は制御概念から出色の理論的仕組みを産み落とすのだ。

たまたまそこに居合わせてしまうこと

メディアがメッセージであるといったマクルーハン的なテーゼは、今日においてはそのままではもはや有効性をもたない。というのも、増殖するメディア環境のなかで、各々のメディア・テクノロジーに人は本有的特徴を見いだすことはないからである。各々のメディア・テクノロジーは相互の布置関連のなかで、しかもそうした布置関連が動態的に遷移するなかで、そのあり様をすぐれて偶発的に変貌させてもいくのである。同時代への批評的分析が立ち向かわなければならないひとつの問いは、間違いなく、この点をめぐるものではないだろうか。それがここで問うものである。

前章で記したいくつかの挿話とさかさまの状況をみてみよう。家族への連絡はあとでもよいと思ったならば、電車のなかで携帯電話を開くこともなく、その空間にふさわしい姿勢で社内広告に目を走らせ、通勤時間をやりすごすかもしれない。同僚からメールさえ入らなければ、わたしは、家の居間で家族とくつろいでいたままだったかもしれない。恋人がメッセージを送ってこなければ書類整理に没頭できたはずだし、カフェでWiFiがつながらなければ昨日の出張報告書を書いていたかもしれない。

このわたしの生きる世界は、わたしの意志や、勤務先の意図、家族の懸念、友人の想いの強さなどに依るところが大きいものの、同時に、その場の制御技術の状況、たまたまそこにある作動状況にはげしく依存している。そして、その依存性を日々強めている。

己の行為ないしは行為の行方が、偶発的なものに依存する状況にあるといってもいいだろう。情報社会は、主体の成り立ち過程に関して偶発的依存性を高める。それも著しく高めるのだ。先にも述べたように、わたしたちは、つねに〈わたし〉を表象し、流動的なコミュニケーション環境のなかで、〈わたし〉自身を常時つくりあげていかなくてはならない。有り体にいえば、たまたまそこに居合わせてしまったかのような特定のコンテクストへ依存する偶発性が、今日異様なまでに意識や感性にせりあがってきている。いわば、そうしたたまたまさ加減をめぐる不安が、取り組まれるべき思考の課題として浮上しつつあるのだ。

こうしたたまたまさ加減をめぐる関心の近辺で、現代の生をめぐる諸問題を取り扱う海外の先鋭的な論考がつぎつぎに発表されている。それらの文献を渉猟するとき、ひとつの言葉が独特な陰影を落としながらあちこちで徘徊しているのに気付かざるをえない。情報理論から、批評理論、分析哲学から社会学まで多様な領域での現代を問う言説実践のなかに、奇妙な佇まいで立ち現れているタームといってもいい。日本語ではいまのところ「偶発性」や「偶然性」といった訳語がとりあえずあてがわれている、「コンティンジェンシー（contingency）」という語である。

偶然性ではなく偶発性という理論的課題——統計学の政治学を超えて

しかしながら、たまたま居合わせているという、このたまたまさ加減、すなわち、偶発性という、今日せり出してきている理論的問題には的確なナビゲーションが必要である。

まずもって、それは、いわゆる偶然性（chance）の問題系と混同してはならない。偶然という語は、因果的には必ずしも起きるわけではなかったが、結果において起きてしまった事柄に対して考察をおこなうときに用いられるものだ。わかりやすくいえば、必然と対比させて、すなわち、必然ではなかった事象に対して偶然という言葉を使うのである。サイコロの目が4だった、くじ引きで当たった、などである。そうした偶然の事象に対しては、確率論を用いて、その起きやすさや起こりにくさについて掌握可能なものにしようとするのが通常の所作である。偶然性とは、数学をもちいて当該事象がどのような確からしさにおいて、つまり確率において生じるのかについて捉えようとする、そうした発想のなかでかたちづくられた概念であるということだ。そうであるかぎり、そこにはまた歴史的な経緯がある。

　わたしたちがそうした確率論的な仕方で、広い意味での世界における事象、もっといえば社会における人間の振る舞い一般について全面的に取り組むようになったのは、一九世紀後半であると一般に考えられている。このあたりの事情については、分析哲学ないし科学哲学における俊英イアン・ハッキングの主著のひとつ『偶然を飼いならす（The Taming of Chance）』（一九九〇年）に詳しい。

　ハッキングはまず、一九世紀を通じた印刷技術の発達と拡大によって生じた数的表現の氾濫、とりわけ人間の特徴や行為に関する数的表現の氾濫と、物理学を中心にした世界観の核を構成していた決定論の緩やかな溶解を跡づける。それらを背景として、統計学的な思考法が登場する、そう論じるのである。その経緯を詳細に描き出すことが、ハッキングによるこの著作の要諦である。

　より正確にいえば、著作の題名からも推し量れるように、そうした統計学的思考法の登場により、決定論的な因果性概念にとって代わり確率論的な因果性が打ち立てられていくさまをあきらかにする点にこそ、この考究の狙いがある。すなわち、「偶然（chance）」を、新たな因果性概念を練り上げるなかで、人間にとって対応可能な、すなわち処理可能なものへと転じさせていく一九世紀後半の「第二次科学革命」と括られるような知の変容過程を照らし出すことこそが、この仕事の眼目であったわけだ。[6]

次の点にも触れておこう。ハッキングは、統計学の使途について、「社会的統制」（邦訳ママ—原語 social control）という語をしばしばもちだしてはいる。しかし、ヴィクトル・ユゴーの文章なども借りながら、彼がそこで注意を向けているのは、統計をとる階級と統計の対象となる階級の間の断絶である。統計学を用いた社会体の把捉を一気にすすめた社会物理学者ケトレに追従する研究者のある会合での演説をハッキングは引いているのだが、彼はその演説で用いられる「出火」や「階級」そして「人種」を対象とする「管理」（邦訳ママ—原語 management）といった言葉に注意を促し、それらの言葉が示唆する、具体的な権力をもつ政治的主体がおこなう「社会的統制」の次第に論及するのである。[7]

このような論展開で描き出されている偶然なるものに対する取り組みのあり様は、本論でみてきたデジタル技術の出現以降、世界に拡がり浸潤しつつある偶発的なるものへの取り組みとは微妙に、しかし決定的に異なっている。次の二点は留意されなければならない。第一に、わたしたちがこれから考察しようとする「偶発性（contingency）」をめぐる問題は、「偶然性（chance）」の問題系とは異なるものである。日本語文献における訳語の多彩さのためにみえにくくなっているが、両者は異なる語である以上、異なる問題系を構成する必要がある、というのが本論の立場である。

第二に、偶然性に対する統計学的処理において作動する権力への批判に安易に横滑りさせることは、

（6）イアン・ハッキング『偶然を飼いならす——統計学と第二次科学革命』石原英樹、重田園江訳、木鐸社、一九九九年。ハッキングの論立ては、よく知られているように、エルンスト・カッシーラーの『認識問題——近代の哲学と科学における』（邦訳は全四巻、みすず書房）の影響下にあることも急いで付け加えておこう。

（7）ハッキング『偶然を飼いならす』、一六九 - 一八三頁。

現代の分析の方向性としては必ずしも適当ではない。考察の行方をやや先取りしていえば、偶然性に対する統計学的発想を人口論の勃興と重ね合わせて国家機構の管理統制的な振る舞いを批判するという、近年少なくない論立てには慎重な姿勢をとりたい。そのような方向における実りについては否定するどころか、高い評価を与えるものの、ここで扱う偶発性をめぐる問題系とは異なる水準のものであり、下手をするとその重要性を見えなくする危うさをもつものだからである。

たとえば、ミシェル・フーコーの「統治性」をめぐる分析は、本論が扱う「制御社会」の問題と軌道が重なり合うきわめて重要なものである。だが、フーコーがそうした「統治性」の分析において、強い関心をもって俎上に載せる統計学的なものの一種の「権力」作用の議論を、そのままのかたちでスライドさせ、現代社会に対する批判的分析に適用する手つきには、一抹の不安が生じるのだ。一世紀の時間の隔たりという点はもとより、なぜフーコーが統治性の問題を扱う際にほかでもない、一九世紀末という特定の時期における統計学の出現に注意を払ったのかという点を捨象して、いささか乱暴なショートカットをしているように思えるからである。

偶発性は、こうした偶然性、ないし偶然性に対する確率論的な対処法とは本質的に異なる次元でアプローチせねばならぬ理論的課題である。したがって、訳語も偶然性（chance）とは別に、偶発性（contingency）として考察をすすめていきたい。これまで哲学史研究や社会学ではこの語に「偶然性」「偶有性」をはじめとしてさまざまな語があてがわれてきたが、これから本論でもみていくように、現在の「コンティンジェンシー」をめぐる問いは、付随性や二次性を与える発想それ自体を疑うところがあり、問いの設定そのものが仕切り直されているのだ(8)。

ともあれ、であるとして、「偶発性」とはいったい何なのか。

偶発性の問い――ポストモダンの隘路を理論化する

まず、今日の社会や生のあり方について論じようとする先鋭的な論考のなかで用いられている「偶発性」という語の振る舞いのいくつかをチェックし、その端緒をあきらかにしてみよう。

偶発性をめぐる哲学的な問いを時代と対峙しながら今日の状況において最初に提示したのは、アメリカの哲学者リチャード・ローティである。分析哲学を出自としつつも大陸哲学にも明るいローティは、今日ではポスト・リベラリズムの雄といってもいい位置づけとなっているが、彼による仕事のなかでもいまだ注目度の高い『偶然性、アイロニー、連帯（Contingency, Irony, and Solidarity）』（一九八九年）は、

（8）たとえば、手元にある『哲学事典』（平凡社、一九七一年）をみておこう。まず、項目「偶然性」は、「〔英〕contingency〔独〕Zugfalligkeit〔仏〕contingence」の訳語にあてられているもので、「様相のカテゴリーの一つ」であるとされている。だが、本文の少し後でみるように、今日たとえばドイツの社会論関連の主要文献においては「偶発性」に対して「Kontingenz」という語が用いられている。であるので、「contingency」に「偶然性」とストレートに従来の訳語を与えることには躊躇がともなう。

他方、項目「偶有性」には、「〔希〕symbebekos〔羅〕accidens〔英・仏〕accident〔独〕Akzidenz」という原語が記載され、さらには訳語として「偶性ともいう」とある。ついで、アリストテレスからはじまる「存在はきわめて多義的であり、いろいろな仕方で語られるが、偶有性とは存在者の一つのあり方を示す語として、つねにそれ自身においてあるあり方と対立的に用いられている」という説明がつづく。だが、「偶有性」という訳語はそもそも対応する原語が「contingency」ではなく「accident」である点、さらには、本文すぐ後のローティにおける使用法から推察されるように、「つねにそれ自身においてあるあり方」などないという判断が、今日の（ポストモダン以降の）「コンティンジェンシー」のあり方でもある点から、この語「偶有性」を用いることにも躊躇せざるをえない。とはいえ、この点については、諸賢の批判を待ちたい。

偶発性についてアクチュアルかつ哲学的に洗練された考察を展開している(9)。

ローティの議論は簡単にまとめるとこういうものだ。すなわち、わたしたちがわたしたちの思考をつくりあげる言語は、生まれ育つ環境のなかで出逢い、学び、獲得したものにすぎない。何らかの超越性なり究極の目的性などとして、あるいはなにがしかの範型となる言語を尺度として矯正されうるようなものとして、そうした言語はあるのではない。つまり、本有的特性（intrinsic nature）はいかなる意味合いにおいてももたず、言語は、ただ偶発的なものとしてこのわたしとともにある。そのことを承認すること、受け容れることをラディカルにローティは促す――彼の初期の代表作『哲学と自然の鏡』（一九七九年）においてなされた、世界との一致を前提とした真理をめぐる問いから言語を解放することを論じたポストモダン的な主張の論理的帰結ともいえるだろう。

そして、神、ないし超越性を付された世界、あるいは神聖化された人間性という考えを捨て去らざるをえない、とローティはつづける。世界においても自己においても、一見捉えがたい論展開かもしれないが、つまるところ、知的もしくは精神的な努力の積み重ねを通して究極的においては必ずや、本来的な何かがあるということが見いだされるような、いかなる思考も斥けなければならないということだ。いい換えれば、本有的／偶有的な哲学的概念の対立が有効に機能する時代はもう終わった、ローティはそう断じるのである。

そうした認識の上で、ローティは、言語、自己、社会体、それぞれに対する時代状況への哲学的処方箋を作成するのだ。言語に対しては真理を発見する媒介としての位置づけではなく詩的創造の役割を、またそうした言語と偶発的な関係をもつとしかいえない主体には自己発見ではなく個体としての自己創造という理想を与えるべきだという。他方、社会体に対しては、共同体自体もまた「偶発性を承認することしての自由」に基づくリベラリズムを通しての（相対主義を回避する）連帯の可能性を論じる。そうした具合に公共的領域と私的領域の区分けを徹底化したともいえる。ローティの次の言葉を引いておこう。

私たちに可能なことは、せいぜい、公正で自由な社会の目的が、つぎのようなものであると考えることである。つまり、その社会の市民を、彼らの私的な時間にかぎり――つまり、他者に対して害を加えず、より恵まれていない人々が必要とする資源を利用しないかぎり――好きなだけ私事本位主義的で、「非合理主義的」で、審美主義的にすることである。（中略）

私のいうユートピアにおいては、人間の連帯は「偏見」を拭い去ったり、これまで隠されていた深みにまで潜り込んだりして認識されるべき事実ではなく、むしろ、達成されるべき一つの目標だ、とみなされることになる。この目標は探求によってではなく想像力によって、つまり見知らぬ人々を苦しみに悩む仲間だとみなすことを可能にする想像力によって達成されるべきなのである。連帯は反省によって発見されるのではなく、創造されるのである。私たちが、僻遠の他者の苦痛に対して、その詳細な細部にまで自らの感性を拡張することによって、連帯は創造される。(10)

(9) リチャード・ローティ『偶然性、アイロニー、連帯』斎藤純一、山岡龍一、大川正彦訳、岩波書店、二〇〇〇年。

(10) 同書、五‐七頁。

ローティ自身も加担したポストモダン思想においては、言語実践なり、人間の営為なりが依ってたつ本来的な尺度（本有的特性をもった何か）がない以上、実効的な政治哲学の立論においては相対主義に陥るしかないという懸念があった。下手をすればアナーキーな混乱を肯定するしかないのではないかという難詰さえあっただろう。そうした懸念や非難に対して、彼のこうした弁は、一定程度の応答を試みたものと捉えておくことができるものだ。

こう論ずるローティを手がかりに整理すれば、偶発性とは要するに、現代社会を生きる生において、ある事象なり行為が、特定の文脈に偶発的に依存しているような状態を指して用いられている。自らの欲望の根拠の偶発性を承認すること、そうすることで己を編制し直す主体が他者と連帯する可能性をもつということ、そうした連帯からこそこれからの社会のあり様を定式化していく方途がみつかる、とローティは論じているわけだ。偶発性に気づき己を編制し直すことを欲望するコミュニケーションの可能性にローティは賭けているのである。

ポストモダンの思想の帰結が偶発性をめぐる問いに行き着かざるをえないのは、構造主義ないしポスト構造主義と呼ばれた思潮、さしあたり「現代思想《フレンチ・セオリー》」と名付けうる思潮の流れを直接受けつぐ現代の政治批評の代表的論客たちの言にもみてとれるだろう。彼ら彼女らは、ローティ以後、この偶発性という主題を、ポストモダン思想以降の政治哲学の方向性を探る重要なものとして位置づけ、議論を深めている感さえある。ここでは、彼ら彼女らが偶発性をめぐってはげしく論争を繰り広げたさまをとりあげておくことにしよう。エルネスト・ラクラウ、スラヴォイ・ジジェク、ジュディス・バトラーが集い、意見を交わし合った記録『偶発性、ヘゲモニー、普遍性（Contingency, Hegemony, Universality）』である。(11)

少なからず論点がすれ違いながらすすめられていくものの知的刺激に満ちたこの討論を、ここでの関心に引き寄せて暴力的に簡略化すると次のようになる。ラクラウ、ジジェク、バトラー、の三人は、（ポスト）構造主義思想のなかで定式化された言語ないし文化記号一般の作用において構築される主体、および主体と社会体との関係に関して、互いの理論的立場から論陣を張る。（ポスト）構造主義思想においては、主体構築（主体と社会体の関係の構築）は、個別具体的な場面においては特定の言語ないし記号作用のあり様に決定的に依存せざるをえないだろう。だとすれば、主体なるものの立ち上がりの裡に不可避的に入り込んでいる偶発的コンテクストへの依存（コンティンジェンシー）という契機をどのように理論化しうるか。それが、この当代を代表する気鋭の論客がそれぞれの理論武装をフル稼働させて議論を闘わす問いであるといっていい。

ラクラウはグラムシから受け継いだヘゲモニー論、ジジェクはラカン派精神分析学、バトラーはドイツ観念論（とりわけヘーゲル）から、主体が立ち上がる際に入り込む偶発的なコンテクスト依存の契機に、主体が主体を乗り超え、自身を変革すること、社会を変革することへとどのようにつないでいけるのかという力線の探求について討議するのである。(12)

（11）エルネスト・ラクラウ、ジュディス・バトラー、スラヴォイ・ジジェク『偶発性、ヘゲモニー、普遍性——新しい対抗政治への対話』竹村和子、村山敏勝訳、青土社、二〇〇〇年。

（12）ラクラウのいうポスト・マルクス主義的な観点からのヘゲモニー論は、偶発性という論点を抜きにしてはおよそ理解がむずかしい。詳しくは、エルネスト・ラクラウ、シャンタル・ムフ『ポスト・マルクス主義と政治（Hegemony, and Socialist Strategy）』山崎カオル、石澤武訳、大村書店、二〇〇〇年。

偶発性はなぜ今日の問いか

三人の理論的格闘は、ローティのものよりも一層ラディカルであり、切迫したものになっている。偶発性をめぐる現在の政治哲学上の争点の輪郭を把捉しておくためにも少し踏み込んでおこう。たとえば、ジジェクは別の本で、この点にかかってこそ、ローティを名指しで批判しているのだ。

カント哲学の厳密な用語をつかっていえば、民族的ルーツについて反省するときのわれわれは、理性の私的利用に関与しており、偶発的で独断的な前提にしばられている。つまり、われわれは「未成熟な」個人として行為しているのであって、理性の普遍性の次元にすまう自由な人間として行為しているのではない。この公的と私的の区別に関連した、カントとリチャード・ローティとの対立は、めったに注目されないものの、きわめて重要である。両者はこの二つの領域を明確に区別するが、区別の仕方は正反対である。当代きってのリベラルであるといってまちがいないローティにとって、私的領域は、われわれ個々人それぞれにとって特異《イディオンシンクラシイ》な空間である。そこでは、独創性と無法な想像力が支配し、道徳的配慮は（ほとんど）中断される。それに対して、公的領域は、人どうしの社会的な相互作用の空間である。そこでは、われわれは他者を傷つけないようにルールに従わねばならない。いい換えれば、私的領域はアイロニーの空間であり、公的領域は連帯の空間である。

だが、カントにとって、「世界‐市民‐社会」という公的空間は、普遍的単独性《シンギュラリティ》という逆説、単独者としての主体が特殊性の媒介を迂回して直接普遍に関与するというある種の短絡ともいうべき逆説を意味している。これは、カントが「啓蒙とは何か」の有名な一節で「公的」と「私的」を対立させたとき、いわんとしていることである。「私的」なのは、共同体と対立する個人ではなく、ひとのアイデンティティを特殊レベルにおいて規定する共同体的‐制度的秩序そのものである。それに対して「公的」なのは、〈理性〉の実践がもつ国家横断的普遍性である(13)。

表2

	(カントを参照する)ジジェク	ローティ
私的領域	未成熟な個人	詩的実存・アイロニー
公共空間	単独者としての普遍	連帯の場

ジジェクのここでのローティ批判を、理論的整理の手つきの表面において鵜呑みにするわけにはいかない。たとえば、先に引いたローティの引用に依拠して、このジジェクの批判を読んだ場合、次のような図式的整理も可能ではある(表2)。が、それは必ずしも妥当ではない。なぜか。ここでジジェクは完全にローティを誤読しているからである。

　ローティが私事本位であることを推奨することの理由は、次のことに尽きている。つまり、偶発性を受け容れることのできるものだけが、普遍性を獲得することができるからである。カント的な道徳哲学も、さらにいえば、ニーチェ的な超人思想をも退けるフロイトの考えを可能性の中心として見立て、ローティは次のようにいっている。

　この視点からみるならば、知識人(言葉や映像的あるいは音楽的な表現形式を、右に述べたような目的に使用する人)というのは、特殊な事例にすぎない。つまり、ほか

(13) スラヴォイ・ジジェク『暴力――6つの斜めからの省察』中山徹訳、青土社、二〇一〇年、一七七‐一七八頁。

表3

	カント	ローティ
共同体	共同体的アイデンティティ	偶発的依存による自己
普遍	単独者	詩的創造による想像力

の人びとだったら配偶者や子供、職場の仲間、商売道具、取引上の現金勘定、家庭にためこんだ蓄財、耳を傾ける音楽、参加や観戦をするスポーツ、あるいは仕事にゆく途中で目にする木々を〔象徴的に〕利用しておこなっていることを、知識人はマークや音声でおこなっているにすぎないのである。ある言葉の響きから、一枚の葉の色や皮膚の一部の感覚にいたるまで、あらゆるものが一人の人間存在の自己アイデンティティ感覚を、劇的なものとし、結晶化させるのに役立つかもしれないことを、フロイトは示したのだ。なぜなら、このような事柄のどれであっても、普遍的で私たちすべてに共通なことだけができる、あるいはすべきだ、と哲学者が考えてきた役割を、個人の生のなかで果たすことが可能だからである。(14)

付け加えておけば、コミュニタリアニズムの立場に身を置くサンデルがリベラリズムを批判するなかでその相対主義の傾向を難じる手つきをローティが巧みに脱臼していく際にも、偶発性の承認を経た上での私事本位主義が〔コミュニタリアニズムの偏狭を超える〕ある種の普遍性を帯びるという同じ論法を認めることができるだろう。

ローティが、リベラリズムを「偶発性を承認することとしての自由」として定義づけていることには十分な留意が必要だ(15)――そうした承認は、偶発的なものとしてある共同体的なものへの帰属意識を、私的領域内での創造性において超えようとする意味で、なかば、カントのいう「単独者」に近づきさえするからだ。これらを含めローティが述べていることを十全に受けとめるならば、先の図表ではなく、カントとローティの区別は、むしろ、次のような整理こそが妥当である（表3）。

しかしながら、じつは、ジジェクは、ローティを戦略的に誤読している。そのことを最大限掬い取っておく必要がある。というのも、ジジェクの批判は、理論的というよりも、ローティの論立てが主張する「連帯」がうまく機能していないではないかという現実的な状況観測からなされているからである。端的にいえば、冷戦終結前夜に書かれたローティのこの書物の射程には、歴史的な限界があったのではないか、そのようにみるべき視点をジジェクは提供しようとしているのだ。ヨーロッパなるものを「偶発性の所産」だというローティには、グローバリズムの進行のなか多文化的な事態に向き合わざるをえない、西洋文明が突入した時代状況へのリベラルなまなざしからの判断があるのは確かだ。ではあるものの、そこには、わたしたちが批判的に検討した新自由主義をはじめとする新しい経済主義が、制御の思考と共振反応をおこしながら全面的に拡大していく際の事態に関する、なし崩し的な論立てしか見いだせない。ジジェクは、おそらく、そこに苛立っている。公正を定式化しようとするロールズ、コミュニケーション的理性の可能性に仮託するハーバーマス、さらには、道徳性を（天賦のものではなく）一連の共同体的な慣行として位置づけるウィルフリット・セラーズ、などを積極的に支持するローティには、冷戦以降の状況に対するいささか無防備なアイロニー的な身振りがある。偶発性を承認し称揚するという少なからず主意主義的なビジョンしか提示し得ないローティにこそ、ジジェクの批判の矛先は向けられている。

(14) ローティ『偶然性、アイロニー、連帯』、七八頁。
(15) 同書、一〇一頁。

本論の立論からするならば、こういうことになる。新しい経済主義と共振する制御の思考においては、ローティの「偶発性」を承認する召還の身振りは、その哲学的にスマートな論法にもかかわらず、それ自体が、きわめて軽やかに対応処理されるひとつのデータとなっていくかもしれないのである。自らの欲望の根拠の偶発性に気づき、己を編制し直す主体ないし主観もまた、制御概念のなかにただちに折り込まれる、いやもっと正確にいうと、制御のなかに折り込まれることを欲望するかもしれないからである。

第二節　制御的思考が馴致する偶発性

二重偶発性（ダブル・コンティンジェンシー）

現代の社会理論の一部は、制御的な思考との親和を探索しながら自らの理路を組み立てている。そのなかで、偶発性についても先鋭的なかたちで対処しようとするものまであらわれているだろう。

こうした問いにアプローチしていくのに糸口として役立つのは、これまで本論で何度も言及してきた社会理論家ニクラス・ルーマンである。というのも、ルーマンもまた、偶発性について積極的に論を展開しているからである(16)。

偶発性という一種の存在論的な脆さを、私事本位主義のラディカルな擁護により切り抜けようとするローティのアイロニーにせよ、偶発的な主体構築のあり様自体にだからこその政治的可能性を探り出そうとするラクラウ、ジジェク、バトラーの批評理論上の挑戦にせよ、それらは双方ともに、どこかしら主意主義的なトーンさえ放ちつつ、主体の哲学への閉塞をなかば余儀なくさせているところがある。本論の観点からすると、偶発的なものに対する——そして、それに対する制御の作動への——唯物論的な視点が欠けてしまっているようなところがある。

ルーマンは、対照的に、偶発性という切り口により浮かび上がる主体の存在論的脆さ、ひいては社会の脆弱さを、その具体性において把握している。いい換えれば、偶発性の問題を逆手にとるというアクロバティックな論立てを駆動させ、そうした地点から新たなコミュニケーションの地平を切り拓こうと試みるのである。つまり、ルーマンは、偶発性をめぐる問題を、主体の脆さではなく、主体の潜在的力能として捉え返す。その解釈の転倒を通じて、主体を現代社会におけるコミュニケーション回路のなかによりダイナミックに配置していく可能性を準備したといえるからである。

ルーマンによれば、偶発性をめぐる分析は、二重偶発性（独語 Doppelte Kontingenz）の問題としてこそ定位される。二重偶発性とは、どのような問題だろうか。

まず、ルーマンの議論の前提となっている、システム論の祖タルコット・パーソンズによる二重偶発性（double contingency）をおさえておこう。行為主体Aと行為主体Bが相互作用を起こす場面を考えてみる。そのような場面において、AとBは、互いに他方の行為を予測しようとする。それぞれの思惑において、相手が自分にとって都合のいい行為をしてくれると予測しうるなら、自分も相手が欲する行為をしてもいいと考えるだろうからである。つまり、自らの行為が他方の行為の出方に依存するという事態が、両者それぞれにおいて生じてしまう。狭い意味での二重偶発性とは、そういう状態だ。理論的に

(16) 以下、基本的に、ニクラス・ルーマン『社会システム理論』佐藤勉訳、恒星社厚生閣、一九九三年、第三章を参照。

は、その場合、結果として、Ａの思惑がＢに依存しＢの思惑がＡに依存するというかたちで予期の行方が循環することになり、それぞれにおいて行為の決定がすすまなくなる。いわば、一種の決定不能状態に陥る。「二重偶発性」という語をもってパーソンズが定式化しようとしたのは、相互に独立した偶発的な状態に同時に依存する自体が出来させてしまう、決定不能状態を含めての問題系である。

パーソンズは、このような状態に陥らないようにするために、ＡとＢ双方になんらかの共有される前提、ないし規範がなくてはならないだろうというのだが、それは、のちに多くの批判を浴びることになる。規範主義、下手をすると全体主義の烙印をおされかねない論法だからである。ルーマンはそこを逆手にとる。この決定不能状態を、それがためにこそ、ある場における参加メンバーの間に相互作用が引き起こされるのではないかと捉え返すのだ。二重偶発性は、相互作用からなる社会というものが存立する可能性の条件となっている、そう定式化しようとするのである。

もっといえば、いま現在成立していると思われる、既存の相互作用においても、それは偶発性において成り立っているものにすぎない。である以上、偶発性とは、もしかするとそこにあったかもしれない選択肢を背後に隠しもっていることの謂いでもあるだろう。すなわち、偶発性という語を駆動させることによって、目の前の事態に関する再認識により、たとえそれがいかなる事態であったとしても読み替えうるだろう。ひいてはそこから、事態は、選択肢を選び直し手続きを再設定しうるという創発性をももつものなのだと、論が運ばれることになっているのである。

ルーマンにとって、偶発性とは、選択肢と手続きによるシステムをめぐる理論の基盤に位置づけられるべきものなのである。

ゲーム理論における偶発性問題の解決

ルーマンの論立てには、いうまでもなく、第Ⅱ部第3章や前章でみたようなルーマンによる手続きプロセスを主たるユニットとしたシステム論の考えがある。つまり、偶発性は、こうした仕方でも生起したのではあるが、ああいう仕方でも生起しえたのかもしれない、という具合に解釈し直す契機を顕在化することになる概念装置であるといえる。そこには、純然たる必然性と純然たる不可能性の間の状態として、偶発性が定義されるという論理が導入されるのである。

すなわち、自己と他者の間の相互の偶発的依存関係に一種の確率論的アプローチを可能とするような道をルーマンは拓くということだ。本来、確率論とは違う地平で理論化されていた偶発性をめぐる問題が、ルーマンないしシステム論的な発想において、改めて数学的処理が可能なものとして位置づけられていくということである。

そして、じっさい、二重偶発性の問題は、ゲーム理論において処理可能な仕方で次々と定式化される。つまり、ゲーム理論によって、二重偶発性(もちろん、シンプルな偶発性も含めて)は解決策が探られていくのだ。

繰り返し確認しておこう。ここでの確率論の導入は、統計学を用いた権力エリートの主体が、確率分布を参考に、対象となる集団の管理統制をおこなう場合に用いたこととは決定的に異なる。ゲーム理論において仮定されるゲームは、第一に、二つの主体は形式上、対等である。プレイヤーは、互いに他方の行為の出方を探り合い予期するのであり、もっといえば、互いの利得計算をおこなう思惑のなかで、相互作用が生じるのだと考えられている。この点で、一方通行でなされる統計学的な確率論的管理統制とは異なる。

第二に、やや踏み込んだゲーム理論の議論になるが、ひとつのゲームに参加しているプレイヤーはそれぞれの戦略において複数の選択肢をもっており、どの選択肢を選ぶのかも確率論的にしか予測できない。そうでなければ、二重偶発性の状態に対してアプローチすることはできない。権力エリートの統御の企みのなかでは、統御される対象は確率論的に把握されることになるわけだが、そのような着想においては、権力エリート側がどのような戦略をどのような確率において採るのかについて、統御される側が認知し自らの行為の利得計算をおこなうということは仮定されていない。確率論の適用がきわめてシンプルなのである。そうではなく、ゲーム理論においては、確率計算を、対等なプレイヤーが相互に独立にすすめるのである。相互に独立にすすめるこの確率計算の応答こそが、いわば、偶発性の数学的捉え返しである。

別の角度から敷衍し、見通しをよくしておこう。たとえば、ときになされるような、囚人のゲームにおけるアナロジーは必ずしも適切ではない。囚人のジレンマにおいては、プレイヤーがもつ戦略はそれぞれ明瞭に、利得が一対一対応している。他方、ジャンケンゲームは、プレイヤーは自らが獲得すると計算されうる利得は、相手の出方に徹頭徹尾依存する。相手の出方に対応するかたちにおいてしか、グー・チョキ・パーのどれを選ぶかについてそれぞれに対応する利得計算ができないのだ。

畢竟、相手の出方を全的に捨象して、己の出方を決定するという方途しか残されていないことになる。プレイヤーはそれぞれが独立して確率論的に自らの採るべき戦略を選ぶしかない。すなわち、相対する相手がどの戦略を出すのかは三分の一という確率のもとにあり、こちらのとるべき戦略もそれぞれ同じく三分の一という確率のもとで選び取るしかない。ジャンケンゲームは、いわば、で、た、ら、め（＝偶発性）

にゆだねられる類いのゲームの事例なのである。ひとつの確率論的な思考が、他者を統制するという目的のために一方向で駆動するのではなく、複数の確率論的な思考が互いに対峙し不確実な相互作用のもとに駆動するのが、ジャンケンゲームなのである。そうした相互作用において一定の均衡状態を志向することが、ゲーム理論における考え方である。

ちなみに、ゲーム理論の分野においては、前者、つまり囚人のジレンマのようなケースを「純粋戦略」によりなるゲーム、後者、すなわちジャンケンゲームのようなケースを「混合戦略」によりなるゲーム、という。二重偶発性は、混合戦略のゲーム理論と一定程度接近しうるということだ。

少し異なる角度になるが、不完全な情報環境のなかでの戦略の手だてを確率論的に探るために、条件付確率を、事後確率を求めるかたちで捉え返したトーマス・ベイズの定理がゲーム理論のなかに積極的に活用されるようになったのが、二〇世紀後半であったことは留意しておいてよい。それもまた、統計学的な一方通行の適用ではなく、相互作用の場面で確率論を重層化して定式化するための一端であるともいえるだろう。

選択肢から選び取るという手続きを基本単位とするルーマンのシステム理論が、「必然」や「不可能性」概念を様相論理学から借り入れることを通して二重偶発性を再定式化するときに、確率論的な発想と相性がよくなるのは、このような意味合いでのゲーム理論である。

偶発性はゲーム理論において制御されるのだ。

効用期待の解決法としてのゲーム理論、権力なき権力論としてのゲーム理論

この辺りの事情をより広い視点から照らし直しておこう。

容易に推測できることであるが、ゲーム理論を組み込んだ経済学は、市場に対する理解を一変させる。経済学においては今日、新古典派経済学が前提としていたような、（1）主体は一様に自らの効用を最大化しようとする、（2）主体は必要な情報をすべて知っている状態でありかつ合理的に推論できる、という設定を疑ってかかることからはじまっている。両者は理念的なものにすぎず、現実的でもなければ予測性にも劣るという点に注意が払われるようになったということだ。むしろ、マーケットなるものは、さまざまな行為体（エージェント）が参加する相互作用の場として捉えられる。すなわち、（1）個々の主体はそれぞれの固有の利得を最適化しようとし（機会主義をとる）、（2）自らの環境と能力のなかで枠づけられた合理性（bounded rationality）しか作動させることができない、という理解を中心に経済学が組み立てられ直そうとしているのである。

こうした経済学の新しい動きの要因として、ゲーム理論が積極的に導入されて精緻化がすすんだことがよく知られている。とりわけ、ミクロ経済学は、効用最大化論が軸となる分野であるが、それをもとにした需要供給曲線からマーケットで起こる現象にアプローチする方向が見直されつつあるのだ。なぜなら、マーケットで起こる現象は、期待効用をもつ行為体同士の相互作用を効用関数を用いて精密に計算しうるゲーム理論の方が、より妥当性をもつ方向にシフトしつつあるからだ。マーケットを、参加する行為体の間の相互作用の場として捉えようとするのである。（コンピュータモデルの発案者として知られるフォン・ノイマンが友人オスカー・モルゲンシュテルンとともに執筆した『ゲームの理論と経済行動』がゲーム理論の起源といわれていることはきわめて興味深い。ちなみに、その著作で最初に論証が試みられているのが、期待効用を効用関数として数学的に定式化しようとする議論である）。(17)

ゲーム理論の浸透はそこにとどまらない。あまりに一般性を夢見そして追い求めたため、ゲーム理論はいったん知的世界においてその勢いを衰退させるのではあるが、一九八〇年代から再び注目をあつめ、かつてないほどの隆盛を今日迎えている。ゲーム理論が相互作用の力学を計算可能なものにするという可能性が、数理経済学のみならず、経営学、産業組織論、契約論、国際関係論などにおいてその活用の可能性が見直されはじめたからである。経営上の意思決定（マネージメント）、組織内の力関係の調整（コーディネーション）、紛争（コンフリクト）解決案策定などの分野における行為主体間の欲望の衝突に関する方途を探るものとして、加速度的に導入されていくことになっているのである。

注意しておくべきなのは、奇しくもそうした経緯が、制御の思考が社会体に拡大し浸潤していくことと軌を一にしていることだ。それは必ずしも偶然（あえていえば、coincidence）ではないかもしれない。すでに触れたように、ゲーム理論の創始者がフォン・ノイマンであるにとどまらず、これまで何度か言及してきた（しかもじつのところゲーム理論と同様にオペレーションズ・リサーチの分野とも密接に関連する）、ハーバート・サイモンの経営システム論が人気を博していく経緯と、ゲーム理論の再興はぴったりと重なり合っている。限定合理性の概念はサイモンによるものであるし、それと積極的に接合しながら、ゲーム理論は爆発的に人気を誇ることとなったのである。(18)

ゲーム理論は、先にみた立体グリッド型整序ツールとの親和性も高い。エクセルに代表されるスプレッドシートによってスケジュールを管理する身振りは、オフィスや現場での作業工程をデジタル技術によってテイラー・システムのなかに落とし込むという範囲にとどまらない。夏期繁忙期の宿泊施設の空

(17)　J・フォン・ノイマン、O・モルゲンシュテルン『ゲームの理論と経済行動（1）』銀林浩、橋本和美、宮本敏雄訳、ちくま学芸文庫、二〇〇九年、第一章、とくに第二節。

室の確率論的分布は旅行代理店と旅行者の間の利得計算が出会うゲームの場であり、高速道路の渋滞予測はドライバーたちの効率的運転計画の間での利得計算の駆け引きゲームの場である。引退後の人生設計は銀行の預金金利との攻防になるし、子育てでさえ教育機関と各家庭の効用最適化ゲームになりかねない。携帯電話をもつわたしたちは、厳密に待ち合わせ時刻と場所を事前に確定する頻度を急速に減らしてきている。おおよその辺りを打ち合わせつつ、あとは、相手と自分の出方の緩い見込み（確率）の折り合わせのなかで、互いが互いへと接近していくのである。

すべてが経済現象として捉えられはじめ、ゲーム理論がすべてに適用されはじめているかのようでさえある。巷で昨今流行する「先読み」という日本語の言葉はいったいどこから来たのか（投資の世界などで使われる「バックワード・インダクション」や一般的にも使われている「最後通牒」という言葉はゲーム理論の用語でもある）。情報社会は、コミュニケーション環境をさまざまに設定することで、主体の偶発的依存性を高めるわけだが、それは、主体の間の偶発性を累積する。

ここに、注意しても注意しすぎることはない点がある。経済学には、権力論はない。わたしは、わたしの「効用最大化」という欲望において、わたし自身の生を制御しようとするのであり、経済学とゲーム理論は、それで物事は解決しうると教えるのである。

（ポスト）構造主義を突き抜けるゲーム理論

ゲーム理論が、相互作用としてのコミュニケーション行為、あるいは偶発性のなかにある主体の困難を解決する策として位置づけられつつあることを、エドガー・アラン・ポーの短編小説（コント）「盗まれた手紙」を例にとり、別の角度から照らし出しておこう。

「盗まれた手紙」は次のような物語である。(19)

ある時、パリ警視総監であるGが、語り手が寄宿している探偵デュパンのもとを訪ね、ひとつの事件について語り、その手助けを請う。それは宮殿で起こった事件で、さる高貴な女性（おそらくは王妃）が私信の手紙を読んでいるとき、その手紙を見られたくはない男性（おそらくは王）が入ってきた。隠す時間もなくテーブルの上に置きやり過ごそうとしたところ、そこにひとりの大臣までもが入ってきた。大臣はテーブルの上の手紙を見て事態を察知し、その手紙とよく似た自身が持ってきた手紙と取り替え、当の手紙を持ち去ってしまった。大臣は女性の弱みを握り宮廷内での権勢をふるいはじめた。困った女性は警察に捜索を依頼したのだった。手紙は、いくつかの条件から確実に大臣の官邸内にあるはずだった。しかし、警察が大臣の留守中に徹底的に調査しても見つからないということだった。話を聞いたデュパンはそのときは型通りの助言しかしなかった。

一ヵ月後Gが訪ねてきて、捜査を続けているが手紙は見つからないという。そこでデュパンはかけら

(18) 一九九〇年代以降、全米の主要な大学におけるMBAプログラムで、一気にその大学内での地位を確立した定評ある教科書『組織の経済学』（ポール・ミルグロム、ジョン・ロバーツ著、奥野正寛ほか訳、NTT出版、一九九七年、原著一九九二年）は、取引費用の理論の発展にゲーム理論を接合したものといえるが、そこにおいても、サイモンの名と限定合理性の概念は、「組織の経済学」のいわば出発点のように位置づけられている。

(19) ポーの「盗まれた手紙」をゲーム理論においてアプローチすることは突飛な話ではない。たとえば、オックスフォード大学出版が刊行する各分野の主要なテーマを扱う A Very Short Introductin のシリーズのなかのゲーム理論に関する次のような入門書にはゲーム理論が考える相互作用の好例として言及されている。ケン・ビンモア『ゲーム理論（一冊でわかるシリーズ）』海野道郎、金澤悠介訳、岩波書店、二〇一〇年、二七頁。

れていた懸賞金を求め、その引き換えに当の手紙を渡した。デュパンによると大臣は手紙を隠すためにそれをまったく隠そうとしないという手段に出たのだという。デュパンは官邸を訪れ大臣と世間話に興じながら部屋を眺めやり、一通の手紙が挟まれた安物の紙挿しを見つける。いったんは官邸を去るものの、理由をつけ再び官邸を訪れると、大臣の気をそらした瞬間に、よく似せた別の手紙とすりかえた。そう語ったのだった。

よく知られているとおり、この物語に関して、構造主義をとりこみ精神分析理論を精緻化したフランスのジャック・ラカンが巧みな解読を施している。要点は次のようなものである。[20]

ラカンは物語を二つの情景AとBに分け解読をはじめる。情景Aは、高貴な女性（王妃）の部屋であり、情景Bは大臣の部屋である。二つの情景は、この物語を形成する三つの視線に注目するとき、一種の相似形をなすとラカンはいう。第一の視線は事態を見ていない視線である。情景Aにおける男性（王）、情景Bにおける警察である。第二の視線は、第一の視線が何も見ていないことを見て、偽装行為をおこなう視線である。これは情景Aにおける高貴な女性、情景Bにおける大臣である。第三の視線は、そうした偽装を見抜く視線で、情景Aにおける大臣、情景Bにおけるデュパンである。

つまり、プロット展開を織り上げる主要登場人物の（まなざしというかたちで名指される）欲望をめぐってこの物語を分析し、そこには、手紙の循環の形式をめぐって情景Aが情景Bにおいて反復されるという構造があることを浮かび上がらせるのである。ラカンは、この物語分析においてはその内容は筋展開においてまったく考慮されておらず、人物間における機能だけが巧みに取り扱われている点に注意を促し、この物語を構造主義言語学でいうところのシニフィアンを純粋に摘出したものとして称賛していることも付け加えておこう。

これもまた知られていることだが、このラカンの解読に、脱構築の哲学者として名を馳せたジャック・デリダが強い批判を加えた。そのあらましは、容易に単純化できるものではないが、本論での論旨に即して次のようにまとめておくことができるだろう。(21)

デリダは、手紙に書かれてある内容ではなく、それを取り交わす人物間におけるブツとしての機能に専ら注視し解読を施すラカンを高く称賛する。凡百の精神分析的文学批評のような物語の水準ないし作者の意図の水準での思弁的解釈ではなく、物語において描き出された世界のなかで、いわばシニフィアンとして機能する手紙というものに徹底して拘るラカンに、構造主義革命以降の鋭敏な知性の極みを見いだすのだ。

だが、他方で、二人の語り手が交替するという周到な構成をはじめとするポーの語りの溢れんばかりの豊かさにせよ、また、ポーが書いた他作品（「盗まれた手紙」はボードレールが名付けたポーの「三部作」の一編である）などその外部にある多彩なテクストとの乱反射する応接にせよ、ラカンはあっけらかんと抹消するとデリダは指摘する。

なぜ、抹消するのか。シニフィアンへの強い注視にもかかわらず、ラカンには真理なるもの、精神分析的に措定された真理への仮託がいまだ残存しているからではないか。たどり着くべき、探求されるべ

---

(20) ジャック・ラカン『エクリI』宮本忠雄ほか訳、弘文堂、一九七二年。ただし、ここでは、仏語原本のJacque Lacan, *Ecrits I*, Éditions du Seuil, 1966 および、Jacque Lacan, *Ecrits I: The First Complete Edition in English*, Norton, 2007を参考にしている。

(21) ジャック・デリダ「真実の配達人」清水正、豊崎光一訳、『現代思想臨時増刊　デリダ読本　手紙・家族・署名』青土社、一九八二年二月。

きものへの囚われ、真理なるものへの囚われが作動しているのではないか。シニフィアンの連鎖にそのような真理が浮かび上がる働きを見い出すかぎりにおいて。デリダはそう、疑念を呈するのである。デリダは、「シニフィアンの論理の条件たるこの真実のシステム」とまでいうだろう。[22] ラカンがふと言及したハイデッガーの「アレーテース（真理、真実）」という哲学用語が引き込む「真実の顕現」という論展開の回路を、デリダは繰り返し検証しもする。[23]

要するに、ラカンは、テクストを、精神分析において措定された心のメカニズムが見いだされるべきものとして位置づけている、というのがデリダの批判のポイントなのだ。じっさい、ラカンは、「序」においてフロイトのいう「心的装置（le systeme Ψ）」にことのほかに注意を促している点をはじめ、記号の意味作用における象徴的作用に何度も言及してもいて、その精神分析的還元主義は明らかである。[24]

ポーの短編に加えられたこれらの折り重なる批評のもつ精神分析的、哲学的、文学的な豊穣さを語る余裕はここにはない。本論においてこれらをとりあげた理由は、ただ一点、デリダがいう、ラカンの精神分析的還元主義の論運びのある箇所にこそ注意を引きたいからである。どういうことか。

ラカンはその解読において、あたかもフロイトの「心的装置（le systeme Ψ）」となかば寄り添いつつも、その独自性を際立たせようとして、「考える‐人間‐のように‐考える‐機械（machines-a-penser-comme-les-homes）」というフレーズを持ち出している。なかば寄り添いつつというのは、この講演がなされた当初（一九五五年）は、手紙というシニフィアンの効力の維持に注意を促すために、「考える‐人間‐のように‐考える‐機械」の「回転式記憶装置の移動」が言及されるにすぎなかった。だが、一九六六年のあとがきにおいて付された「括弧のなかの括弧」においては、心的装置と「考える機械（machines-a-penser）」の差異が強調されているのだ。その差異とは、「象徴的決定（la détermination symbolique)」の「法則（lois）」の有無にほかならない。

いわば、ラカンへのデリダによる批判が、あるかたちではからずも具現化されてしまったのが、ゲーム理論が跋扈する現代世界といえるのだ。間主観的な世界の地平においては、もはや「象徴的決定」なき「考える－人間－のように－考える－機械」がうごめくのだ。真理なるものはどこからも消え失せ、象徴的決定が垂直に作動する契機はどこにもない。新たな世界では、欲望は水平な（行列）平面においてひたすら利得とかけ引きとして形式化され、その相互作用の場は、互いの戦略の計算式のなかで解決法を探るゲームの場となったのだ。そのとき、視界に浮上するのは、「考える機械（machines-a-penser）」と区別のない心的装置である。それが制御の時代の心的装置なのかもしれない。

一九六六年に書かれた先の「括弧のなかの括弧」において、ラカンが繰り返しゲームの比喩を引いている。「相手が隠しているおはじきの数が偶数か奇数かを当てる」ゲームである。そのための推論についてラカンは分析しようとするわけだが、その際に、それが単純な計算問題になりえないことを示そうとして依拠するのが、「相互主観性」という概念である。けれども、「相互主観性」とは、この場合、相対する互いの推論の絡み合い、つまり、推論の相互作用にほかならない。このときラカンは「与件の偶発性（contingences du donné）」という言葉まで使い、その相互作用を特徴づけようとしている。

そうなのだ。デリダが批判した真理、すなわち象徴的決定の法則を差し引いた場合、相互主観性にお

(22) 同書、八〇頁。
(23) 同書、たとえば、八六頁。
(24) ラカン『エクリI』、五四頁。

いて残るのは、ゲーム理論が得意とする利得計算という名のもとの欲望の相互作用にほかならない。デリダのいう「差延」の根拠となっている発話における意味作用ベクトルに関わる様々な「保持(retension)」(フッサール現象学に由来する)がメディア・テクノロジーによってフォーマット化されつつあるというベルナール・スティグレールの近年の仕事も、こうした同時代状況を背景にしているのだろう[25]。

制御なるものは、ゲーム理論を通じて、いまや精神分析、いや(ポスト)構造主義と呼ばれた現代思想を突き抜けて、今日の(相互)主観性を貫く新たな法則となりつつある。偶然性はもちろんのこと、偶発性までも、数学的な処理への意志のもとで制御されていくのである。制御の思考において、〈偶発性〉は解決されるべきそして解決されうるものとなる。〈解決法〉が、整備されるのだ。

とはいえ、存在論的再措定の帰結はそれだけではない。そうした心的ゲームの位相での転換だけではない。

(25) ベルナール・スティグレール『象徴の貧困』ガブリエル・メランベルジェ、メランベルジェ眞紀訳、新評論、二〇〇六年。

第3章　心の制御、脳の制御

制御なるものの作動は、言語行為やゲーム理論が扱うような戦略交渉といった、狭い意味での知的ないし心的活動のコミュニケーション行為の水準にとどまらない。それは、今日、身体の次元にまで領域を広げつつある。あえていえば、哲学では心身問題ともいわれてきた心と身体のあり方までも揺るがしかねないかたちでだ。わたしたちが、次にみておきたいのは、そうした、制御と身体の関係の今日の作動形態である。

第一節　バイオテクノロジーと制御

身体論の時代――その噴出と錯綜

近年の知的実践において、身体論、とりわけ「情動」というトピックを中心にした身体論が噴出している。情報理論や通信理論と連動した認知科学が生物医学や脳科学研究と接続し新たな展開をとげ、その流れが〈生命〉倫理学から〈医療〉人類学、はては〈行動〉経済学にまで波及することで、身体に論及した関心が一大ブームとなっている。言語論あるいは記号論を中心に、文化現象のみならず社会現象一般に考察の目を向けていたといえる前世紀後半の（ポスト）構造主義の興隆が遠い昔のようだ。

それと呼応しているのか、生政治という言葉が溢れかえっている事態もまた容易に確認できることだ。哲学はもとより、社会学から文化研究、情報論から芸術研究にいたるまで、「生政治」はここ二〇年ほど、知的生産の場でキーワード中のキーワードとなっている。本論でも繰り返し論及しているミシェル・フーコーがその言葉の生みの親といってさしあたり間違いではないのだが、彼が没して三〇年ほど経ってなお、だ。

たとえば、カルチュラル・スタディーズと呼ばれる文化現象を分析することを旨とする分野において、それはいちばんわかりやすくみとめることができる。記号論やら構造主義やらを活用し文化テクストを分析していたスチュアート・ホールらを中心とする記号学的アプローチから、今日、モノとしての文化表現が及ぼす受け手の身体への作用、とりわけ、情動（アフェクト）の水準での身体への作用に分析の照準を合わせるアプローチへと変わったとひとまずチャート化しておくことができる。欧米ではすでに、前者に代表されるようなカルチュラル・スタディーズはひとつの分派にすぎない。後者こそが日本でいう「現代思想」も盛んに巻き込みながら、勢いづいているのである。

ここで、こうした身体論的文化論にいまひとつのものを加える意図はない。

本論がとりかかろうとするのは、身体をめぐる言説が横溢し錯綜した上述の光景——同時代状況における諸現象の新たな特徴、思考方法における新たな方途への渇望、パワフルな知的達成の登場——の一角で、わたしたちのターゲット・ワードである「制御」が身体をめぐる問いへと連結されるときに描き出される像を切り出す作業である。したがって、狭い意味での哲学研究でもなければ、倫理学的な考究でもない。ましてやいまひとつの生政治論を提示しようという目論みでもないし、もうひとつのフーコー解釈への挑戦でもない。「制御」という言葉の振る舞いの計測を通して、今日における身体をめぐるいくつかの言説群がかたちづくる知的地勢の一面を描き出そうとする試みにほかならない。

身体論をめぐる哲学的ポジショニング——自然主義か反自然主義か

ツールの装備からはじめよう。身体や情動という観点からの論立ては、いわゆるタダモノ論的な発想を招きかねない。であるので、具体的な論点を吟味するために、ひとつの哲学的なものさしを採用することにしたい。身体という、ひとつの物質相を含めた「自然」の存在論的圏域を、どういった哲学的な態度で扱うのかということを明確化するものさしである。

一般に、思考の営為や文化の営みは意識（必要であれば、無意識も含め）の次元のものであり、他方、身体は自然の次元のものであるとするのが、近代特有の発想法である。デカルト以来の二元論といってもよい。とはいえ、個別具体的なトピックに関する場面では、意識の次元と身体の次元は混在し、交ぜ合わされ、議論が展開されるだろう。

たとえば、思考や文化も、身体を含めた実在のものとする知見（たとえば自然科学上の知見）によって基礎付けうるとする発想を考えよう。そうした基礎付け（の可能性）を唱える発想を自然主義とし、そうした基礎付けは不可能であるとする発想を反自然主義として区分けする考え方がある。これは、すくなくとも現在の身体論の論脈においては分析哲学の蓄積に端を発するものといえるが、この考え方がいま、分析哲学を越えて大陸哲学にも波及しつつあるようだ。つまり、一九七〇年代あたりより、志向性の自然化をめぐる問題系としてあらわれたそれは、翻ってもともと志向性の練り上げを探求のひとつの核としていた現象学、とりわけフッサール現象学の現代的意義を捉え返す方向で受け止められ、さらに社会科学を含めたさまざまな学術的活動にも波及しはじめているようなのだ[1]。そして、日本における哲学的な論考においても「自然主義」や「自然化」といった語彙が頻出しはじめている[2]。これを受け、この用語を目の前にある身体をめぐる言説群に適用し、言説が群をなしかたちづくる今日の知的地勢を一定程度照らし出したいと思うのである。

「自然」概念は、どこまで「近代」の概念か

とはいえ、自然主義か反自然主義かという仕方での診断は、じつは確信犯的に、そのツールとしての働きにかなりの危うさもあてこんでいる。

自然主義的方向における自然を実定的に捉え、概念なり言葉なりがそうした自然を反映するという発想法にも、あるいは反自然主義的方向における、自然界とはまったく独立に概念や言語に関わる実践は推移するというハードな観念論的な発想法にも、二者択一で態度決定する必要はないという判断もありうる。概念とは何かといった問いに特定の立場をとった場合、自然主義の肯定的な身振りも反自然主義の否定的な身振りも、どちらも、自然と言語の関係を、表象するものと表象されるものとの間の関係の次元で捉えているきらいがあることは明瞭だ。いい方を換えれば、表象主義にこだわらないのであれば、自然主義であれ反自然主義であれ、かなり弾力的に多様な立場をとりうるものとなる。弱い自然主義、弱い反自然主義という立場も十分に設定可能だろう。

あるいはまた、自然主義か反自然主義かという問いの立て方は、それが出来せざるをえなかった時代状況までも、裏返しのかたちで伝えるものでさえあるかもしれない。制御なる概念がその作動域を、思

惟の外部にある身体という「自然」の位相に及ぼそうとするときの軌道の触知を探ろうとするわたしたちは、哲学を含め身体に関わる理論的言説を測定し、その働きの角度を照らし出すことができるかもしれないのだ。

わたしたちが向かっていた先の問いに立ち戻っておこう。わたしたちが扱おうとしていたのは、次のような問いだ。一見、記号‐言説論フレームから身体‐情動フレームへと一気に批判的思考の方法が移行したように映りかねない光景には、同時代のどのような種類――小難しくいえば、存在論的身分の、といってもいいかもしれない――の事態が対峙しようとしているのか。生政治を含め身体への注視を加

（1） 分析哲学では、一九八〇年代から、ジェリー・フォーダーあるいはフレッド・ドレツキらが、志向性の自然化という観点からの検討をはじめたことはよく知られているとおりである。また、現象学と認知科学の対話において、フッサール現象学を「自然化」の吟味を中心に考究した仕事の代表例としては、フランスの Phénoménologie et Cognition Reseacr Group においておこなわれた共同研究プロジェクトから生まれた、*Naturalizing Phenomenology: Issues in Contemporary Phenomenology and Cognitive Science*, Jean Petitot, Francisco J. Varela, Bernard Pachoud, Jean-Michel Roy (eds), Stanford University Press, 1999がある（本書については後に触れる）。

（2） 日本における現在の哲学界を代表する研究者の間でさえ、身体をめぐる理論の哲学的吟味において多彩な立場があるようにみえる。たとえば、フーコーの「生政治」の解釈をめぐって、自然主義か反自然主義かでその判断がわかれている。たとえば、この点から、檜垣立哉『フーコー講義』（河出書房新社、二〇一〇年）と金森修『生政治の哲学』（ミネルヴァ書房、二〇一〇年）を比較することができる。あるいは、本章の考察とも近接する生命倫理学に関わる論考においては、檜垣立哉『ヴィータ・テクニカ――生命と技術の哲学』（青土社、二〇一二年）と、小泉義之「魂を探して――バイタル・サインとメカニカル・シグナル」（『現代思想　特集ニューロエシックス』二〇〇八年六月号）の立場を比較することができるだろう。

速度的に増加させている近年の言説群は、記号論的な方法論それ自体の有効性の摩滅からの態度変更なのか、身体を巻き込んだ文化現象が登場したがための分析方法の変更なのか、あるいは、身体を巻き込んだと語る一連の言説群が強く視界に浮上したがゆえの認識の変更なのか。異なる言説群はすでに互いに乱反射しており、下手をすれば、身体論や生政治論は、関連する言説同士を互いに参照し合いながら、己の論の根拠を正当化し、適宜必要な理由付けをおこなっているからである。そこに切り込むためには、刃渡りのある鉈《なた》で介入する必要がある。自然主義か反自然主義かは、そうした鉈になりうるかもしれないし、もしかすると、その戦略的な適用が時代が抱え込みつつある事態について新たな側面を照らし出してくれるかもしれないのである。

バイオテクノロジー、その「治療を超えた」使用

素材として最初にとりあげたいものとして、アメリカ合衆国で刊行された「大統領生命倫理評議会報告書」と銘打たれた大部の書物がある。その冒頭に認めることができる、次のような文章からはじめよう。

「バイオテクノロジー」という言葉で何が意味されているのか特定しておいた方がいいだろう。なぜなら、「バイオテクノロジー」という言葉は、新しい世代のための新しい言葉だからである。(中略)バイオテクノロジーという言葉を、植物、人間以外の動物、そして近年になってからは、本書でもっぱら取り上げる人間も含めて、その生命現象を変容させ、ある程度は制御(control)する力を与える、多くは産業的な規模でのノウハウや生産物の意味で用いるのである。さらに、ノウハウや生産物はそ

れの成果という側面を意味しているわけだが、バイオテクノロジーは、同時にまた、何よりもまず、絶えず進み続ける欲望から活力を得る概念的かつ倫理的な世界観なのである。その意味で、バイオテクノロジーは技術者魂の最も新しくて生き生きとした表れなのであり、自然の出来事や働きを、すべては人間の福祉のために、合理的に理解し、秩序づけ、予見し、そして究極的には制御(control)しようという欲求や傾向なのである。(3)

この文章を作成したのがアメリカ合衆国大統領ジョージ・ブッシュ・ジュニアに招集された評議会であること、そして、ブッシュがイラク戦争をおこなった二〇〇三年に刊行されたこと、そして、評議会には本論においても幾度か言及したフランシス・フクヤマやマイケル・サンデルといった気鋭の政治哲学の論客が参加していたことなどは、それぞれごとにかなりの度合いで関心を引くものである。しかし、ここでは、それらはさしあたり文脈的背景にすぎない。そうした、読み込もうと思えばいくらでも読み込めるような背景に本論の関心はない。

あるいはまた、この報告書に端を発することで、いわば公共の場における幕開けとなったようにも映るニューロエシックスと呼ばれる倫理学の一分野ないしその形成にも強い関心があるわけではない。ましてや、それ以前より盛んになりつつあった生命倫理学なりバイオエシックスなりといった倫理学がニューロエシックスを包摂しうるものかどうかといった仕方でなされる、応用倫理学の理論的権能に関す

(3) レオン・R・カス編、ウィリアム・サファイア序文『治療を超えて　バイオテクノロジーと幸福の追求　大統領生命倫理評議会報告書』倉持武監訳、青木書店、二〇〇五年、一–二頁。

る議論にも関わるつもりはない(4)。

引用した報告書の文章には二度も重要な箇所で「制御（control）」という語がふいに滑り込んでくる点にこそ、本論の関心は引き寄せられている。そこにこそ、今日における、身体と制御の問題系、あるいは生政治の問題系のもっとも先鋭的な一角が屹立していると考えるからである。なぜか。

「人間」の「自然」を「改善」する「制御」の力

同報告書は、バイオテクノロジーにおけるそのような「制御する力」ないし「制御しようという欲求や傾向」をめぐってのさまざまな諸問題を摘出し、公共の議論の場に付すことが眼目であると述べているのだが、そうした諸問題に関しては、バイオテクノロジーの「「治療を超えた」使用」にこそ、焦点があてられているという。というのも、バイオテクノロジーは、目的から相当独立した手段として活用しうることができるので、さまざまな水準での人間の状態を改善しうるものであるといえる。そのためそうした「改善」の意味付けをめぐる合意の形成が必要であり、さらには、たとえ合意がなされたとしても実際の応用や適用がどうなされたのかを検証する判断基準が求められることになるからである。バイオテクノロジーは、倫理的な思考に直面するものとしていま世界に現れているのである。

他方、この分野の研究の利益や恩恵を思い浮かべるのはたやすい反面、それが引き起こす倫理的課題は明確に表現することすらむずかしい段階にあるという。すでに、「ヒトを対象とする研究におけるインフォームド・コンセント、医学研究から生まれた成果の利用機会の公正性、胚研究におけるような、価値ある目的を達成するための手段の道徳性」といった、従来の生命倫理学の守備範囲を容易に超える課題が次々と生まれているからである。なかでも、バイオテクノロジーの「治療を超えた」使用と措定しうる課題群が、いま直面せねばならないものとしてあると報告書は位置づけている。

通常理解されている医学の領域、とくに治療という目的に関わる領域を超えた、バイオテクノロジーの使用可能性が実態として求められ具現化されつつあり、生とは何か、人間とは何かといった根源的な思考を揺るがしつつあるだろう。もっといえば、そうした使用可能性には、有益な使用、意味のない使用、さらには有害な使用までもが含まれることになっており、倫理的な問題として立ち上がっているからである。バイオテクノロジーは、「病原体や薬物を用いたバイオテロリズムの手段」としても、「手に負えない者へのトランキライザーや貧困者への生殖能力遮断薬」を用いた社会管理手段としても、あるいはまた「ボディ・ビル用のステロイドや受験用の興奮剤のような我々自身や子どもたちの心身を改善し完全化する手段」としても、使用可能なのである。(5)

報告書の狙いはしたがって次のようなものとされている。バイオテクノロジーの目的そのものとそれと密接に結びつく使用法、すなわち、従来ならば哲学や宗教学などの領域で論議されていた自由や人格といった問いの再定式化を促し、従来の生命倫理学の判断基準をリセットさえするかもしれない論点整理をおこなうこと、この眼目に対して、合衆国の最良の知性を招集し、審議すべくこの評議会は取り組まれたのだと。

(4) ニューロエシックスの登場の経緯や、バイオエシックスとの学術的関係については、たとえば、松原洋子、美馬達哉「討議　ニューロエシックスの創生」、『現代思想　特集ニューロエシックス』二〇〇八年六月号、五〇－六八頁。
(5) マイケル・S・ガザニガ『脳のなかの倫理――脳倫理学序説』梶山あゆみ訳、紀伊國屋書店、二〇〇六年、六頁。

そして、こう述べるのだ。「治療を超えた」使用をめぐる問題を、「人間の本性に関わる改善」として定位するべきものであると。「本性」とはいうまでもなく「自然（nature）」の日本の哲学における定訳のひとつであるが、有り体にいって、「自然」概念それ事態の変更可能性が強く押し出される論の組み立て方になっているのである。

もう少し踏み込んでおこう。「人間の本性に関わる改善」とは具体的には、次のような争点をもつものであるとされている。すなわち、第一に、遺伝子研究が切り拓く「より望ましい子ども」の選択に関わる争点、第二に、薬物投与や機器埋込みなどが引き起こす身体を備えた人間の遂行能力（パフォーマンス）の向上をめぐる問題、第三に、不老の身体をもつこと、あるいは老化を遅延させる可能性をめぐる争点、第四に、PTSDなどに認められる辛い記憶を抹消することと幸福の追求の関係をめぐる争点、である。これらを、いま現在のバイオテクノロジー研究の到達点を参照しながら、どのような倫理的課題を提示しているものなのかを検討すること、そのために、生物学や脳科学、医学、心理学といったこの研究に関わる科学者はもとより、法学、哲学をはじめとする研究者の思考を横断させ、生命倫理学の新たな議論のためのプラットフォームを整備すること、それがこの報告書に賭けられた眼目であった。バイオメディカルが出来させた思考法とは、「改善」という標語下にある制御の思考である。がゆえに、報告書は自らを「非常に重要な問題をさらに考えるための道案内」と呼んでいるだろう。[6]

生物学と哲学の相克

本論の視点から次の二点を確認しておこう。

第一に、この報告書は、生をめぐる政治が、すぐれて現実的な問題として現代世界に浮上している証左となっている。この報告書が提示するさまざまな議論を信じるか否かの問題ではない。それがアメリカ合衆国大統領の名がものものしく付された評議会であることを差し引いても、多くの倫理的懸念を竜巻のような激しさで呼び起こしてもおかしくはないからだ。

偏った見方に滑り落ちてしまわないようにしよう。厳密にいえば、記述なるものには政治的中立性などありえない。とはいえ、この報告書は少なくとも体裁上は、まずもって課題となる主要な論点の提示を旨としていて、なんらかの強い倫理的テーゼを言明しようとするものではない――いくつかの箇所では一定程度バランスがとれたといっていいかもしれない立場からの記述もみとめることさえできる。じっさい、脳科学や遺伝子工学、神経生物学の研究者の描く相当楽観的な未来像に対して、サンデルやフクヤマをはじめ人文学者がしゃにむに応戦したような痕跡も散見しうるからである。たとえ、彼らが保守系の論客であることを斟酌するにしても、だ。にもかかわらず、今後の生あるいは生命の行く末に、ぐらつくほどの倫理的な居心地の悪さを読者は感じてもおかしくはないし、多声的な記述は落としどころが宙ぶらりんになってもいて、読者に自らの思考と判断を強いている。ある意味で、そうした印象を読者が受け取ることは、公的な論議を広めるという意図において確信犯的に企まれたものなのであろう。

第二に、バイオテクノロジーの言説が、倫理学的な問いの立て方を根本から揺るがす仕方で論じられようとしていることを、かなり説得力あるかたちで示していることだ。つまり、個別の具体的事象に関してそれが倫理的かどうかを問う倫理学の一分野にすぎないとみえかねないバイオテクノロジー研究が、翻って、倫理的であるとはそもそもどういうことかというメタ倫理学的な問いへとつながるものである

(6) カス編『治療を超えて』、二二五頁。

ことが、陰に陽に語られている。あるいは、倫理判断を構成する基礎づけとなる基底概念のいくつかが、再検証にふされるところまで議論が及ばざるをえないことが、露わになっているとさえいえるだろう。「人間の自然」を「改善する」という語り方は、その端的な例である。

先のツールを用いて敷衍すれば、とりあえずはこう見立てておくこともできる。自然科学に対する自らの思考の立場を、自然主義的か反自然主義的かという単純な二者択一の図式で腑分けする無益さまでも露呈しているのだ、と。一方で、強い反自然主義の立場は、機能失調に陥っている。バイオテクノロジーという自然科学の営為が、具体的かつ現実的に、わたしたちの心のみならず身体のあり様にも影響を与えはじめているのであり、また、心とは何か、身体とは何かというわたしたちの自己理解の仕方も変容させはじめているからである。一例をあげれば、「人間の自由や人類の発展の意味と本性に関わり、いわゆる「超人間化」の希望と、同時にいわゆる非人間化の脅威に対する正面からの対決を余儀なくさせる問題」こそが、バイオテクノロジーが浮上させたものなのだと報告書はいう。「人間であるとはどういうことか、そして人間として生きるとはどういうことかに注目を強いる問題なのである。」(7)

もう少し詳しくみておけば、こういうことだ。バイオテクノロジーの問題とは、「バイオテクノロジーの力を獲得した人間」の問題にならないと断言する報告書は、先にあげた四つの争点に関しても、そうした観点から議論を次のように組み立てている。「より望ましい子ども」の章では、生物学的技術をめぐる問題系は、生殖とは何か、生命とは何かをめぐる問いが切り離されないものとしてあるとしている。優れた遂行能力という問いを扱う章では、人間的活動とは何か、ひいては「人間性」とは何かにまで論議は及ぶ。不老の追求への願いをめぐる章では、自然なライフサイクルとはどういったものか、寿命とは何かなどの問いが討議の中核をなしているし、幸せな魂とは何かを議論する章では、記憶と人格的同一性の関係が討究の試金石になっているのである。[8]バイオテクノロジーが、自然概念、人間概念そのものを掘り崩していくかのようなのだ。

生物学と哲学は、抜き差しならぬ緊張で相克している。

自然主義／反自然主義という二項対立を脱構築するバイオテクノロジー

これらのラディカルに掘り下げざるをえない倫理学的ないし哲学的な問いかけは、その全体においてこそ探求されるべきものであり、もっといえば、それこそが今日のバイオテクノロジーをめぐる問題機制の根幹にあるものだと総括さえされている。そうした上で、報告書は結論部分において次のような文章を記載する。

治療を超える目的でのバイオテクノロジーの使用、そしてそれが我われを連れていこうとしているところに対する懸念に本質的な根拠があるとすれば、それは、自然としての人間的なもの、人間的であるとして尊重されるものへの挑戦、あるいは、自然的であり、尊厳を有する人間的なものに対して適切な尊敬の念を払う態度への挑戦と、何か関係があるのかもしれない。[9]

(7) 同書、八－九頁。
(8) 同書、三三五－三三七頁。
(9) 同書、三四七頁。

少なからず大仰に聞こえるかもしれないこうした文章は、このあとの考察で順次みていくように、一見するほど表面的でも浅薄でもない。自然という概念、人間という概念、それらの刷新を迫るバイオテクノロジーの研究を前に、旧来の哲学的な「自然」概念をもとにした思惟は失効しかねない状態にあることは一定程度みとめておいた方がよい。換言すれば、バイオテクノロジーは、自然主義か反自然主義かという問いを脱構築しつつある。少なくとも、それほどまでに、慎重さを要する問題機制をかたちづくりつつあるのだ。自然主義・反自然主義は、自らの判断基準となる「自然」概念そのものを、その概念的骨格を、ぐらつかせはじめているのである。安易な反自然主義でいる愚かさはここにある。

同じことの裏面でもあるのだが、強い自然主義の立場も、大規模な見直しを迫られているといってい い。バイオテクノロジーの研究やその成果は、これまで自然科学を支えてきた、「目的と方法」や「技術と科学」、あるいは「人間と自然」といった基礎付けとなる思考方法が、いまやひとびとが今日持つ道徳観や常識はもとより、法体系における規範の意味や経済理論における効用（欲望）の意味などと衝突し、なんらかの折り合いをつけることが要請されはじめている。前世紀後半に、遺伝子研究を取り入れ刷新された進化生物学をめぐってなされた自然主義的決定論へ向けての倫理的検討の時とは、決定的にステージが変わっている。遺伝子の操作をめぐる検討には、いまだ自然概念は全面的な改変が要請されていなかった。生物は生物だったのである。いまやバイオテクノロジーにおいては、自然概念と技術概念は己の存在論的含意を一体化しはじめるかのごとくである。

「現代思想」における脳科学論（1）——マッスミ、あるいは情動世界論

論点の角度をより鮮明にするために、二つの哲学的な議論を参照しよう。それぞれ、本論でも強く依

拠してきたジル・ドゥルーズの哲学に一定程度即した仕方で自らの論を組み立てており、しかも二つともに脳科学研究に論及するものである。

最初に、今日における身体をめぐる問題を政治経済的な力学との関係でダイナミックに論じ人文学的批評をリードしている感のある——先に触れたカルチュラル・スタディーズの新しい動きも含め、身体論を軸とした文化批判を展開する急先鋒でもある——ドゥルーズの英訳者としても知られるブライアン・マッスミの仕事『潜勢的なものの寓意（Parables for the Virtual）』をとりあげてみたい[10]。

マッスミは、いわば、反自然主義的トーンの濃い一元論者といっておくことができる。彼の考えの基底には、ある種の身体性を軸にして、世界の存立機序を一元論的に捉えようとしている向きが強いからである。反自然主義的であるというのは、その身体性の定義において「身体に関わる非実体的な次元（an incorporeal dimension of the body）」、さらには、「現実的であり、物質的であるが、けれども、非実体的なもの（Real, material, but incorporeal）」をも含むとまで主張するからである[11]。もう少し詳しくみておこう。

マッスミは、世界の存立機序に関する構想の方法をドゥルーズに託して織り上げていくが、哲学的に理論構築していくというよりは、断言と連想が続くレトリックで力技のような論展開をおこなううえ、著作ごとにそのレトリックのゲームをがらりと変更しもする。がために、その核をとりだすのはなかなかむずかしいのだが、先の著作の要諦をあえて摘出すれば、次のようなものになるだろう。

（10） Braian Massumi, *Parables for the Virtual: Movement, Affect, Sensation*, Duke University Press, 2002.

（11） ibid., p5.

キーワードは「身体」である。だが、マッスミのいう「身体」の平面とは、「関係に対して感ぜられたところの現実感(the felt reality of relation)」であることに注意しなければならない[12]。つまり、文化的であれ社会的であれ、事象のあり様を考えるとき、身体反応の強度(intensity)から考えるという独特なアプローチがとられているのだ。事象に対する身体の構えこそが本来存立しているものであり、それはまた受け止められた内容の存立に先行するし、そうした構えの強度に内容は相関する。そのうえで、マッスミはいう。「さしあたり、強度とは情動と等しいものであるだろう[13]。」

そうした仕方で、(ポスト)構造主義的記号論の限界を乗り越える道筋を探ろうとするのだ[14]。後期資本主義社会の文化がイメージを中心とするものであることから、情動の観点からなされるメディア研究や文学研究や芸術研究が近年増えている。にもかかわらず、情動に関してわたしたちはいまだ記号論的なヴォキャブラリーないし素朴な心理学的カテゴリーしか持ちあわせていない。情動は、記号論的に記述できるものではなく、また、心理学がいうような主観フレーム内における感情(emotion)でもない。情動とは、そうした言語化や意識における「質的な捉え返し(qualified)」以前のものだ[15]。

マッスミによれば、情動とは、二つの事象の間で、いわば感ぜられたものとして立ち上がる(世界の存立機序の主要成分としての)強度であり、もっといえば、それらの間の差異の出来としての強度、強度として立ち上がる差異であるといえる。こうした意味での情動が、彼の一元論的世界を形成している[16]。がゆえに、意識の内側(心的活動)、また意識の外側(自然界)における、あるいはさらにはそれら両者の間において、事象(像)の間に生起するものを「共振・共鳴(resonance)」と呼び、また、ジルベール・シモンドンの哲学を参照しながら「関係の自律化(autonomization of relation)」というフレーズを打ち出しもするだろう。先に言及した「関係に対して感ぜられたところの現実感(the felt reality of relation)」というフレーズもまさにこの点に関わっている。

頻繁に召還されるスピノザの哲学もまた、そうした論立てを補強するためにほかならない。「情動」とは「情動の観念（the idea of affect）」であるというスピノザの命題を引くことで、物質と観念をラディカルに架橋するのである。意識におけるイメージと、外界から受けたイメージは、存在論的な身分において区別されるところはなく、「感ぜられたところの現実感」という軸ですべては一元化される。そうした具合に論を運び、フラクタル科学や非線型的因果性を前提とする複雑系科学に言及し、それら自然科学の最先端の発想と自らの考えの近接性を謳う[17]。逆にいえば、マッスミの主張する「共振・共鳴」する「関係の自律化」は、それほどまでに抽象的である。

(12) ibid., p16.
(13) ibid., p27.
(14) ちなみに、世界の存立機序の主たる成分としての情動は、先行する著作では「力（force）」として定位されたり、近い著作では「似通い（semblance）」として語られたりする。「力」一元論については、Brian Massumi, *A User's Guide to Capitalism and Schizophrenia: Deviations from Deleuze and Guattari* (The MIT Press, 1992) を、「似通い」一元論については、*Semblance and Event: Activist Philosophy and the Occurrent Arts* (The MIT Press, 2011) を参照のこと。
(15) Massumi, *Parables for the Virtual: Movement, Affect, Sensation*, p27.
(16) もちろん、ドゥルーズ＝ガタリの著作『哲学とは何か』（財津理訳、河出文庫、二〇一二年）の第七章の議論を受け、「affect」と「affection」の区別でマッスミを照らし返し、その論立ての可能性を拡げることは可能である（松谷容作氏の示唆による）。とはいえ、それはドゥルーズ解釈研究としてのトーンが強く、マッスミと脳科学研究とのすれ違いという点に論点を置く本論では、その方向での読み拡げについては措いておくこととしたい。
(17) Massumi, *Parables for the Virtual: Movement, Affect, Sensation*, p226.

マッスミはそうした論立てで、いくつかの事例研究もおこなう。たとえば、ロナルド・レーガンの大統領在職期間中のメディアにおける彼の身体イメージもまた、そうした「感ぜられたところの現実感」のひとつとして、イメージを消費する後期資本主義社会の産業メカニズムのなかで、視聴者の身体へと接続し、（そのスピーチ内容の貧しさやその言葉使いの拙さにもかかわらず）「共振・共鳴」するものとして作用し、絶大なる支持を集めたのだという。記号論には依らない解釈であり、ある種の説得力をもつ論内容でもある。[18]

マッスミの論は間違いなく、身体イメージの分析の道を拓いたものとして評価しうるものだ。それが欧米で生政治を話題にする文化事象批判の解読実践において、新たな方途としてインパクトを与えたのも頷けるところである。彼の一元論は、物質概念の拡張の嚆矢でもあり、「新しい唯物論」の先駆の一人として認知されているところさえある。

情動の制御可能性

ここで注視したいのは、ほかでもない、マッスミによる情動の扱いである。それは、今日の脳科学研究の言説としっかりと照らし合わせ、その理論的有効性を診断しておく必要があると思われるからである。マッスミが引く脳科学研究とは、生理学者ベンジャミン・リベットによる準備電位をめぐる実験である。[19]

リベットの実験については、専門家が手際よくまとめている。

リベットは人々に、彼らが選んだ任意の時間に手首を動かすことを求めた。参加者は、時間を示す動く点を見て、彼らが手首を曲げようと決めた正確な瞬間（に点がどこにあったか）を心に留めておくように求められた。彼らは実際に運動を始める約二〇〇ミリ秒前に意図を持ったと報告した。リベットはまた、脳内の「準備電位」を計測している。これは、（運動の制御に関わる）補足運動野からの活動記録によって明らかにされた。この準備電位は実際の行為の開始におおよそ五五〇ミリ秒も先立って生じる。したがって、運動を生み出す脳内事象は、実験の参加者当人が決定を下したことに気づくよりも約三五〇ミリ秒前に起こっているということになる。この時間のずれが、特定の時刻に気づき報告するのに要する時間のせいだけではないことを、リベットは指摘している。[20]

一般に、心のなかでなされる自由意志の脳科学研究上の位置づけをめぐる研究の端緒として言及されることの多いこの実験結果から、何がわかるのだろうか。第一に、「意思決定を意識することというのは、決定に至る事象の因果的連鎖の一部というよりも、その行為を実際におこなう脳過程の結果と考えるべきだということ」である。次に、「もし仮に、運動が無意識の力によって起動されているとしても、ひと

(18) 日本における、マッスミについての当を得た紹介は、たとえば、伊藤守『情動の権力――メディアと共振する身体』、せりか書房、二〇一三年。
(19) Massumi, *Parables for the Virtual; Movement, Affect, Sensation*, p222-223.
(20) ここで引用しているのは、S・M・コズリン「序文」（ベンジャミン・リベット『マインド・タイム――脳と意識の時間』下条信輔訳、岩波書店、二〇〇五年）。計測された数値については、概算で示している。より詳細なものとしては、たとえば、信原幸弘、原塑、山本愛美編『脳神経科学リテラシー』（勁草書房、二〇一〇年、六五‐七〇頁）がある。

たび人が自らの意図に気づくやそれを拒否するのに十分な時間があるということ」である[21]。この実験が、ときに脳による決定論の道を拓いたものとして、あるいはときに拒否権というかたちであれ自由意志の発動の可能性の担保を提示したものとして解釈され論議を呼び続けているのも首肯できるところだ。

マッスミはこのリベットの実験に言及し、自らの反自然主義的世界理解の礎にしようとするのである。マッスミは「失われた一秒の半分のミステリー」――「一秒の半分」というのは、レトリカルな概算的言い回しだ――という修辞を用い、この実験には「充溢、実際に遂行された行動とそこに帰属せられている意味の充溢」が存するという[22]。人がなんらかの行動を起こそうとする際に、そこに流れ込んでいる因果性のラインは、身体内部のもの、外部のもの、意識下のもの、時間的に近似しているもの、遠くの過去にあるもの、などなど、控えめにいっても多種多様であり、それは絡み合って作動している。もっといえば、無数に列挙できるものであるかもしれない。この時間幅にマッスミは、そうした因果性のラインの多重折り込みの存在を認めるのである。それは、「なんらかの機能をもつ仕方で表現されるには豊かすぎる複雑性をもつ、他のものから派生し制限的に働く諸機能である」と論じるところに端的にあらわれている。マッスミは、人間の身体強度の思考の可能性は無限に開かれているとまでいう。

リベットの実験へのこうした解釈を前提にして、ドゥルーズ譲りであるものの、英語圏の批判的人文社会科学においていっきに流行することになった概念――すなわち数理的に推測可能な「可能的なもの（the possible）」と予測不可能な「潜勢的なもの（the virtual）」――の間にマッスミによる概念分けが理論化される[23]。

だが、こうしたマッスミの脳科学のとり扱い方は、今日の脳科学研究の言説群と照らし合わすとき、すれ違っている。注意を寄せたいのは、リベットが後にこの実験を振り返り、「わたしたちは、ゆがみを招くような情動的な面を伴わない非常にシンプルな感覚器官を採用しました」と記している点である。[24]リベットの実験は、マッスミの解釈とは異なって、意識をめぐるものであって情動をめぐるものではない。そして、情動と意識のなかば存在論的な区別は、今日の脳科学研究をめぐる言説群の一角においては大きく前景化しつつあるものなのだ。[25]

ここでは、「心の哲学」の哲学者パトリシア・スミス・チャーチランドの次のような主張をあげておいてもよいだろう。それは彼女が、信念や欲求、感情などの心の状態はやがて脳の状態によって説明しうるとするハードコアな自然主義、「消去的唯物論」の論者であるというだけで片付けることはできない、現在の脳科学研究をめぐるひとつの言説群の傾向を伝えているからである。

二〇世紀後半まで、自発的行為と非自発的行為の神経生物学的差異を探求することは現実的には不可能だった。しかし、ここ五〇年間における脳神経科学の発展によって、意思決定と衝動制御の神経

(21) コズリン「序文」、vi頁。
(22) マッスミは本文で記した実験について論じる直前に、もうひとつの実験、「一秒の半分」の間、皮質上の電位が持続しなければ、意識化されることがないことがあきらかとなった実験についても論及している。
(23) Massumi, *Parables for the Virtual: Movement, Affect, Sensation*, p30.
(24) ベンジャミン・リベット『マインド・タイム――脳と意識の時間』下条信輔訳、岩波書店、二〇〇五年、一一一―一一二頁。
(25) ガザニガもリベットの実験に言及する論脈で、「衝動の抑制」の可能性について示唆している。ガザニガ『脳のなかの倫理』、一四一頁。

生物学的基盤を調べることができるようになった。計画や評価における前頭前野の構造の役割の新しい理解と、辺縁系の構造と前頭前野との関係の新しい理解は次のことを示している。すなわち、少なくとも一般的な意味で、制御下にある脳の神経生物学的特徴と、制御下にない脳との違いを、最終的には理解できるだろうということである。より正確にいえば、制御機能不全の程度や相違にかんする神経生物学的特徴を理解することができるかもしれないということである。当面、「制御下にあること」にかんする仮説をつくることが、もっとも有益だろう。「制御下にあること」が含むと一般的に考えられているのは、不適切な衝動を抑制する、目標を維持する、長期的／短期的価値のバランスを取る、計画された行為の結果を考え評価する、「情動に流される」ことに抵抗するといった能力である。これらの記述はそれほど正確ではないが、ほとんどの人は、それらが制御下にあることの典型であると大筋で同意するし、どんな振る舞いが制御不全の典型であるかにも同意する。(26)

こういうことだ。ひとつには、情動は少なくとも今日の視点からするならば、マッスミのいうように、リベットの実験と直接関係するところのものではない。ふたつには、情動は、カオス的に「共振・共鳴」するようなものではなく、今日の脳科学研究が示唆しはじめているところでは、脳という自然に制御されるかもしれない、ということなのである。

「現代思想」における脳科学論（2）――マラブー、あるいは可塑性の夢

次にみたいのは、脳科学研究に斬り込んだフランスの哲学者カトリーヌ・マラブーである。マラブーの論の出発点は、先の区分けでいえば、自然主義のもの、もっといえば、唯物論的なものである――と

自身でも明言している。哲学は、自然科学の知見を無視しえないし、脳科学の成果も例外ではなく、当然それを踏まえないわけにはいかないというのが、彼女の立場である。

だが、マラブーの論の妙は、脳の自然性をアクロバティックに反転させ、その働きの裡に、強靱な反自然主義的度合いをもつものとして措定された可塑性を読み込むことによって、自然主義を覆すほどの観念の力能を見いだそうとするところにある。込み入った論立てなので要約することはむずかしいのだが、おおよそ次のような論である。

脳のなかの何十億、人間では二〇〇億ともいわれるニューロンの数、さらにはそれらの間の結合部位（シナプシス）の数は、遺伝子情報の数を圧倒的に凌駕する。一般に、その歴然とした数の差から、遺伝子コードがもつ硬直性と対比される脳の可塑性が脳科学研究において各方面から指摘されてきている。マラブーはそこに注目する。そうした上で、主として三つの活動における可塑性、硬直性と対比されるところの柔軟性といっていい可塑性があると彼女はいう。つまり、受精卵から育つ各部位から成るシステムの発生の活動範囲、そしてそうした発生を前提とした上での学習や記憶に関わる調節（つまり、シナプス伝達結合の強化ないし減弱）の活動範囲、さらには病気や障害からの回復に関わる修復の推移がすむ活動範囲においてみとめられうる可塑性である。これらの柔軟性＝可塑性に注目するとき、遺伝子のプログラムは決定論的に働くわけではなく、むしろ、遺伝子プログラムをもとにしつつ、脳のメカニズムこそが相当程度に柔軟な仕方で人間をつくりあげる。これは現在の脳研究においては常識となって

（26）　パトリシア・スミス・チャーチランド「道徳的意思決定と脳」、ジュディ・イレス編『脳神経倫理学——理論・実践・政策上の諸問題』高橋隆雄、粂和彦監訳、篠原出版新社、二〇〇九年、一七-一八頁。

いる点だろう。そうマラブーは論の前提を固める。
マラブーの独創性は、可塑性をそうした柔軟性の水準にとどめず、さらなる力能を定位しようとするところにある。というのも、可塑性（plasticité）は語源的には、「形を受けとる能力」に加えて「形を与える能力」という意味合いを含むが、さらには、「形を消滅させる能力」をも内在させているからである。そこには、既存の作動システムの形式を「爆発」させてしまうほどの力がある、とマラブーはいう。なぜ、このような指摘をおこなうのか。マラブーによれば、柔軟性の意味合いでの可塑性は、じつのところ、現在の資本主義体制が尊ぶネットワーク性の称揚ときわめて親和性が高く、後者の体制をなし崩し的に肯定してしまう論理が潜在することになっているからである。

可塑性はわたしたちの世界の形となってしまったのだ。リュック・ボルタンスキーとエヴ・シャペロが『資本主義の新たな精神』という注目すべき著作のなかで指摘しているように、ニューロンの働きと社会の働きとは相互決定の関係にあり、お互いに形をあたえあっているため（ここにもまた可塑性の力が見られる）、もはや両者を区別できないまでになっている。あたかも、ニューロンの可塑性がある種の政治的・社会的組織に生物学的基盤を――つまりは正当化――を与えているかのようである。これこそまさに「自然化効果」の意味である。この著者たちは、「自然の一貫性と直接性とがコネクショニズムの世界」にわたしたちが生きていると述べている。ところで、この「自然化効果はいくつかの学問分野において明らかに際立って強力である。そうした学問分野は、生物学と社会とを結びつけようとしながら、生命の秩序のなかに深く根を下ろしているものから社会的関係を発生させ、さらには生理学のメタファーに基づいて、すなわち、ふるい有機体論における細胞分裂のメタファーではなく、むしろ現在ではニューロンのネットワークや流れといった神経的メタファーに基づいて、自分たちの社会の表象を打ち立てている」[27]。

マラブーは、こうしたネットワーク型の柔軟性という、いうなれば現代資本主義の新たな形式、すなわちイデオロギーに対置されうるものとして、「形を消滅させる能力」を措定する。もっといえば、ネットワーク型思考を爆発させてしまう能力までをも脳はもつというのである。

理論上の根拠については、マラブーは、自らの哲学的思考の土台であるドイツ観念論哲学の巨峰ヘーゲルに依拠している。彼女の解釈では、ヘーゲルにおいてもまた、精神の自然的存在が論じられているからである。それを基点とし「歴史的・思弁的存在への変形」の可能性、すなわち「弁証法」が練り上げられたのだというのだ。というのも、「自然から思考への移行がありうるとすれば、思考の本性が自己を否定するからである」。マラブーはこれを次のように敷衍している。

脳の弁証法的思考を練り上げることは、哲学があまりにもしばしば閉じ込められる理論的陥穽である。還元主義と反‐還元主義とのあいだの狭量な二者択一から抜け出すことを可能にする。（中略）神経的装置を単なる思考の生理学的基盤と見なすのは適切ではない。他方で、神経症的なものから心的なものへの移行の絶対的透明性の要求も、また一方から他方への帰結の容易さも、それ以上に擁護で

(27) カトリーヌ・マラブー『わたしたちの脳をどうするか——ニューロサイエンスとグローバル資本主義』桑田光平、増田文一郎訳、春秋社、一八‐一九頁。

きるものではない。合理的唯物論は、自然的なものは自己自身を否定し、そして思考はこの矛盾の成果であるというテーゼを確立するものであるとわたしたちには思われる。心身問題を考察する適切な方法のひとつは、自然性と志向性とを結びつけると同時に対立させる弁証法的緊張を考慮すること、そして複雑な現実の生き生きとした核心のごとく、それらに関心をもつことである。哲学的にとらえなおされた可塑性は、まさしくその両者のあいだを示す名でありうるだろう(28)。

こうした立論は、一種の華やかな開放性と解放感――脳決定論の束縛から逃れる開放性と、現行の資本主義を乗り越える手だてを示す解放感――をもたらす。脳と資本主義をめぐる言説の平行性を、可塑性という概念を梃子にいっきに反転させるロジックは、意表をつくものだ。じっさい、ネットワーク性を尊ぶ資本主義批判や、脳科学決定論への批判的突破口をもつものとして評価する向きも多い。とはいえ、その立論にもまた、同時代の脳科学研究と並べてみるとき、興味深い理論的角度が浮かび上がる。

可塑性の制御可能性

たとえば、日本の神経倫理学研究の先駆者である美馬達哉はマラブーの論に対して、可塑性には、シナプス結合効率における増強のベクトルとともに抑制のベクトルの存在もまた実験的に検証されているのであって、それら増強と抑制を調節するメタ可塑性のメカニズムがあきらかになりつつあることを指摘している(29)。

あるいはまた、すでに本論もたびたび言及している大統領生命倫理評議会のメンバーであったガザニガが、運動野でのものではあるといえ、神経伝達物質のGABA（ガンマアミノ酪酸）の量が減ればそれが神経活動を抑制する度合いも減り、「結果的には練習による脳の可塑性を高め」うる可能性を示唆する近年の研究成果に言及しながら、「動作を習得すると無意識になるというこの自然なプロセスを、薬の力を借りて促進し、脳の可塑性を人為的に高めることができるかもしれない」と述べている[30]。

さらには、大統領生命倫理評議会報告書には、知能活動や知能パフォーマンスに関わる可塑性への薬剤による制御への関心にも紙面が多く割かれている。もともとは血圧の上昇および維持を目的として使用されていたものだが、次第に「中枢神経系に対する覚醒効果」が知られるようになって、この効果を求めて使用されることが今日大半となりつつある「神経遮断薬」とも呼ばれる、リタリン（メチルフェニデート）やアデラル（アンフェタミン）などである[31]。

とりわけ、報告書では、PTSDに対して用いられる薬物として主にプロプラノロールなどの「ベータ遮断薬」について大きく論じられている（ちなみに、マラブーが投与薬剤の観点からPTSDとうつ病を同列に並べる際に言及しているプロザックについては、報告書では、セロトニン濃度を調節する選択的セロトニン再取り込み阻害剤（SSRI）のひとつである「気分明朗剤」ないし「気分高揚剤」として区別されている[32]）。報告書によれば、ベータ遮断薬は、「長期記憶の形成に関する最近の一連の研究」成果に関わる。いわゆ

(28) 同書、一三九－一四〇頁。
(29) 美馬達哉『脳のエシックス――脳神経倫理学入門』（人文書院、二〇一〇年）の第六章「可塑性とその分身」。
(30) ガザニガ『脳のなかの倫理』、一〇三－一〇四頁。
(31) カス編『治療を超えて』、八二－八八頁。
(32) 同書、二八九頁。

る「ストレス・ホルモン」が側頭葉の奥にある扁桃体を活性化するなかで、心的に経験された事柄（記憶）が記号として定着していくプロセスを調整しうることが証明されたのだという。つまり、エピネフリンの作用を抑制するベータ遮断薬を扁桃体に注入することで、記憶を弱めることが可能であることが実験によりあきらかになったというのだ。「脳における記憶の記号化を制御（control）する神経調節のプロセスがさらに明らかになってきた」[33]。記憶形成に関わる心の働きの可塑性の制御に、薬物を通して関与する可能性が開かれたと唱えているのだ。〈消去〉という制御が作動するのである。

マラブーの著作が二〇〇四年刊行、ガザニガが二〇〇五年で多少なりとも時間的な間隔があり、日進月歩で発展する脳科学研究の成果の摂取の違いといえるかもしれないし、あるいはそもそもの立論の差異があらわれているのかもしれない。可塑性がどこまで制御されうるのか、制御可能なのか、そうした問いは哲学者においても脳科学研究者においてもさまざまな立場や方向性があるだろう。

わたしたちが関心をもつのは、気鋭の哲学者たちの「情動」や「可塑性」といった鋭利な操作概念と拮抗するかのように、脳科学においては意思決定や記憶といった思考の要諦に作用する制御可能性について精力的に研究がすすんでいるという、今日の言説群が指し示す事態である。

第二節　ＰＴＳＤを自然主義的に制御する

生物医学的技術は、哲学の概念装置の基盤を揺るがしつつある。むろん、大統領生命倫理評議会報告書はひとつの文書にすぎない。だが、その周りには、相当量の自然科学の研究プロジェクトが取り巻いている。身体をめぐる、そうした現在の言説群の地勢の計測作業のなかで、その理論的角度、生政治のベクトルは計測されるだろう。

次に、バイオテクノロジーの最も先鋭的な部分である脳科学研究にどのように今日の哲学的ないし批判的思考が対峙しているかをみておくことにしよう。

心身問題を、制御の観点から問い直す

ここでとくに注意を促したいのは、たとえば、薬剤による脳（身体）への介入を通して、記憶形成という心的活動それ自体に変更を加えうる、つまりは、それを制御することが可能であるとするロジックだ。つまり、生物医学の近年の言説において、心的活動のうちに、身体的なもの、自然的なものを基礎付けようとする理論化の方向があからさまに出来しつつあるという点である。

考察の道筋が、自然科学と人文社会科学の間のつまらない対抗意識に流されないように、また、自然科学によくも悪くも距離を置く現代の大陸哲学と、自然科学の成果や研究プログラムと骨がらみで向き合っている分析哲学との間の不毛な確執を繰り返さないように、注意しなくてはならない。多彩な専門領域の研究者が共同で議論するなかで次のような整理がすでに生まれてきていることは、しっかりと留意しておいてよい。

コネクショニズムの発想で脳科学研究をすすめる代表ともいえるフランシスコ・ヴァレラをはじめ、現象学者、認知科学者も含め、関連分野の代表的研究者が、一九九三年一〇月、パリを中心に集まりおこなった「現象学と認知研究グループ（Phénoménologie et Cognition Research Group）」の研究活動報告

(33) 同書、二六二頁。

書ともいえる『現象学を自然化する（Naturalizing Phenomenology）』では、脳科学研究の推移が次の三つのアプローチに区分けできるとしている。[34]

第一に、「計算主義的‐象徴記号的（computationalist-symbolic）」アプローチ、第二に「コネクショニスト‐ダイナミック」アプローチ、第三に「身体化‐行為化的」アプローチ、である。脳科学研究はもはや、ネットワーク型の概念群だけで取り組まれるものではないかもしれないのだ。実際、コネクショニズムの発想で脳科学研究をすすめる代表であるフランシスコ・ヴァレラ自身、自らのネットワーク型脳機能理解の次の段階の脳科学研究に、身体論的なアプローチを置いている。

単純化すれば、第一のものは、本書でも第I部でとりあげたチューリングやフォン・ノイマンらの計算機モデルに基づいた仕方で脳内において生じる認知機能を捉えるアプローチである。第二のアプローチ――一九七〇年代後半より勢力をもちはじめた――は、象徴記号を情報処理するものとして認知の働きを捉えるのではなく、定位のユニットないし項が動態性をもって結合するなかである種の形式や規則を形成していくことで、さまざまな機能が創発されてくると考えるものだ。さらに、それに折り重なるかたちで近年注目を集めている第三のアプローチは、コネクショニズムが描き出すようなメカニズムでは、個体発生上ないし系統発生上築き上げあげられてきた様々な状態の結合点としての行為体（situated agent）の存在が、認知機能の把握のためには不可避であるとする研究方法である。

自然化とは、この第三番目のアプローチのなかに折り込まれた方向性であるといえる。先のPTSDに対して考案された薬剤の開発を支えている研究方法とは、心と身体、あるいは心と脳の関係をめぐる自然科学上の大きな方向転換の脈絡のなかですすんでいるものといってもいいだろう。そして、そこには、「心を制御する身体」を制御するというメカニズムを、生物医学の技術によって達成しようという目標が内包されているのである。さらにいえば、それが情動という概念と指示する対象をめぐっておしすすめられているのが現在の実状である。

こうした次第を、精度をさらに高めて観測しておこう。そのためには、さらなる補助線として、ＰＴＳＤをめぐる別の言説をみておく必要がある。

『ＤＳＭ』の「ＰＴＳＤ」登録とは何を意味していたのか

ここでみてみたいのは、大統領生命倫理評議会報告書もたびたび言及する『精神疾患の分類と診断の手引（The Diagnostic And Statistical Manual of Mental Disorders）』（以下、慣例にしたがって『ＤＳＭ』と略記）である。その『ＤＳＭ』においてこそ、身体と心、ないし脳と心の関係をめぐる今日における言説のもっともポレミカルなポイントがある。[35]

よく知られているとおり、一九八〇年に刊行された『ＤＳＭ－Ⅲ』の疾病分類においてはじめて「ＰＴＳＤ」の項目は登録される。主として、ヴェトナム戦争の帰還兵による運動が功を奏したともいわれる。だが、さしあたり、そうした医学の外にあるものの医学内部への関与がここでとりあげたいことではない。あるいはまた、その『ＤＳＭ』における新たな定義が、「トラウマ」という言葉を世に氾濫させ、

（34） Jean Petitot, Francisco J. Varela, Bernard Pachoud, Jean-Michel Roy, *Naturalizing Phenomenology: Issues in Contemporary Phenomenology and Cognitive Science*, Stanford University Press, Stanford Univeristy Press, 1999, p5-9.

（35） 以下、記憶と情動の生物学的基礎付けに関する『ＤＳＭ』の読解は、Pasi Valihao, "Affective, Biopolitics, and The Virtual Reality of War"（*Theory, Culture & Society*, 2012 29, p63-83）に全面的に負っている。

結果その名が与えられることになる疾病がいかに社会に波及したかについても——それが看過できない重要な問題であり、また以下に続く考察と部分的には接するものであることは間違いないにせよ——扱おうとするものではない(36)。

本論の関心は、同じ診断マニュアルの次の版『DSM-Ⅳ』において、PTSDに関する診断基準の用語に、心的な次元での概念のみならず、身体的な次元に属する概念が明瞭にあらわれているという点にある。PTSDの四つの主たる診断基準の大項目を（ここでは必要でない句は省略して）あげておこう。

A　（恐怖心や無力感や戦慄の反応をともなう）心的外傷となる出来事を体験したことがある。

B　心的外傷となった出来事の記憶への反復する遭遇。

C　当該の心的外傷に関係する刺激の持続的な回避、およびそうした刺激に対する一般的反応の麻痺が執拗に続く状態が見られること。

D　高い覚醒を示す症状が執拗に続く状態が（その外傷を受ける前にはなかったのに）見られること。

ここで、外傷的出来事の体験、反復される再体験、関係する刺激の回避ないしそれへの反応に関わる麻痺に、覚醒状態（arousal）の継続が加わっていることに注目しよう。医療人類学の泰斗アラン・ヤングが論じるところを受けていえば、A〜Cは、心的外傷経験となる出来事に関わる「心的な記憶」に関わるものである一方、Dは、「身体記憶」の特徴として解釈すべきものである(37)。ヤングの論に沿っていうならば、「外傷性（trauma）」に対する医療的言説は、その理論立ての裡に、（「外傷」という身体に関わる言葉が本来関連づけられている）外科的なものと精神医学的なものが混在するなかで構成されてきた歴史的経緯があり、その混在がＤＳＭのこの定義のなかにも明白に認められるのである。[38]

ヤングがいうには、これは、哲学者イアン・ハッキングがフーコーの生政治学の影響下で練り上げつつある「記憶の政治学（memoro-politics）」のひとつの核をなすものである。[39] ハッキングによれば、「忘れられたもの」を「思い出すこと」が人々の人格の同一性、もっといえば、魂を形成するという考え方が西洋近代思想史の根幹にはあるが、それが、一九世紀後半にジャネ、フロイトらにおいて医学的言説のなかで再編制された。そうした「忘れられたもの」を「思い出すこと」をめぐる医療言説の理論組成の変遷には医学界内外のさまざまな力も作用しており、それを浮き彫りにすることが「記憶の政治学」の課題なのである。ヤングは、そこに、ＰＴＳＤにまで続く「身体記憶」の医療理論上の概念化の系譜を摘出しようとしているといっていい。彼は、衆目を集めた大著『ＰＴＳＤの医療人類学』（一九九七年、邦訳はみすず書房）の最終章「外傷性記憶の生物学」においてすでに、「精神」医学の「（再）生物学化」について批判的に論じていたわけだが、そのラインでの論構成といってもいいだろう。

（36）たとえば、斎藤環、中井久夫、浅田彰「トラウマと解離」、『批評空間』第三期第一号、二〇〇一年。

（37）Allan Young, "Bodily Memory and Traumatic Memory", in Paul Antze and Michael Lambek（eds）, *Tense Past: Cultural Essays in Trauma and Memory*, Routledge, 1996, p96-97.

（38）Allan Young, "History, Hystery and Psychiatric Styles of Reasoning", in Margaret Lock, Alan Young, Alberto Cambrosio（eds）, *Living and working with the New Medical Technologies: Intersections of Inquiry*, Cambridge University Press, 2000, p146.

（39）記憶の政治学に対する医療的言説のハッキングの整理は、次の論文で詳しく論じられている。Ian Hacking "Memory Sciences, Memory Politics", in Paul Antze and Michael Lambek（eds）, *Tense Past: Cultural Essays in Trauma and Memory*, p67-87.

ヤングは、こうした「身体記憶」の概念化の系譜は、個人史上の書き込みのなかで生起するものではなく、患者がその他すべての人間と共有しているところの「進化論」的な言説の歴史と密接に連動しており、ダーウィンやスペンサーにまで遡れるものだと論じている。そして、ヒュームの経験論哲学に激しく抵抗しつつ、記憶なるものには、個人史とは独立して存在する「神経システム」の強い関与がみとめられるべきだと強く主張したスペンサーの論を引いている。そこには、いわば「系統発生的な記憶(phylogenetic memory)」という考え方が脈打っているというのである。[40]

記憶をめぐるそうした身体論的概念化の系譜が物語るのは、記憶が身体という自然のなかで物質化されているとする考え方である。

記憶と感情の存在論的身分

さらに踏み込んでこのあたりの事情をあきらかにするには、現在、PTSDに関する学術研究のもっともパワフルな研究者のひとりと考えていい――現時点で、国際トラウマティック・ストレス学会会長の要職につく――精神神経科学者ベッセル・A・ヴァンダーコークの論にも言及するべきだろう。

まず、『DSM-Ⅲ』の刊行から数年後に出版され全世界で耳目を集めた、ヴァンダーコークが編纂した『サイコロジカル・トラウマ』(一九八七年)は、その「序」において、「外傷後ストレス障害(PTSD)」は、その他の「どの精神障害よりも、心理的ならびに生理的反応の密接な相互依存性を示している」と主張する文章からはじまっている。[41] そうして、まさに『DSM-Ⅲ』が示したPTSDの診断基準を受けとめ稿がおこされる第一章において、「無力感とコントロール感の喪失」をその症状の特徴として位置づけ、その生理学的な因子を探ろうとする方向で論が運ばれ、最後には「初期のトラウマが、情緒反応を調整する生物学的基盤をも変容させてしまうと仮定することは理に適っている」と述べられるのである。さらには、「このような生物学的変化によって引き起こされた症状」は、「たとえ、自分の生活史と関連させて外傷的出来事の意味を理解」し、「侵入性再体験を認知的にコントロールできたとしても問題解決は難しいかもしれない」と精神分析的な治療やカウンセリングなどの非有効性をなかば示唆するのである。(42)「トラウマ反応の精神生物学」と題された第三章においても、「圧倒するようなトラウマは身体（soma）と精神（psyche）の両方に影響を当てる」ものであって、「ＰＴＳＤは他のどのような精神障害よりも、心理的反応と生理的反応の相互関係を強く具現している」という論がなされている。ＰＴＳＤの自然主義化が目論まれているといっていい。だが、この著作の段階ではまだ、「トラウマを受けた動物の生化学的および行動学的研究は、ＰＴＳＤに特有の過覚醒、狭窄、強迫的再体験などの根底にある基本的過程を示してくれる」ものの、「この知見の治療応用はやっとはじまったばかりである」と記すに留めるものとなっている。(43)

おおよそ一〇年後に、ヴァンダーコークは満を持したかのように二人の共同研究者ともに、上で素描した方向での研究の集大成ともいえる大著『トラウマティック・ストレス――ＰＴＳＤおよびトラウマ反応の臨床と研究のすべて』（一九九六年）を刊行する。そこでは、ＰＴＳＤに関する生理学的ないし生

(40) Young, "Bodily Memory and Traumatic Memory", p92.
(41) ベッセル・A・ヴァンダーコーク編『サイコロジカル・トラウマ』飛鳥井望、前田正治、元村直張監訳、金剛出版、二〇〇四年、九頁。
(42) 同書、二五頁。
(43) 同書、八七頁。

物学的な主張が、豊富なデータをもってさらに強い調子でなされている。「記録する身体――外傷後ストレス障害への精神生物学的アプローチ」と題された第八章に書き付けられた、次のような文書をまずは引いておこう。

脳と身体と心は分ち難く結びついており、それらが別々の存在であるかのごとく語ることができるとすれば、それは何かを発見するのに役立つという場合に限られるだろう。この三つのうちの一つの変化はほかの二つに密接な影響を及ぼす、たとえば、情動と知覚は心理機能であると同時に、生物学的調節に関わる神経装置の一部でもある。その中核的機能はホメオスタシスを維持するための制御、すなわち衝動と本能のコントロールである。心的過程は脳と身体の所産であり、脳と身体は、神経刺激伝導や、血流によって運ばれる神経ホルモンや神経調節物質のような化学物質によって、とぎれることなく相互作用を行っている。(44)

さらに末尾の「結語と今後の課題」には、次のような哲学的な主張をともなう言葉が記されている。

本書で述べられてきたように、心理的なトラウマに関するこれまでの研究は、身体と心のデカルト的な二分法、そして社会と個人について行われている分割の一部は、支持されえないということを示している。本書においてわれわれは、圧倒的な社会的経験が人の記憶に消去不能の痕跡を刻み込み、最終的には生物的システムの調整能力の永続的変化に至るような一連の障害が生じるのだということを明らかにしようとした。(45)

心の自然化をすすめる、驚くべき言葉がここにはある。

こうした考え方をとるのは、ヴァンダーコークにとどまらない。心の圏域内にあると一般にはされてきた感情ないし情動の存在論的位置づけを身体の上に見いだそうとする知的実践、つまり、心を生物学的な方法で接近可能なものとして捉えようとする知的実践は今日、多くの関連分野で精力的にすすめられている。人間なるものの本性（自然）の理解を、自然科学において基礎付けうるものへと根底から転換しようとする議論が、脳科学研究関連の諸分野のあちこちから噴出しているのだ。

情動や感情に関わるプログラムは少なくとも一定程度生物学的に基礎付けうるとするジャーク・パンクセップもそのひとりである[46]。生存に関わる基礎的な身体反応は、進化論的に古代から受け継がれているとする彼の議論は、自然淘汰における生存競争のなかでは恐怖心がひとつの重要な機能となっていたとするダーウィンの考え方につながっている。

あるいはまた、ヴァンダーコークがたびたび言及し、日本でも『エモーショナル・ブレイン』の邦訳が刊行され脳科学研究からの情動論の嚆矢として、アントニオ・ダマシオとともに名を馳せているジョセフ・ルドゥーもその流れのひとりである。ルドゥーによるならば、感情は、神経システムの生物学的

（44）ベッセル・A・ヴァンダーコーク、アレキサンダー・C・マクファーレン、ラース・ウェイゼス編『トラウマティック・ストレス――PTSDおよびトラウマ反応の臨床と研究のすべて』西沢哲監訳、誠信書房、二〇〇一年、二四五頁。

（45）同書、六一三頁。

（46）Jaak Panksepp. *Affective Neuroscience: The Foundations of Human and Animal Emotions*, Oxford University Press, 2004, p42.

な働きとして定義しうるものであり、さらには、そうした脳神経システムは、幾世代もの進化の過程において保存されてきたものとして捉えるべきである。ルドゥーの「ニューロン自己」というキャッチーなフレーズにこだわり、彼を脳神経系のネットワークの柔軟性（可塑性）を唱える研究者としてみなすカトリーヌ・マラブーのような哲学者は、生物学的かつ進化論的基礎付けに軸足を置く彼の論構成を決定的に見逃している。ルドゥーは明白にこう記している。

コンピュータがたとえ意識をもつようなプログラムができたとしても、情動をもつようにはプログラムできないであろう。なぜなら、コンピュータはヒトを人たらしめることができないからである。すなわち、コンピュータは人工的なすばらしい構成物であっても、生物進化の存在の連続性からあるべき適格な組成をもっていないからである[47]。

先に触れた「心の哲学」の研究者パトリシア・スミス・チャーチランドが「制御下」に置こうとする情動ないし衝動も、こうした論と連動しているものなのだ。新たに台頭しつつある各分野での自然主義的言説は、身体という自然を制御する地平を求めて活性化している。

ちなみに、こうしたヴァンダーコークの論に影響を受けた研究者たちこそが、イラク戦争帰還兵のPTSDの治療のために開発されたVRシステム「ヴァーチャル・イラク」のプロジェクトに科学的根拠を与えたのである。映像は、その時点で、瞳によって見られその内容が鑑賞されるものではなく、身体性すなわち情動に作動するものとなったといえるだろう[48]。

わたしたちは、いま、映像を用いた、身体の「自然」への制御を通して、心もまた制御されようとしているのである。そう新たな言説群は謳っている。心が身体に対して制御主体となる発想を中心に展開していた心身問題は、ここでラディカルに再定式化される。身体（脳）を制御する技術が、意識も無意識も含めた心を制御する可能性の地平へと一気に拓かれつつあるのだ。心身問題は技術を内側に抱え込むことになったのである。

制御の思考は、世界の組成を動態化しつつも、再び、己に備わる「力への意志」のなかで主体を分散させ、調整し、手なづけていく。人間は、その自然性を改善し、人間を超え出た存在へと〈強化〉することを目指すとともに、その記憶を〈消去〉し、自らの人間性を組み換えていくのである。「制御」概念は、あえていえば、まことにストレートな意味合いでポストヒューマンな存在論までをも作動させるのである。

（47）ジョセフ・ルドゥー『エモーショナル・ブレイン——情動の脳科学』松本元、川村光秀ほか訳、東京大学出版会、二〇〇三年、四八 - 四九頁。
（48）Pasi Valihao, "Affective, Biopolitics, and The Virtual Reality of War", pp. 63-83.

結語　新しい唯物論と新しい形而上学のあいだ——ログ・オフ

情報理論はもちろんのこととして、自然科学、社会科学を問わず、多種多様な知の領域における「制御」という概念の振る舞い、ないし「制御」概念にもとづいた思考の作動を、本書ではみてきた。もちろん、網羅的であろうなどということはことのはじめより諦められているし、首尾一貫した作動原理を抽出することも断念されていたのは、序章でも記したとおりである。

情報学の書でも、政治学の書でも経済学の書でもなく、また、生物学の書でも脳科学の書でもない、あえていえば哲学の書ですらない本書は、自らの依って立つディシプリン（専門領域）を名付け得ない、おぼつかない足取りのもとで企てられた。そのおぼつかない足取りがかりに示しえたことがあるとするなら、「制御」という語が今日の言説空間において広範囲にわたって異様なまでの姿で頻出しているという事実である。あえていえば、その頻出の度合いに対する、慎ましやかな驚きにほかならない。その驚きは慎ましいものではあるのだが、ごく控え目な調子で、わたしたちは「制御社会」に生きているのではないか、とふと漏らしたくなるほどの強さはある。

そうしたいささかためらいがちな物言いをせざるをえない背景には、さまざまな理由があるが、そのうちのひとつとして明示しておくべきは、本書冒頭でも言及したように、「社会」という語に少なからず居心地の悪さが漂っているからである。「社会」という言葉を、なんの衒いもない調子で発することへの戸惑いは歴然としてあり、それは、本文での「社会学」への逡巡にみちた記述にも読み取れるものでもあろう。これまでの考察で幾度も触れたように、ときに「哲学」という名辞が冠されるような原理論的な野心がないことはむろんのこと、社会学的な枠組みでの問題関心も、本書には毫もない。であるので、「制御社会」という言葉を漏らしたとはいえ、そこになにほどかのブレーキがかかってしまうのである。

では、どういう目論見において、本書は数百頁にわたる言葉を織り上げてきたのか。それは、既存の用語に頼っていえば、人文学的な探求において、である。法則を探し上げることも、原理を探求することもなく、さらには、社会の像を描き出す使命感も、ここにはない。本書において作動していたのは、世に送り出され、なにほどかの規模で流通し、人々の目や耳を通して、その心やからだを循環している、そうした言説群をひたすら読み込むこと、そうした振る舞いを人文学ととりあえずいっておくことができるのなら、本書は、いささかの躊躇もなく、自らを人文学の仕事といっておきたいと思う。端的にいえば、データと称されるものにどこかあやふやさを触知してしまう、反時代的な想いがここにはある。別言すれば、人々が意識にのぼらせている己が住まう世界に対しては、流通する言説群をひたすら砂を嚙むように読み込む以外には、思惟の可能性はないという構えがここにはある。出来上がったもののクオリティには激しく恥じらうことしかないのではあるが、「制御」という言葉のサーキュレーションに耳を傾け、目を凝らすこと、それが目指されていた。その言葉の運動をそのままに活写すること、そこに狙いが定められていたということだ。浮かび上がらせようと企図したのは、「制御」概念の振る舞いの測定を通した、現代世界における権力と欲望が織りなす地形図であったといっていい。

「制御」の地形図

その地形図が指し示す光景は次のようなものであった。

〈自己の制御〉〈他者の制御〉〈自己と他者の制御〉といった三つ組みの作動形態は、柔軟さに富んだ自己展開において、その力能を政治経済学における討議はもとより、自己をめぐる省察、社会に関する考究にいたるまで、自らの版図を拡大している。しかもそこでは、事象を〈動態化〉すると同時に〈整流化〉もするというその動性の特性に応じたさまざまな手管――〈設置〉と〈解除〉、〈放置と局限〉、〈もつれ〉と〈綻び〉、〈偶発性〉と〈解決法〉、〈強化〉と〈消去〉――が縦横無尽に作動せられることとなっている。それが、本書がなんとか活写しようとした地形である。そして、そのような地形のなかに改めて浮かび上がる「制御」概念のたたえる怪物的な相貌である。そうした地形図を眺める者がなんらかの疎外論的な怖れを抱いたとしても不思議ではない。実のところ、そうした地形図こそが、本書が浮かびあがらせようとした時代の自己意識に関わる第一の像でもある。

それでも、なのだ。本書が依って立とうする戦略は両義的である。疎外論的な思考はできるうるかぎり回避したいという強い願いもそこに組み込まれているからである。「制御」という概念は、概念である以上、そして言葉である以上、流通し、交わり、咀嚼され、齟齬がおき、心身へと落とし込まれていく。したがって、それはつねにプロセスのなかにある。つまり、運動状態にあるといえるだろう。さらには、「制御」概念の思考は、すでにこれまでの章でみてきたように、明確な主体を掲げずに推移し、多数性のなかで調整され、作動する。すなわち、その意味でも運動状態にある。だとすれば、その使用の行方については、わたしたちの側に委ねられているということだ。

改めて繰り返すが、序章でも触れたとおり、本書は、動かぬ世界を動かす唯一のエージェントとして、思惟と行為という機能をもつ人間なる主体を前提とする発想からは遠く離れている。すなわち、どちらかといえば、「新しい唯物論」の立場にある。

では、新しい唯物論は、疎外論をどう駆け抜けるのか。

漠とした物言いになるが、こういっておこう。主体としての人間は、考え、行為する。だが、正確にいえば、考えるのは言葉によってであり、ときに視覚イメージや聴覚イメージを用いることもあるだろう。行為は、腕で、足で、腰で、掌でおこなう。神経が関わり、筋肉が関わり、循環器が、消化器が関わるだろう。思惟と行為を媒介するのは、意志なるものであるが、それも脳内のニューロン・ネットワークや電位配置を前提とする。人間主体は、物理世界と地続きだ。新しい唯物論とは、そうしたきめこまやかな組成成分の間の動態的な接触や作用をしっかりと視界に入れていこうということでもある。〈わたし〉でさえ、多くの組成成分から成り立っており、そこに統一した主体性などないともいえ、せいぜいのところ、かろうじて他者からまとまって（独立して？）成立しているようにみえる代物である。テレビのバラエティショーで誰かがいっていたように、本質的には、人間なんてタンパク質と電気化された情報の回路でしかないのかもしれないのだ。新しい唯物論は、そうしたドライな認識をもつ。と同時に、新しい唯物論は、軽やかな足取りの自在さももつ。というのも、これまで物質性をもたないとされていたような事象に対しても、その働きの実在性をしっかりと了解し、自らの運動と接触させ共振することで、変化プロセスへの参加を喜ぶ感性もまた備えるからである。発話された言葉は、さしあたりいま聴覚器官と呼ばれている部位において受容されるだろう。書き留められた言葉は、いま視覚器官と名指されている部位に受け止められるだろう。そして、思考の成分となり、思惟を変容させ、行為へと転化されたりされなかったりするだろう。そうした意味合いでは、言葉はなんらかの実在性をもつ。とすれば、言葉にこめられた意図や感情もまた、働きをもたらすものとして伝搬されるし、そのかぎりにおいて実在性をもつ。

「制御」概念を／で駆け抜けることはできるか

じっさい、わたしたちがこれまでの章でみてきたものは、「制御」という概念の、その一種実在性をもった振る舞いであり、働きであり、運動である。事実として、「制御」概念は、近代において「人間主体」「物理世界」と呼ばれてきたものの間がつくりあげる諸関係に対して強く関与しようとし、じっさいに関与している。その意味合いにおいては、「制御」こそが、「新しい唯物論」という考え方をあざやかに例証する好例であるかもしれない。心的世界と物的世界の相即を大きなプロセスとしてラディカルに捉えるならば、それこそが依拠すべき、わたしたちが駆動させるべきイメージとなる。すなわち、近代における二元論の布置が大きく振動しつつあるという観測図、それこそが、本書が浮かびあがらせようとした時代の自己意識の第二の像であるといってもよい。

だとするならば、「制御」概念の扱いにおいて疎外論を出し抜こうと願うのであれば、「制御」概念をもって「制御」概念を突き抜け、駆け抜けるしかないだろう。

ひとつの挿画を引いておこう。第Ⅲ部でも触れたアガンベンに、すぐれて示唆的な書物がある。『バートルビー　偶発性について』である。(1) 上司からの依頼にことごとく「しない方がいいのですが（I would prefer not to）」と繰り返す奇妙な主人公を描いたメルヴィルの小説に鮮烈な解釈を与えた小著だ。

主人公は、そうした姿勢を、自らが心身ともにやせ細っていくこともいとわずつづけ、やがて死に至る。その特異な振る舞い、つまり「しない方がいいのですが（I would prefer not to）」という振る舞いに、「然りと否」の間にある絶対的な潜勢力をみるアガンベンの読解は刺激的だ。だが、そこに労働拒否の哲学をみるにせよ、神学的な道徳観の極北をみるにせよ、そうした受容にはいささかの違和感が残る。むろん、すでにみたように、「然りと否」の間とは、ルーマンの論法においては、様相論理学を用いて必然性と不可能性の間の「偶発性」の問題として手続的に処理可能であると、平然と制御されてしまいかねない。

だが、ここでもっと注視しておきたいのは、次の点だ。メルヴィルの小説の主人公バートルビーは、解雇を言い渡され職場のある建物を立ち去るようにいわれたときでさえ、「しない方がいいのですが」といってそれを拒んでいる。その建物の主が代わって改めて移動を諭されても、「しない方がいいのですが」という所作はかわらない。そして、やがて、市警が訪れ、連れ出され、刑務所まで運ばれ、死を迎えることになるのだ。

そこで、作動しているのは、心的なレヴェルでの潜勢力がもつ祈りを具現化したような主人公の心的運動だけではない。そこだけを注視した読みは、いささかロマンティックにすぎるように思われる。作動しているのは、企業体や官憲が、建物をめぐり制御の措置をおこない、物理的なレヴェルで主人公の身体を「合理的に」追い込んでいくプロセスでもある。メルヴィルの小説が、そしてそのアガンベンの読解が鮮烈な印象をいまなお与えるのは、物理的な制御プロセスがバートルビーの潜勢力を囲繞していくさまである。存在しえたが決して実現しなかった事柄の暗号は、したがって、隠喩としての手紙、届けられることのなかった手紙だけではなく、建物のブロック、床に、刑務所の壁に、鉄柵に、折り込まれている。制御の神学は、唯物論的な思考を召還するのだ。メルヴィルが、アガンベンが、わたしたちを震わせるのは、そうした重層的な振動においてである。であるので、こういっておきたい。新しい唯物論の思考こそが、バートルビーを語るアガンベンを今日の世界に受け止める地平を拓くものかもしれない、と。

そうすることによってこそ、わたしたちは、「制御」概念という実在性をもった運動を駆け抜ける潜勢力を始動させ、目の前の物的世界へと作動させることができるのかもしれない。

制御により終わる思考と制御から始まる思考

とはいえ、そう口にしてみることはできるものの、その実践は気が遠くなるほどの困難な道のりのように思える。第Ⅲ部第1章でみたように、生活世界が環境と読み替えられ、環境がアフォーダンスの世界と読み替えられ、さらには、それが「人工世界」と読み替えられ、多彩な「制御」の思考が展開しているのが現状なのだ。新しい唯物論は、そのかぎりにおいて、制御の思考と親和性が極めて高い。もっといえば、一体化しているところさえあるだろう。デジタル文化の論者や、ニューエコノミクスの論者が周辺に集いながら、新しい唯物論の知的運動がすすんでいることにも、そのいったんはみてとれるだろう。新しい唯物論と、制御の思考は、骨がらみであり一蓮托生ともいえる。わたしたちが本書で活写した時代の自己意識をめぐる第三の像は、より正確にいうならば、そうしたものかもしれない。

(1) ジョルジョ・アガンベン『バートルビー――偶然性について』高桑和己訳、月曜社、二〇〇五年。本書第Ⅲ部第2章の内容に則して、本文中では「偶発性」と記しておく。

わたしたちは、おそらく、新しい唯物論という構えをヒト、モノ、コトについていっそう掘り下げて読み込み、読み拓いていく必要がある。つまり、世界そのものを読み替えていく必要があるかもしれないということだ。幸運なことに、新しい唯物論と近接しながら、形而上学を見直す知の冒険も生まれつつある。もしかすると、そうした試みはひとつの助け舟となるかもしれない[(2)]。そうすることで、「制御」という概念が終わらせる思考と「制御」から始まる思考をきれいに切り分けていくことが必要だろう。

フーコーが晩年の著作のタイトルとした「自己への配慮」というフレーズは、いうまでもないことだが、『言葉と物』の末尾の文「人間は波打ちぎわの砂の表情のように消滅するであろう」とあわせて読むべきものである。すなわち、晩年において、フーコーが楽観的に主体概念に回帰したわけではない。もっといえば、古代ギリシャの文化をただ単に愛おしく回顧しただけでもないだろう。そこには、来るべき知の夢が賭けられていたはずだ。新しい唯物論、そして新しい形而上学の時代にあって、自己に自己が関わる作法を案出していくこと、それこそが賭けられていたのではないか、不穏当を承知でそう啖呵を切ってもいい。制御以前の思考と制御以後の思考を切り分ける理路への手がかりは、そこにこそあるのかもしれない。

だが、その可能性を探る紙幅は尽きた。キーボードを打つ手を止め、わたしの神経系と運動系が協働してコンピュータを作動させる機会を、別途探す必要がある。それまで、「制御」をめぐる考察は、しばし、ログ・オフすることとしよう。

（2） 新しい唯物論の一角の人々が、形而上学の見直しをはじめていることは、序章で紹介した著書などにおいてもあきらかである。他方、じつは、分析哲学の方では、かなり早い段階から形而上学の再検討がすすんでいるようだ。しかも、大陸哲学の動きのなかで生まれつつある議論と共有されている面も少なくないように思われる。そうした英米での試みの日本における最初の紹介とされる『現代形而上学論文集』（柏端達也、青山拓央、谷川卓編訳、勁草書房、二〇〇六年）などを参照。なお、その訳者の一人である柏端は、近年の論文（「環境の性質――性質のオントロジーに向けて」、『環境のオントロジー』河野哲也、染谷昌義、齋藤暢人編、春秋社、二〇〇八年）で、生物学でいわれる「環境」概念との線引きも明確にしつつ、ギブソンの「アフォーダンス」概念を、分析哲学の「傾向性」概念により、定位し直していく分析もおこなっている。本書の考察とも接近するラインで、新しい形而上学の一端を伺わせ刺激的である。

あとがき

書きたいことは本文で尽くしたので、付け加えることは何もない。諸賢の批判をただまつばかりである。

しかし、あえて一点だけ記しておこう。前著『映像論序説』(人文書院、二〇〇九年)とのつながりについて、である。予測を遥かに越えて各方面からありがたい評価をいただいたこの著書は、映像なるものを、特権的な表現ジャンルというよりは、いわば、今日の生活環境のなかのひとつのインフラストラクチャーとしてみなし、そこから、いま考えるべき論点や視角を整理しようとするものであった。

そのときすでに、読み漁った文献のなかにしばしば「制御」という言葉がどうにも不穏な面持ちで居座っているのが散見された。そのことが、本書の企みの土壌となったことは疑いえない。そして、デジタル技術の大規模な社会への浸透は、わたしたちの意識や思考に何か変容を与えているのだろうかという問いへの関心が、前著の執筆後いやおうなく頭をもたげ、次第に大きくなり、取り憑いてはなれなくなった。専門でもない領域を土足で踏みにじるような仕事になってしまったが、方々にご寛恕をお願いするしかない。

当初予定していた執筆期間を大幅に越えて、四年あまりの時間がかかってしまった。言い訳はない。ただ、その間に、自らの生活に、大きな節目となるような出来事がいくつか起きたことは確かであり、それらが、本書に集められた言葉にどうやら徴しを残しているようだ。

ひとつは、私事に関わることなので措いておきたい。ふたつには、勤務先の大学の学部で副学部長の役職に就き、昨今の大学行政について身をもって学ぶことがあったことだ。日本という国の高等教育の現場でそうした類いの業務に携わったことが幸か不幸か、制御なるものを考える作業にずいぶんと役に立ったと吐露せずにはいられない。

みっつには、二〇一二年度後期の半年あまり、ロンドン大学ゴールドスミスカレッジに遊学できたことも大きな糧となった。そのことは、陰に陽に論の運びに反映されているはずだ。私の場合、学んだ大学院はアメリカ合衆国であったので、この機会に広い意味での欧州の知の現場に触れることができ、自らの視野を少しだが拡げることができたように思う。

よっつには、これがなにをおいても一番大きな出来事だったわけだが、いうまでもなく、二〇一一年三月一一日に起きた東日本大震災である。わたし自身は、京都という遠く離れた場所でメディアを通して視聴したにすぎない。畢竟、いまだしっかりとした身構えをもってかたちにできずにいて、本文中でも可視的に触れた箇所はない。ただ、自分でも不思議なことなのだが、「制御」なるものについて思うところを書き連ねた本書の文章のなかに、それに接近する言葉のようにみえるかもしれない「想定」という言葉を使うことが一度もできなかった。

草稿に目を通していただいた友人に謝意を示しておきたい。立命館大学の篠木涼さん、望月茂徳さん、神戸大学の前川修さんをはじめとする芸術学研究会のみなさん、多くの助けをいただきました。また、立命館大学で授業に出席してくれている学生のみなさんとの交流にも日々多くのことを教えられている。いつものことながら、本を書くことができたのはあなたたちのおかげです。

「こんなものしかできなかったのだから仕方ない」と自著の「あとがき」に記していたのは、新潟大学勤務のころに知り合った畏友番場俊氏だ。近ごろ呼んだ本のうちでもっとも強く感銘を受けたといっていい、その労作（『ドストエフスキーと小説の問い』水声社、二〇一二年）の凄みとは比べるべくもないが、猿真似を許してもらおう。こんなものしかできなかったのだから仕方ない。

憶えば、新潟大学人文学部での時間が本書の種子となった向きは濃厚である。番場氏のみならず、酒を酌み交わし談論に興じた、当時新潟大学にいた山内志朗氏や伊藤守氏の影響下にあることは本文をみてのとおりである。なかでも、公私ともにたいへんお世話になった深澤助雄先生の学恩は言い表すことのできぬものだ。社会科学や自然科学との差異においてではなく、それらを呑み込む貪婪さにおいてこそ人文学の魅力は発揮される、ほろ酔い加減でそう言い募る深澤先生の教えは、本書を貫いている。

また、本書を執筆する間にさまざまな場で多くの友人知人に刺激を受けた。なかでも、南カリフォルニア大学のリピット水田堯さん、ロンドン大学ゴールドスミスカレッジのパシ・ヴァリハオさん、ソウル国立大学のキム・ジュニアンさん、ハーバード大学のアレックス・ツァールテンさんとコンコーディア大学のマーク・スタインバーグさん、関西大学の堀潤之さん、大阪経済大学の水嶋一憲さんには、たくさんの知の恩恵にあずかっている。

そして、何よりも、人文書院の松岡隆浩さんには、いちばん大きな、御礼の言葉を贈らねばならない。前著に引き続き、突拍子もない企みに共謀していただいた上、辛抱強く付き合い、お正月まで返上して編集作業にあたってくれた。松岡さんがいるからこそ、片隅ではあれ、世に登場することができた仕事である。感謝、感謝、感謝。また、今回も端正な装丁をこしらえてくれた五十川あきさんにも謝意を示しておきたい。

最後に、傍らでいつも笑いかけてくれ、そればかりか全文に二度も目を通し沢山の貴重な指摘をしてくれた北野知佳にもありがとうを。

二〇一四年一月　京都にて

北野　圭介

本書の刊行は、立命館大学「二〇一三年度学術図書出版推進プログラム」の支援を受けている。

マ行

ヤ行

ラ行

ワ行

人名索引

著者略歴

北野圭介（きたの　けいすけ）

1963年生。ニューヨーク大学大学院映画研究科博士課程中途退学。ニューヨーク大学教員、新潟大学人文学部助教授を経て、現在、立命館大学映像学部教授。映画・映像理論、社会理論。2012年9月から2013年3月まで、ロンドン大学ゴールドスミスカレッジ客員研究員。著書に『ハリウッド100年史講義　夢の工場から夢の王国へ』（平凡社新書、2001年）、『日本映画はアメリカでどう観られてきたか』（平凡社新書、2005年）、『大人のための「ローマの休日」講義　オードリーはなぜベスパに乗るのか』（平凡社新書、2007年）、『映像論序説　〈デジタル／アナログ〉を越えて』（人文書院、2009年）、編著に『映像と批評 ecce［エチェ］』1〜3号（2009年〜2012年、森話社）、共訳書にD・ボードウェル、K・トンプソン『フィルムアート　映画芸術入門』（名古屋大学出版会、2007年）。

制御《せいぎょ》と社会《しゃかい》
――欲望と権力のテクノロジー

二〇一四年　三月二〇日　初版第一刷印刷
二〇一四年　三月三〇日　初版第一刷発行

著　者　北野圭介
発行者　渡辺博史
発行所　人文書院
〒六一二-八四四七
京都市伏見区竹田西内畑町九
電話　〇七五(六〇三)一三四四
振替　〇一〇〇〇-八-一一〇三

印刷　創栄図書印刷株式会社
製本　坂井製本所
装丁　五十川あき

IABN978-4-409-24097-7　C1036

北野圭介著

映像論序説

〈デジタル／アナログ〉を越えて

二六〇〇円

いま、「映像論的転回」が始動する

現在、「映像」はあらゆる場所に溢れ、私たちの生活において不可欠のものとなっている。アナログからデジタル映像への変化、インターネットなど画面を通した双方向コミュニケーション技術の進歩とその爆発的拡大などにより、もはや「映像」はただ眺めるだけのものではなくなった。変貌した「映像」が持つ意味と、それが与える衝撃とは何か。北米のニューメディア研究、欧州のイメージの科学をはじめ、情報理論、認知科学、脳科学、分析哲学、映画、ゲーム、メディアアート、フィクション論など、多岐にわたる分野を大胆に横断し、来るべき「映像の理論」を構築する、挑発的な一書。

表示価格（税抜）は2014年３月